정부조직 설계

정부조직 설계

김동욱

Designing
Government Organization

문우사
MoonWoo

머리말

대한민국의 정부조직은 1960년대 형성된 '박정희 행정체제'의 근간이 김영삼 정부까지 이어지다가 1997년 말 외환위기로 사실상 무너지고 말았다. 이후 등장한 김대중 정부에서 위원회 조직을 신설하는 등 새로운 조직체계를 모색하였고 노무현 정부는 김대중 정부의 조직틀을 이어갔다. 이명박 정부는 신자유주의 기조의 대부주의(大部主義) 논리에 따라 부처 통폐합을 추진하였다. 그러나 통합 거대부처에서 업무 공백이나 사각지대가 나타나고 정책추진의 효율성과 효과성이 떨어지는 현상이 발생하여 보완 차원의 조직 개편이 요구되었다. 박근혜 정부와 문재인 정부에서는 점진적으로 대규모 조직을 분리하면서 대부주의 조직 개편의 부작용을 완화하는 방향으로 정부조직을 설계하게 되었다. 박근혜 정부에서 해양수산부가 부활하였고, 미래창조과학부(과학기술정보통신부로 개칭)가 신설되었으며, 문재인 정부에서 중소벤처기업부가 신설되었다.

문재인 정부는 당선과 동시에 대통령 임기가 시작되면서 정부조직 개편은 최소수준으로 추진되었다고 볼 수 있다. 대통령선거 과정에서 제기된 고위공직사비리수사처 신설, 국가청렴위원회 신설, 자치경찰제 시행, 물관리 일원화 등의 이슈는 2018년 6월 지방선거 이후로 미루어진 과제로 남아있다. 특히 현재 논의 중인 헌법 개정이 이루어질 경우 헌법 개정에 담길 권력구조 개편이나 지방분권의 전면화 등의 범위와 강도에 따라 광범위한 정부조직 개편 논의가 전개될 수도 있다. 헌법개정이 된다면 새 헌법 체계에 맞게 정부조직을 재설계하여야 한다. 지금 국회와 대통령이 병렬적으로 헌법개정안을 만들고 있으므로 정부와 학계는 다양한 정부조직 체계 대안을 모색하고 검토해야 할 시점이기도 하다. 이 책의 주요 논점을 정리해 보면,

첫째, 대통령-부통령제, 이원정부제 등 권력구조 개편에 상응하는 대통령-국무총리의 보좌기관과 소속기관의 개편 대안을 모색해야 한다. 대통령-부통령제로 개편될 경우 국무총리가 폐지되면서 대통령 보좌조직이 확대 개편될 것이다. 이원정부제로 개편될 경우 대통령과 국무총리의 관계와 역할분담에 따라 대통령 보좌조직과 국무총리 보좌조직이 개편될 것이다.

둘째, 자치분권이 전면적으로 시행될 경우 중앙정부의 기능 전환과 조직 감축이 불가피하다. 중앙정부의 기능이 국가 장기전략 탐색과 기획과 대외협력 등 국제정책(global policy)으로 무게 중심을 옮기면서 상대적으로 국내정책(domestic policy) 기능 수행의 비중을 줄이고 지방정부와 민간부문과의 협력을 통해 정책의 기획과 집행을 수행하는 거버넌스 구조가 정립되어야 한다. 중앙-지방 간 행정·재정의 분권화, 지방행정체제 개편 등 분권과 자치가 확대되는 방향으로 중앙정부가 조직되어야 한다.

셋째, 시민의 참여와 투명성을 제고하는 방향으로 조직이 재설계되고 정책과정이 관리되어야 한다. 권력행정적 성격을 가진 법무, 검찰, 경찰, 국방, 국가정보, 감사 등의 행정기관이 그동안 조직 개편 검토대상에서 사실상 제외되었는데, 이제는 이들 기관의 조직과 기능에 대한 개편 논의가 본격적으로 되어야 할 것이다.

정부조직 설계에는 하나의 정답이 없을 뿐만 아니라, 각 대안은 상대적인 장단점을 내포하고 있다. 또한 현재 행정환경에서 개편되는 조직이 제대로 작동되지 못할 우려도 크다. 하지만 문재인 정부 출범 이후 정부조직을

새롭게 설계하라는 정치사회적 요구도 무시하지 못할 정도로 큰 상황이므로 정부조직 전체에 대한 보다 체계적인 재설계 논의가 필요하다고 본다.

이 책은 문재인 정부가 2018년 6월 지방선거 이후 추진할 정부조직 개편에 대한 제언적 성격의 글이다. 정부조직을 재설계함에 있어서, 문재인 정부의 국정기조와 급변하고 있는 정책환경 그리고 활발히 논의되고 있는 헌법 개정 방안을 고려하였다. 이 책에서는 정부 기능을 최고의사결정, 지원통제, 국가질서유지, 교육문화복지, 경제산업공간 등 5개 부문으로 나누어 분석하였다. 일본, 영국, 독일, 프랑스, 미국, 중국 등 주요 국가의 정부조직 체계를 참조한 후 5개 부문별 구체적인 정부조직 설계 대안을 제시하였다. 끝으로 전체 정부조직 개편의 내용과 추진전략을 제시하였다. 보론으로 2017년 5월 2일 발표한 「새 대통령의 60일 과제」를 추가하였다.

정부 기능의 변화와 자치분권의 방향과 수준, 다양한 정부조직 대안을 탐색하고 비교 검토하는 과정에서 서울대학교 행정대학원 김순은, 정광호, 박상인, 임도빈, 엄석진 등 동료 교수께서 좋은 의견을 많이 주셨다. 평소 정부조직에 관한 외국사례, 미래전망, 이론적 쟁점에 대하여 토의해 준 경성대학교 정충식, 고려대학교 권헌영 교수께도 감사드린다. 자료 정리와 편집 작업을 도운 신승윤 박사과정생, 최한별, 조영민, 박정호 석사과정생에게 고마운 마음을 전한다. 또한 출간 작업에 심혈을 기울여 주신 문우사 관계자에게도 감사드린다. 끝으로 늦은 밤 서재에서의 원고 작업을 성원해 준 아내에게 고맙고 사랑한다는 말을 전한다.

2018년 4월

김 동 욱

차 례

요 약

1. 정부조직 개편 방향

문재인 정부는 '국민의 나라, 정의로운 대한민국'이라는 국정기조하에 국민의 역할과 참여를 강조하는 국민 중심의 민주주의 실현국가를 선포하였다. 시대정신으로서 '정의'를 채택하여 이를 기반으로 국가를 개혁하고, 공정하고 혁신 중심의 경제모델을 추구한다.

정부조직은 정부의 국정기조를 실현하는 수단이므로, 이러한 국정기조를 효과적으로 추진하기 위한 협력적 국정운영체계로서의 정부를 설계하는 것이 중요하다. 중앙정부는 규제완화와 지방이양을 추진하면서 경제성장, 일자리창출 기능을 강화하는 방향으로 전반적인 조직과 인력을 재편하여야 한다. 또한, 시민의 참여와 투명성을 제고하는 방향으로 조직이 재설계되어야 한다. 상대적으로 권력행정적 성격을 가진 법무·검찰·경찰·국가정보·감사 등의 행정기관에 대한 조직과 기능에 대한 개편논의가 필요한 시점이다. 더불어, 국내정책(domestic policy) 중심으로 구성되어 있는 현재의 중앙정부 역할을 국제정책(global policy) 중심으로 전환하고, 세계화 시대에 국가전략적 가치를 일관되게 추구하고 글로벌 변화 추세와 상황에 효율적으로 대응할 수 있는 정부조직을 설계한다.

정부조직체계를 최고의사결정·지원통제·국가질서유지·교육문화복지·경제산업공간 등 5개의 기능으로 나누고, 최고의사결정 조직은 국가전략적 판단을 효율적으로 할 수 있게 하고, 지원통제 조직은 국민과의 소통을 확대하는 방향으로 개편하며, 국가질서유지 조직은 위기대응과 대외협력을 강화하는 방향으로, 교육문화복지 조직은 전문성 확대와 더불어 지방정부의 참여를 확대하는 방향으로, 경제산업공간 조직은 전문성을 강화하는 방향으로 개편한다.

2. 현행 정부조직

[그림 i-1]에서와 같이 2018년 3월 31일 기준 정부조직은 독립기관(또는 무소속기관), 대통령 소속기관, 국무총리 소속기관, 행정각부, 외청으로 구분되며, 2원·4실·18부·5처·6위원회·17청으로서 총 52개 중앙행정기관으로 구성되어 있다.

국가인권위원회는 독립기관으로 분류되고, 감사원·국가정보원·방송통신위원회·대통령비서실·국가안보실·대통령경호처 등이 대통령 소속기관으로 분류되며, 국가보훈처·인사혁신처·법제처·식품의약품안전처·공정거래위원회·금융위원회·국민권익위원회·원자력안전위원회·국무조정실·국무총리비서실 등은 국무총리 소속기관으로 분류된다. 기획재정부 등 18부와 각 부 소속으로 국세청 등 17청이 중앙행정기관으로 설치되어 있다.

[그림 i-1] 현 정부조직도 (2018. 3. 31. 기준)

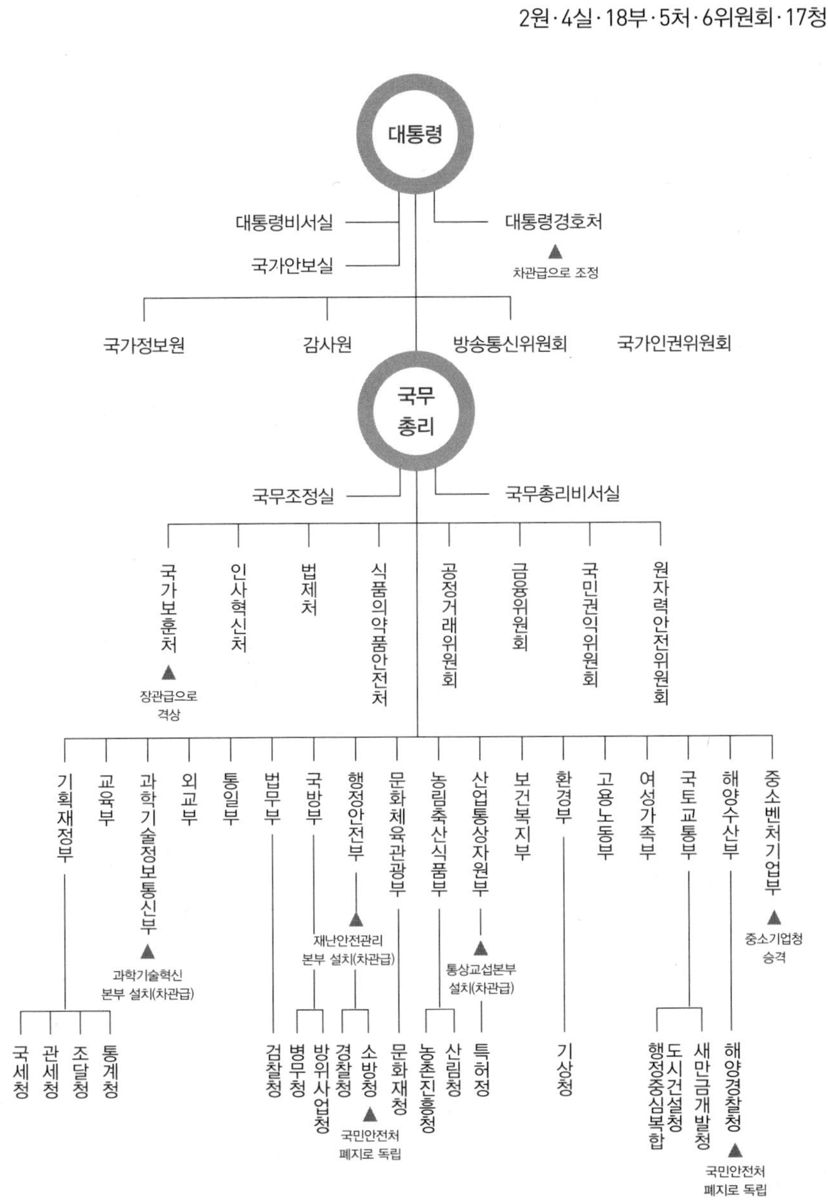

3. 조직 개편 방안

1) 최고의사결정 기능과 조직

대통령비서실을 국가안보와 정책기획 기능 중심으로 기능을 재정립한다. 대통령비서실은 국가안보실을 흡수하며, 대통령비서실장-정책실장-국가안보실장의 장관급 3인을 둔다. 정무, 법사, 홍보, 인사, 총무, 안보, 대외관계, 교육문화, 고용복지, 거시경제, 기술, 사회기반의 12인의 수석비서관을 둔다. 또한, 종합적인 미래예측을 통해 대통령에게 효과적으로 미래전략에 관한 지원을 하기 위해 대통령비서실에 국가전략연구소(차관급)를 신설한다. 대통령경호처는 현행과 같이 대통령비서실과 별도의 차관급 기관으로 유지한다.

국무총리의 국정업무 조정과 평가 기능을 강화하는 한편, 정무와 공보 기능을 축소한다. 국무조정실장은 차관회의를 주관하면서 기관 간 정책이견에 대하여 실질적인 조율을 하게 된다. 국무조정실이 국무총리비서실을 흡수하며, 국무차장과 국무총리비서실장을 둔다. 국무회의와 차관회의 개최 빈도를 확대하여 실질적인 정책조율을 조장하기로 한다. 국무조정실은 규제개혁위원회의 운영 활성화를 통해 규제개혁의 기획과 조정을 담당한다. 정책평가는 결과평가와 과정평가로 구분하여 결과평가는 국회 예산정책처가 수행하고, 과정평가는 국무조정실이 담당한다. 국무총리실 산하의 경제인문사회연구회를 폐지하고, 각 정부출연 정책연구기관은 관련 부처 산하로 환원한다.

개헌 논의와 관련하여, 국무총리 폐지를 전제로 하는 정·부통령제에서의 최고의사결정 조직은 대통령비서실(국가안보실 포함)과 국무조정실

(국무총리비서실 포함)이 통합된 형태가 된다. 이원정부제는 현재와 같이 대통령과 국무총리의 권한이 중첩되는 것이 아니라, 기능별로 대통령과 국무총리 간에 분리되는 형태가 되므로 대통령 지원조직과 국무총리 지원조직이 각각 대통령과 국무총리의 권한 행사에 맞추어 재구성된다.

2) 지원통제 기능과 조직

지원통제 기능을 담당하는 조직은 대통령과 국무총리의 국정운영을 지원하는 한편 각 부처가 효과적으로 정책을 수행하고 국민들이 쉽게 정부에 접근할 수 있게 만들어야 한다.

기획재정부의 기능 중 기획과 예산 기능을 분리해서 별도로 '기획예산부'를 설치하여 국가 중장기 계획 기능을 강화하고 예산을 통해 정부부처와 공공기관의 통제 기능을 수행하게 한다. 행정안전부는 현행대로 조직, 지방재정, 자치지원, 전자정부 등의 기능을 수행하며, 인사혁신처는 '인사처'로 명칭을 변경하고, 공무원정원관리 관련 기능은 행정안전부에서 인사처로 이관한다. 법제처는 현행 기능과 조직을 유지한다.

감사원은 일부 감사위원 선임에서 국회의 추천을 부가하여 운영의 독립성을 강화한다. 국민권익위원회는 고충처리와 행정심판 기능을 수행하고, 부패방지 기능은 신설 '국가청렴위원회'로 분리한다.

3) 국가질서유지 기능과 조직

외교부는 재외국민 지원 기능과 국제개발협력 기능을 강화하기 위해 국무총리 소속 국제개발협력위원회 운영을 실질화한다. 통일부는 대북협력사업의 집행 기능을 확대하고 통일시대를 대비하는 기획 기능을 강화한다.

국가정보원은 '국가안전정보처'로 개편하고, 대북 첩보, 국제 첩보, 한국 산업체의 지식재산권 보호 기능에 집중한다. 국방부가 지속적으로 문민화되고 있다는 점을 감안하여 현재 행정안전부의 전시동원계획 기능을 국방부로 이관한다. 방위사업청은 전문성 확보 차원에서, 병무청은 전국적 통일성 유지 차원에서 현행 조직과 기능을 유지한다.

세계화가 빠르게 진행되면서 출입국과 국민의 국외 거주 및 체재, 외국인의 국내 거주 및 체재가 급증하고 있기 때문에 이에 대한 체계적 지원을 위해 법무부 출입국관리와 이주지원 기능을 분리하여 '출입국이민청'을 신설한다. 검찰의 기소독점권에 대한 견제로서의 고위공직자비리수사처 설치보다는 특별감찰관 제도를 확대 운영한다. 또한, 공직자 부패방지를 위해 국민권익위원회의 부패방지 기능을 분리하여 국무총리 소속 장관급 위원회인 '국가청렴위원회'를 신설한다. 국가인권위원회는 대통령에 속하는 정부의 기능을 수행하기에 무소속 기구의 위헌적 요소 논란이 있으나 UN 헌장 등 국제적 관행을 반영하여 현재와 같이 무소속 기구로 유지한다.

경찰청은 본격적인 수사권 독립에 앞서 경찰의 공정성, 투명성, 수사역량을 강화하고, 자치경찰제 도입을 본격적으로 추진한다. 해양경찰청은 해양수산부 소속에서 행정안전부 소속 외청으로 변경하여 경찰치안 업무의 통합성을 제고한다. 현행 소방청을 방재기능을 포함한 '소방방재청'으로 확대한다.

4) 교육문화복지 기능과 조직

교육부의 유아·초중등 교육 기능을 시·도 교육청으로 점진적으로 이관하되 국가 전체적으로 유아·초중등 교육의 표준체계는 교육부가 담당한다. 또한 재정운영의 효율성과 투명성을 확보하고, 급변하는 연구환경에 유연하게 대응하고자 안정적 운영기반을 갖춘 국립대학교를 장기적·단계적으로 법인화하는 방안을 검토한다.

현재 과학기술정보통신부에서 '과학기술부'를 분리 신설하여 기초개발연구·과학기술진흥·연구개발에 역점을 두도록 한다. 연구관리전문기관은 동일 부처하에 있는 유사 기능의 복수 연구관리전문기관의 통합을 검토한다. 국가과학기술연구회를 폐지하고, 출연연구기관들의 기능별·부문별 그룹화를 통한 개편방안을 제안한다. 출연연구기관들을 기초종합 분야와 기계·소재, 의료·바이오, 전기·전자, 에너지·환경 등 4개 전문분야 등 총 5개 연구기관으로 통합하여 재편한다.

문화체육관광부는 예술·문화·국어·체육·종교·역사·박물관·도서관·관광 등 문화 진흥 기능과 대외 국가 홍보 기능을 수행하며, 신문·영상·광고·출판과 같은 매체·콘텐트와 저작권 기능을 신설되는 '정보매체부'에 이관한다.

고용노동부는 노사관계 중심에서 고용 중심으로 전환한다. 여성가족부의 기능과 보건복지부의 복지 기능을 통합하여 '복지가족부'(차관 2인)를 설치하고, 양성평등, 여성참여, 가족 정책을 통합적으로 수행한다. 한편, 보건복지부의 보건 기능과 식품의약품안전처의 기능을 통합하여 '보건부'를 설치한다.

5) 경제산업공간 기능과 조직

전반적인 경제산업공간 기능과 조직의 방향을 글로벌 생태계 경쟁과 상생발전에 적합하도록 운영할 필요가 있다. 거시경제정책 기능은 대통령비서실의 '거시경제수석비서관'이 담당한다. 현재 기획재정부를 기획과 예산 기능을 담당하는 '기획예산부'와 세제·국고회계 기능을 담당하는 '재정부'로 분리한다. 또한, 기획재정부의 국제금융정책 기능, 금융위원회의 국내금융정책 기능, 금융감독원의 기능을 통합하여 '금융부'를 신설하여 세계적 금융시장 변동에 대응한다. 한국은행은 현재와 같이 중앙정부에 독립적으로 통화신용정책을 추진하고, 공정거래위원회가 소비자보호정책을 총괄한다.

중소벤처기업부는 중소기업정책의 범정부적 총괄과 조정을 담당하되 '중소기업부'로 명칭을 변경한다. 출범 초기이기에 산업통상자원부 등 타 부처와의 수평적인 협력관계의 형성을 통하여 정책 추진력을 얻어야 한다. 산업통상자원부 산하 전문생산기술연구소는 장기적으로 민간에 이관할 필요가 있다.

과학기술정보통신부의 소프트웨어·전산·통신방송 산업진흥 기능, 행정안전부의 개인정보보호 기능, 문화체육관광부의 미디어·콘텐트, 저작권 기능, 방송통신위원회의 기능을 통합하여 '정보매체부'를 신설한다. 정보매체부 내부에 '방송규제위원회'를 두고 방송사업자 재허가, TV수신료, 공영방송사 임원 선임, 방송평가 등 규제 기능을 담당하도록 한다. 현재 과학기술정보통신부 산하 우정사업본부는 정보매체부 외청인 '우체청'으로 변경하고 장기적으로 민영화를 고려하여야 한다.

현재 농림축산식품부 소속 산림청은 최근 더욱 심해지고 있는 대기오염을 포함한 환경오염에 대한 대응의 필요성과 자연보호·유지의 중요성 등을 고려하였을 때 환경부로 이관할 필요가 있다. 수자원의 수량관리와 개발은 국토교통부가 담당하는 현행을 유지하는 것이 적절하다. 행정중심복합도시건설청과 새만금개발청은 그 설립목적과 설립근거 변화를 고려하였을 때 내부화하여 국토교통부 소속 '세종시건설지원단'과 '새만금개발지원단'으로 전환한다.

6) 개편의 효과

개편안이 완료되면 현재의 정부조직(2018년 3월 31일 기준)인 2원·4실·18부·5처·6위원회·17청 등 총 52개 중앙행정기관은 중앙행정기관 수는 그대로인 1원·3실·21부·5처·5위원회·17청으로 변화한다. 현재 장관급 이상 직위는 34개, 차관급 직위는 97개인데, 조직 개편이 완료되면 장관급 이상 직위 36개(2개 증가), 차관급 직위는 91개(6개 감소)로 변화한다.

[그림 i-2] 개편 후 정부조직도

1원·3실·21부·5처·5위원회·17청

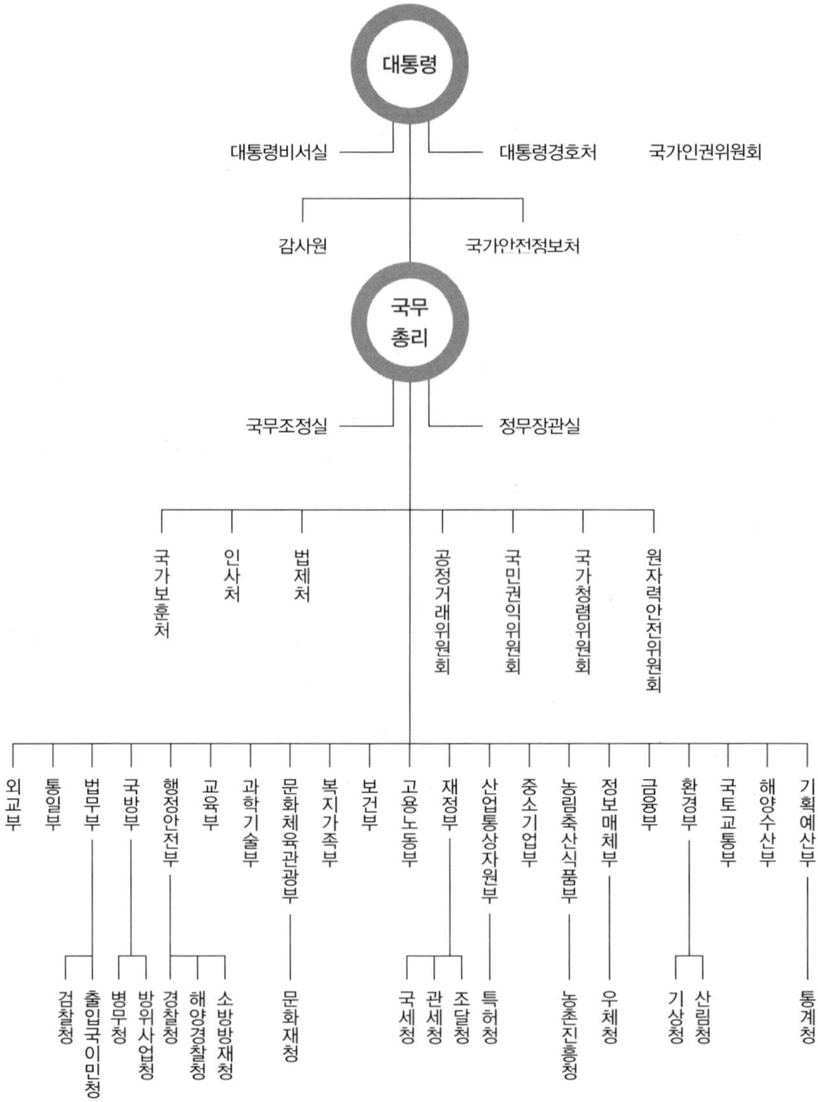

제1장

국정기조와 정부조직

1. 문재인 정부의 국정기조

정부조직은 대통령의 국정기조를 실현하는 수단이므로, 새 정부는 출범 이후 대통령의 국정기조를 정부조직 개편을 통해 구체화하고자 한다. 새 대통령이 선출되면 인수위원회가 구성되어 새 정부의 국정기조와 전략을 설정하고, 이에 따른 정부조직법 개정이 이루어지는 것이 통상적이다. 그런데 대한민국 헌정 사상 최초로 대통령이 탄핵 심판된 이후 2017년 5월 9일에 치러진 선거에서 문재인 대통령이 당선됨과 동시에 문재인 정부가 출범하였다. 인수위원회 없이 출범한 문재인 정부는 2017년 5월 16일 국정기획자문위원회를 설치하여 정부의 조직과 기능, 정부의 정책기조 설정, 국가 주요과제 선정 등 인수위원회의 역할을 대신하게 하였다.

문재인 정부는 '국민의 나라, 정의로운 대한민국'이라는 국가 비전하에 실질적 주권자로서 국민의 역할과 참여를 강조하는 국민 중심의 민주주의 실현국가를 선포하였다. 또한 시대정신으로서 '정의'를 채택하여 이를 기반으로 국가를 개혁하고, 공정과 혁신 중심의 경제모델을 구축하고자 하였다. 국정기획자문위원회는 5대 국정목표와 이에 따른 20대 국정전략과 100대 국정과제를 담은 국정운영 5개년 계획을 발표하였다.[1)]

5대 국정목표를 살펴보면, 첫 번째 국정목표는 '국민이 주인인 정부'이다. 일상에서 국민주권을 실현하기 위한 새로운 정부시스템을 추구하며 권력행정기관의 민주화 개혁의지를 담은 국정목표이다. 첫 번째 국정목표를 통해 엘리트 중심의 정책결정에서 벗어나 공론과 합의에 기초하여 국

1) 국정기획자문위원회. 문재인 정부 국정운영 5개년 계획. 2017년 7월.

민들과 함께 정책결정을 이루어나갈 것을 공포하였으며, 2017년 10월 20일에 종료된 신고리 5·6호기 공론화 위원회 활동도 문재인 정부의 국정목표 실현의 일환이었음을 알 수 있다.

두 번째 국정목표는 '더불어 잘사는 경제'이다. 핵심 과제는 일자리 창출로서 문재인 정부는 출범 이후 일자리 정책 5년 로드맵을 통해 공공부문 일자리를 81만 개 수준까지 확충할 것을 발표했다. 또한 미래 성장산업을 적극 지원하고, 창의적 벤처기업과 혁신적 창업자 육성을 강조하였다.

세 번째 국정목표는 '내 삶을 책임지는 국가'로서, 복지·보육·교육·안전·환경 등에서 국가의 책임성을 강화하고, 이를 통해 국민들의 삶의 질을 제고하고자 하는 것이다. 또한, 사회 각 영역에서의 차별을 철폐하여 사회·경제적 불평등을 해소하고, 사회 구성원의 유대를 강화하겠다는 것이다.

네 번째 국정목표는 '고르게 발전하는 지역'이다. 중앙정부의 권한 이양과 지방재정의 확충을 통해 지방분권을 추진하고, 주민 자치 확대를 통하여 풀뿌리 민주주의를 구현하겠다는 것이다. 또한, 지역의 잠재력을 극대화하여 중앙과 지방의 격차를 줄여나갈 것을 강조하고 있다.

마지막 국정목표는 '평화와 번영의 한반도'로서, 최우선적으로는 강력하고 유능한 안보와 국방능력을 구축하는 동시에 대화와 협력을 통해 한반도가 직면한 안보 위기 상황을 평화적으로 극복해나가겠다는 것이다.

이상과 같이 설정된 국가비전과 국정목표를 문재인 정부 5년 동안 3단계(혁신기 - 도약기 - 안정기)를 통해 점진적으로 이행해 나갈 것을 공포하고 있다.

2017년 5월 22일 출범한 국정기획자문위원회는 부재하였던 인수위원회의 역할을 대신하여 정부조직 개편 작업에 참여하였다. '부처 업무의 연속성과 조직 개편의 최소화'라는 원칙에 따라 정부조직개편안이 제시되었고

(2017. 6. 5.)[2] 이는 이후 발표된 국정운영 5개년 계획(2017. 7. 19.)[3]에서 담고 있는 새 정부의 국정기조를 반영한 것으로 볼 수 있다.

국정운영 5개년 계획에서 발표된 5대 국정목표하에 있는 20대 국정전략을 살펴보면 '권력행정기관의 민주화 개혁' 부분은 향후 추진될 조직개편의 방향을 엿볼 수 있으며 새 정부의 핵심과제 중 하나로 꼽히고 있다. 세부 국정과제로서는 고위공직자비리수사처 설치, 광역단위의 자치경찰제 실시, 감사원의 독립성 강화, 국가정보원 개편 등이 논의되었다. 고위공직자비리수사처 설치와 관련해서는 16대 국회부터 발의된 바 있으나, 국회의 입법을 거쳐야 하는 사안으로서 국회에서의 합의가 되지 않아 현재까지도 실현되지 못하였다. 그러나 문재인 정부의 권력행정기관 개혁 추진의지가 높은 만큼 문 대통령 임기 내에 개편이 이루어질지에 대해 이목이 집중되고 있다. 또한 감사원의 독립성 강화 부분 역시 권력행정기관의 개혁의 하위 과제로 제시되고 있는데, 이는 문재인 대통령의 대선 공약 중 하나이기도 하다. 그러나 이는 '회계검사와 직무감찰'을 감사원의 직무로 규정하고 있는 헌법을 개정해야 이루어질 수 있는 사안이기 때문에 2018년 지방선거 이후 이루어질 것으로 기대되고 있는 헌법 개정논의와 맞물려 진행될 조직 개편으로 볼 수 있다. 문재인 대통령의 대선 공약 중 하나인 국가정보원 개혁과제는 현재 순차적으로 그 조직 개편이 진행되고 있다. 2018년 2월 1일「국가정보원법」전면개정안이 발의되었는데, 개정안의 골자는 국가정보원의 명칭을 '대외안보정보원'으로 변경하고, 국가정보원의 국내 정치개입 여지를 차단하여 조직 및 직무 범위를 명확히 규정하고, 다른 정부부처와 마찬가지로 예산안 심의를 받도록 하였다.

---

2) 조선일보. 2017. 6. 5. "정부조직개편안 '통상교섭본부·중소벤처기업부 신설, 국민안전처 해체'.. 18부·5처·17청·4실로 개편".

3) 연합뉴스. 2017. 7. 19. "文정부 국정운영 5개년 계획 발표.. 새로운 대한민국 건설".

[그림 1-1] 문재인 정부 국가비전-국정목표-국정전략

구분					
국가비전	국민의 나라 정의로운 대한민국				
5대 국정목표	국민이 주인인 정부	더불어 잘사는 경제	내 삶을 책임지는 국가	고르게 발전하는 지역	평화와 번영의 한반도
20대 국정전략	1. 국민주권의 촛불 민주주의 실현 2. 소통으로 통합하는 광화문 대통령 3. 투명하고 유능한 정부 4. 권력기관의 민주적 개혁	1. 소득 주도 성장을 위한 일자리 경제 2. 활력이 넘치는 공정경제 3. 서민과 중산층을 위한 민생경제 4. 과학기술 발전이 선도하는 4차 산업 혁명 5. 중소벤처가 주도하는 창업과 혁신성장	1. 모두가 누리는 포용적 복지국가 2. 국가가 책임지는 보육과 교육 3. 국민 안전과 생명을 지키는 안심사회 4. 노동존중·성평등을 포함한 차별 없는 공정사회 5. 자유와 창의가 넘치는 문화국가	1. 풀뿌리 민주주의를 실현하는 자치분권 2. 골고루 잘사는 균형발전 3. 사람이 돌아오는 농산어촌	1. 강한 안보와 책임국방 2. 남북 간 화해협력과 한반도 비핵화 3. 국제협력을 주도하는 당당한 외교
100 대 국정과제 (487개 실천과제)	**15개 과제** (71개 실천과제)	**26개 과제** (129개 실천과제)	**32개 과제** (163개 실천과제)	**11개 과제** (53개 실천과제)	**16개 과제** (71개 실천과제)

출처: 문재인 정부 국정운영 5개년 계획

새 정부의 주요 국정과제인 권력행정기관의 민주화 개혁 이행을 위해 현재 조직 개편 혹은 법 개정이 추진 중에 있는 반면, 제시된 국정과제 이행을 위해 이미 개편이 완료된 조직도 존재한다. 국정전략 중 '중소벤처가 주도하는 창업과 혁신 성장' 과제는 실행조직이었던 기존의 중소기업청을 중소벤처기업부로 승격시킴으로써 과제추진과 이행이 더욱 탄력받고 있다. 또한 국민안전처를 폐지하고 소방청을 신설한 것은 '국민 안전과 생명을 지키는 안심사회'라는 국정과제의 이행 차원에서 이루어진 조직 개편으로 볼 수 있다.

문재인 정부의 출범 후 이루어진 첫 조직 개편은 새 정부의 국정기조를 일정 부분 반영하였으며, 추후에 이루어질 조직 개편도 문재인 정부의 주요 정책을 추진하기 위한 일환이라고 볼 수 있다.

2. 정부의 조직 개편

대통령의 정책방향을 구체화하는 것이 행정각부 등 행정조직의 임무이며, 정부조직은 정책을 추진하는 그릇이고 수단이기 때문에 좋은 정부조직 모습은 대통령의 국정기조에 적합한 조직일 것이다. 새 정부의 국정기조를 실현하기 위한 정부조직은 전략적이고 기능 중심적으로 재편되어야 한다. 세계 질서와 국내 환경이 정형화된 패턴에서 벗어나 쉽게 예측하기 어려울 정도로 빠르게 변화하고 있기 때문에 과거에 만들어진 정부조직의 업무분장 패러다임에 얽매이지 않고, 국정기조를 효과적으로 집행할 수 있는 전문성·개방성·유연성을 갖춘 조직 구성이 필요하다. 동시에 최고의사결정 기구에서는 국가의 미션을 명확히 하고, 미션을 수행하는 데 필요한 전략적 요소들을 충분히 고려해야 한다. 이 과정에서 대통령의 전략적 판단을 지원하고 미션을 집행할 수 있는 총괄·전략 조직을 마련하는 것이 필요하다. 그리고 개별 부처가 더욱 전문적으로 국가의 미션을 수행할 수 있도록 정부조직이 기능 중심으로 구조화되어야 한다.

일반적으로 정부조직법 개정은 대통령직인수위원회의 주도로 이루어진다. 인수위원회는 당선인의 국정 철학을 담은 개편안을 당선인에게 재가받은 후 의원입법 형태로 정부조직법 및 관련 법률 제정·개정안을 국회에 제출하는 절차를 거치게 된다. 그러나 현재 문재인 정부는 이례적으로 인수위원회 없이 출범한 정부로서 문재인 정부의 조기 국정 안정을 위해 출범 이후 조직 개편의 폭을 최소화하고자 하였다. 이에 따라 2017년 6월 9일 여당인 더불어민주당은 의원입법의 형태로 정부조직법 개정안을 정식 발의하였고, 개정안이 7월 20일에 본회의에 통과됨으로써 1차 조직 개편이 이루어졌다. 조직 개편의 결과로서 기존 2원·5실·17부·5처·6위원회·16청에서 2원·4실·18부·5처·6위원회·17청으로 정부조직이 개편되었다.

3. 헌법 개정 논의와 정부조직

지난 30여 년간 국내·외의 정치·경제·사회 환경이 급변함에 따라, 기존의 헌법 체제하에서의 개별 법률 개정이나 제도의 보완만으로는 해결이 어려운 문제들이 등장하게 되었다.[4] 이에 2009년에 국회의장 직속의 헌법

4) 이현출. (2017). 국회 헌법개정특별위원회 활동 및 논의 경과. 「의정연구」, 23(1): 227-235.

연구자문위원회(개헌 자문위)는 권력구조 개편을 중심으로 하는 개헌안을 발표한 바 있다. 2016년 12월 29일에 헌법개정특별위원회(이하 개헌 특위)가 구성되었고, 2018년 1월부터 개헌·정치개혁 특위가 활동 중에 있다.

2009년 헌법연구자문위원회가 발표한 개헌안에서는 권력구조 개편의 내용이 핵심이었으며, 이원정부제와 4년 중임 대통령제(정·부통령제)를 제시한 바 있다. 개헌 특위 자문위원회가 2018년 1월 2일에 발표한 보고서에서도 마찬가지로 분권형 정부제(이원정부제)와 4년 중임 대통령제의 2개 안을 병기하기로 결정하였다.[5)] 이에 따라 이 책에서는 정부형태에 대한 헌법 개정 논의에 대하여 이원정부제와 4년 중임 대통령제를 중심으로 논의를 전개하고자 한다.

정·부통령제의 경우 미국 정부를 참조한다면, 국무총리, 국무회의가 불필요해지고 대통령의 권한대행과 승계를 부통령이 하며, 국회의원의 장관직 겸임을 금지하고 국무위원의 해임건의 제도는 폐지된다. 정·부통령제의 경우 대통령실은 현재의 대통령실과 국무총리실의 기능을 통합한 것으로 상정할 수 있으며 부통령을 보좌하는 기능도 포함하게 된다. 대통령실은 국가원수와 행정수반으로서의 대통령 기능을 보좌하게 되고, 국무회의 대신에 장관회의를 둔다.

이원정부제의 경우 프랑스의 사례와 같이 대통령실과 국무총리실로 나누어진다. 대통령은 내정에 관한 권한이 상대적으로 작기 때문에 대통령실의 규모는 크지 않다. 국무총리가 행정부 수반으로 국정운영과 국군통수권을 담당한다. 내정을 총괄하고 내각회의를 주재하는 국무총리실은 현 정부의 대통령실과 국무총리실의 기능 대부분을 통합한 것으로 상정할 수

5) 국회헌법개정특별위원회 자문위원회. 「국회헌법개정특별위원회 자문위원회 보고서」. 2018. 1.

있다. 국가전략기획 기능은 국무총리실이 전담하게 되고, 국가안전보장회의 등 현재 헌법상 대통령 자문기구는 국무총리 자문기구로 전환한다.

헌법 개정에 따라 권력구조가 변경될 경우 국정 운영 측면에서 차이가 있을 수 있다. 정부 내 다수의 정무직 직위를 국회의원이 겸직하는 것과 그렇지 않는 것에서 차이가 나타날 수 있기 때문이다. 일반적으로 이원정부제의 경우 정·부통령제에 비해 정책결정 과정에서 정치적 고려가 강하게 나타날 것이다.

하지만 정부조직 측면에서 본다면 정·부통령제와 이원정부제는 대통령실의 기능과 규모, 국무총리실의 유무 등을 제외하고는 큰 차이가 없다. 정부의 기능과 조직 설계는 행정부 수반을 중심으로 부·처·위원회·청의 기능을 부여하고 배치하는 작업이기 때문에 국무총리의 폐지 여부, 혹은 부통령의 존재 여부에 크게 영향을 받지 않는다. 정·부통령제로 헌법이 개정될 경우 국무총리를 폐지하고 부통령을 설치함에 따라 국무총리실 기능을 대통령실로 흡수하는 것 외에는 정부조직에 미치는 영향이 크지 않다. 이원정부제로 헌법이 개정될 경우에도 대외관계 중심의 대통령실과 행정수반인 국무총리가 등장함에 따라 작은 대통령실과 큰 국무총리실로 개편되며 다른 기관은 큰 영향을 받지 않는다.

향후 헌법 개정의 여부와 방향은 신중하게 논의되어야 하겠지만, 헌법 개정이 중앙정부 부·처·위원회·청 조직에 미치는 영향은 크지 않을 것으로 본다. 따라서 이 책에서는 현행 헌법의 구조를 전제로 정부의 기능과 조직에 대한 개편대안을 논의하고, 헌법 개정에 따라 정·부통령제와 이원정부제로의 개편 시 변화될 수 있는 정부조직에 대해서는 추가적으로 논의하기로 한다.

제2장

주요 국가의 정부조직

한국 경제는 2016년 GDP 규모로 세계 11위, 수출 규모로는 세계 8위의 대국이다.[1] 어떤 학자들은 노르딕 4국, 베네룩스 3국, 스위스, 아일랜드 등과 같은 '강소국'을 한국의 참조모델로 제시하는데, 한국 인구는 2018년 3월 주민등록인구 기준 약 5,177만 명이고 북한과 통합할 경우 약 7,700만 명 수준으로 '소국'의 모델을 참조하기에는 다소 무리가 있다. 따라서 2018년 1인당 국민소득(GNI) 3만 달러를 넘어설 것으로 예상되고, 더 큰 경제대국으로 도약할 것으로 목표로 삼고 있는 대한민국이 국제무대에서 성공적으로 경쟁하고 협력하기 위해서는 경제 및 인구 규모 면에서 한국보다 한발 앞서 가고 있는 미국, 중국, 일본, 영국, 독일, 프랑스 등의 정부조직을 참조하는 것이 적절하다.[2]

미국과 중국은 거대국가로서 중앙정부조직은 행정수반의 직접적 통제를 받는 내각 외에 부(部) 수준의 다양한 행정조직이 존재하는 분산형으로 볼 수 있다. 한편 일본, 영국, 독일, 프랑스는 행정수반(총리)이 주도하는 내각이 모든 행정기관을 최종적으로 통제하는 집중형으로 볼 수 있다. 한국 정부조직은 대통령이 직접 또는 국무총리와 장관을 통해 강하게 중앙행정기관을 통제하는 집중형이다. 따라서 정부조직의 큰 틀은 일본, 영국, 독일, 프랑스를 참조하되, 개별 정책 영역에서는 이들 국가와 미국, 중국의 정부조직을 참조하기로 한다.

1) World Bank가 집계한 2016년 한국의 국내총생산(GDP) 규모는 1조 4,112억 달러(약 1,589조 7,168억 원)로 집계되었다. 또한 WTO(세계무역기구)가 발표한 2016년 한국 수출액은 4,955억 달러(약 529조 원), 수입액은 4,062억 달러(약 434조 원)로 각각 세계 8위와 10위를 기록하였다.

2) 중국은 1인당 국민소득은 한국보다 낮지만, 한국과 가장 큰 교역국가이고 경제뿐만이 아니라 정치, 외교, 문화적으로 상호간 영향을 가장 많이 주고받는 국가인 점에서 참조할 필요가 있다.

1. 일본

일본은 2001년 큰 규모로 정부조직을 개편하였는데, 중앙행정기구의 기능 등을 고려하여 기존의 1부 22성·청 체제를 1부 12성·청 체제로 통폐합하였다. 2001년의 정부조직 개편은 기존의 관료 위주에서 내각 위주로 전환하여 신속한 의사결정 및 조정 기능을 향상시킨 것으로 평가된다. 2008년 이명박 정부의 조직 개편 당시 일본의 사례를 적극 참고하여 교육과 과학기술, 경제와 재정을 통합하여 신설기구를 설치하고, 기능에 따른 하부조직 개편도 함께 실시하였다.[3] 2007년 1월 아베 총리하에서 방위청을 방위성으로 격상하면서 1부 12성 체제가 완결되었다고 본다.[4]

일본은 별도의 총리실을 두지 않고 내각부에서 총리를 보좌한다. 현재 아베 내각에서는 내각부에 관방장관(Chief Cabinet Secretary) 외에 6명의 특명담당장관직을 두고 있다. 특명담당장관은 개별 성(省)에서 다루기 어려운 이슈에 대하여 총리를 보좌하는데 후쿠시마 원자력사고 복구, 오키나와와 북방영토, 시민참여와 정보기술, 경제활성화와 사회보장과 세제개혁, 지역활성화와 인사개혁, 도쿄올림픽 준비 등을 분담하고 있다.

내각부에는 일본 왕실 관계 업무를 담당하는 궁내청, 각종 규제기관, 그리고 국가공안위원회가 소속되어 있다. 그리고 동일본대지진이 발생한 후 복구 기능을 담당하는 부흥청이 2011년 12월에 내각부 소속으로 신설되었다. 공정거래 규제는 공정거래위원회가 담당하고 있으며, 소비자 보호는 소비자청이 담당하고, 금융정책과 감독 기능은 금융청(FSA)이 담당

3) 박영원. (2017). 정부조직개편의 현황과 개선과제. 국회입법조사처 현안보고서.

4) 국가공안위원회는 형식상 내각부 소속이나 경찰청을 산하에 두고 있어 실질적으로 성(省)의 위상을 인정받고 있다.

하고 있다. 치안 기능을 담당하는 경찰청은 국가공안위원회 소속이다.

내각부 외 내각 행정기관은 총무성(공해등조정위원회, 소방청), 법무성(검찰청, 공안심사위원회, 공안조사청), 외무성, 재무성(국세청), 문부과학성(문화청, 스포츠청), 후생노동성(중앙노동위원회), 농림수산성(임야청, 수산청), 경제산업성(자원에너지청, 특허청, 중소기업청), 국토교통성(관광청, 기상청, 운수안전위원회, 해상보안청), 환경성(원자력규제위원회), 방위성(방위장비청), 국가공안위원회 등이다. 각 성에 포함되어 있는 조직을 모두 포함할 경우 일본 정부는 전체적으로 1부·11성·7위원회·1원·1국·20청 등 41개 중앙행정기관을 두고 있다.

[그림 2-1] 일본의 정부조직도 (2018. 1. 30. 기준)

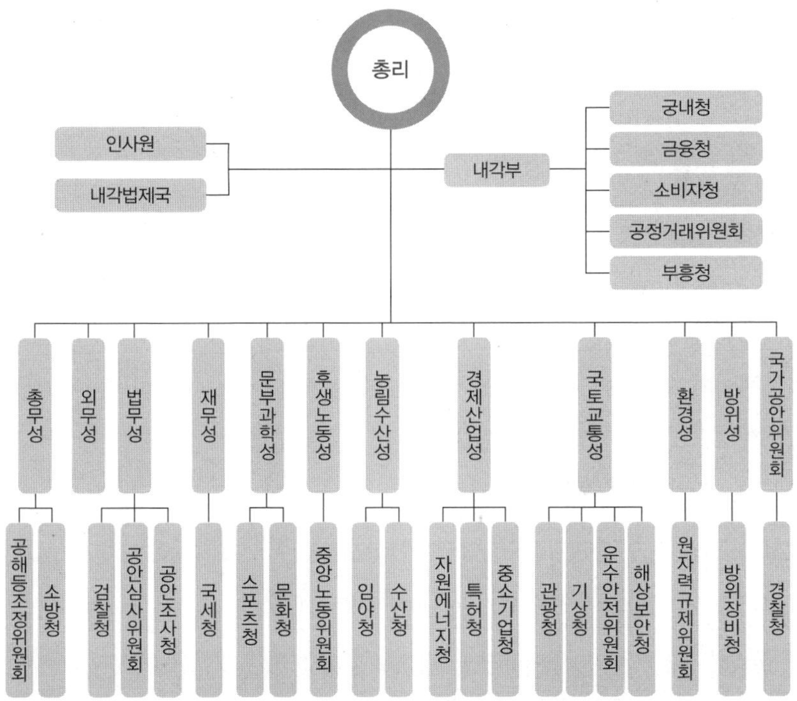

2. 영국

영국은 입헌군주제하에 의원내각제를 채택하고 있으며, 내각실(Cabinet Office)과 별도로 작은 규모의 총리실(Prime Minister's Office)을 두고 있다. 영국의 조직 개편의 경우 정부조직법에 근거하지 않고, 총리에게 정부조직 개편 권한이 위임되어 있어 다소 신축적으로 정부조직을 개편해왔다. 또한 대부처주의보다는 철저하게 전문화된 서비스를 제공할 목적으로 '전문부처주의'를 지향하고 있다는 특징이 존재한다.[5] 또한, 보수당과 노동당의 양당체제를 유지해 온 영국은 어느 당이 집권하는지에 따라 정부조직 개편의 폭이 달라진다는 특징이 존재하는데, 보수당 집권시기보다는 노동당 집권시기에 더 잦은 정부조직 개편이 이루어져 왔다. 일례로 보수당 정권이었던 대처와 메이저 총리 시절에는 15개 부처가 개편이 되었지만, 노동당 정권이었던 블레어와 브라운 총리 시절에는 총 30개 부처가 변동된 바 있다.[6]

2016년 7월 13일 임기가 시작된 보수당 소속의 테레사 메이 총리의 경우 총리실에 총리비서실장, 공보비서관(대변인), 비서실 차장, 정무비서관, 정부관계비서관, 정책관, 정치언론보좌관, 국내정책비서관, 국제관계비서관, 외교국방비서관 등을 두고 있다. 내각실에는 내각실 장관을 두고 있으며 총리와 내각회의를 지원하며 기관 간 조정, 의회 관계, 특별 국정과제 등의 기능을 수행한다. 또한 부처 없이 특별한 임무를 수행하는 장관들도 있다. 각 부처에는 외무장관, 재무장관, 법무장관 등의 장관과 그를 보좌하는 여러 명의 副장관(junior minister)이 있다.

5) 박영원. (2017). 정부조직개편의 현황과 개선과제. 국회입법조사처 현안보고서.
6) 은재호. (2013). 선진 각국의 정부변동에 따른 조직변화 분석. 한국행정연구원.

영국은 현재 총 25개의 장관급 중앙부처(Ministerial departments)를 두고 있으며 검찰총장실, 내각실과 기업에너지사업전략부, 디지털문화매체스포츠부, 교육부, 환경식품농촌부, 탈유럽연합부, 국제개발부, 국제무역부, 교통부, 노동연금부, 보건사회보장부, 외무부, 재무부, 내무부, 국방부, 주거지역사회부, 법무부, 북아일랜드부, 스코틀랜드부, 웨일즈부, 하원의장실, 상원의장실, 영국 수출입은행으로 구성되어 있다. 각 부처 산하에 업무에 따라 집행기관을 설치하여 운영하고 있다.

이 외에 경쟁·시장관리처, 검찰청, 식품기준위원회, 산림위원회, 세입·관세청, 중대부정수사국 등 20개의 비장관급 부처와 389개의 청 및 위원회들(Agency and public bodies)로 구성되어 있다.[7)]

[그림 2-2] 영국의 정부조직도 (2018. 1. 30. 기준)

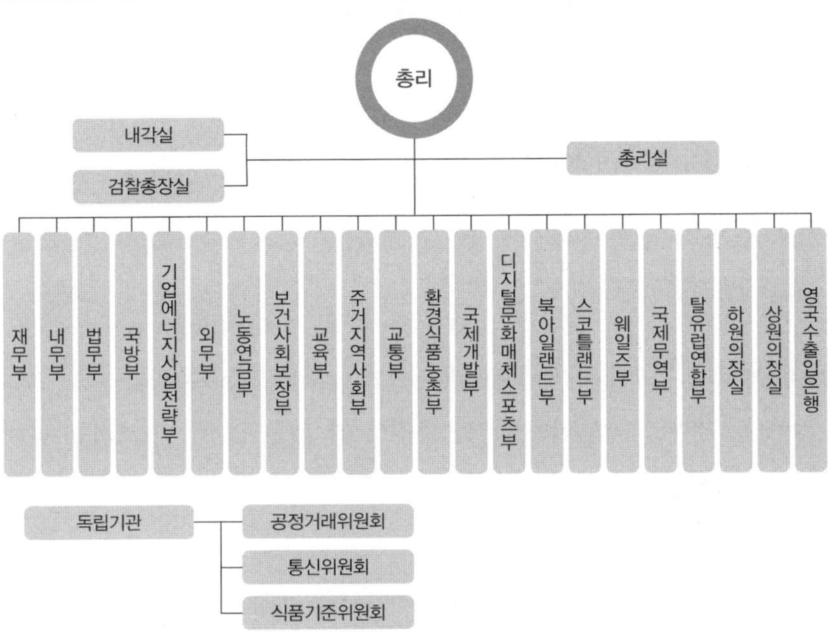

7) https://www.gov.uk/government/organisations

3. 독일

독일은 강한 총리를 가진 의원내각제를 채택하고 있어 내각실(Cabinet Office) 대신 총리실(Chancellery)을 두고 있으며, 총리실은 내각회의를 주관한다. 의원내각제 정부 형태를 취하고 있는 독일의 내각 구성권은 연방 총리가 갖고 있다. 총리는 각료의 수와 그 업무 분야를 정할 수 있다. 그러나 외무, 내무, 재무, 법무, 국방 등 주요 部는 기본법(헌법)이 규정하고 있다.

독일 내각 행정기관으로는 경제에너지부, 외무부, 내무부, 법무소비자보호부, 재정부, 노동사회부, 식품농업부, 국방부, 가족노인여성청소년부, 보건부, 교통디지털기반부, 환경자연보존건축원자력안전부, 교육연구부, 경제협력개발부로 총 14개 부(部)가 존재한다. 내각 구성원 중 몇몇의 장관이 2개의 부처 장관을 겸하고 있기도 하다.[8] 정부 대변인 격인 공보처(Federal Press Office)는 계속 유지되고 있으나 공보처장은 내각 구성원이 아니다. 이 밖에 총리실에 문화 및 미디어, 이민자 및 외국인 통합 등을 담당하는 특임장관이 있다. 그러나 독일의 경우 최근 슈뢰더 총리(1999~2005년), 메르켈 총리(2005년~현재) 등의 비교적 장기집권으로 인해 큰 폭의 정부조직 개편은 이루어지지 않았다고 볼 수 있다.

독일의 정부조직은 연방정부와 주정부 간 권한과 기능의 조화를 통해 완성된다. 연방정부는 외교정책, 국방정책, 화폐정책, 교통정책 분야에 대

8) 2018년 1월 기준, 내각은 현재 메르켈 총리와 장관 등 13명으로 구성되어 있다. 독일 연방내각 구성원인 Katarina Barley는 가족노인여성청소년부와 노동사회부 장관을 겸하고 있다. 마찬가지로 Christian Schmidt는 식품농업부와 교통디지털기반부 장관직을 겸하고 있다.

한 연방 고유 업무 외에 경제, 재무, 내무, 사회복지, 환경 등의 업무를 관장하고 있다. 주정부는 주의회가 선출한 주총리와 그 주총리가 임명한 각부 장관으로 구성된다. 주정부는 기본적으로 재무, 내무, 법무, 경제, 교통, 농업, 노동 및 사회복지, 문화 등의 부서로 구성되어 있다.

[그림 2-3] 독일의 연방정부조직도 (2018. 1. 30. 기준)

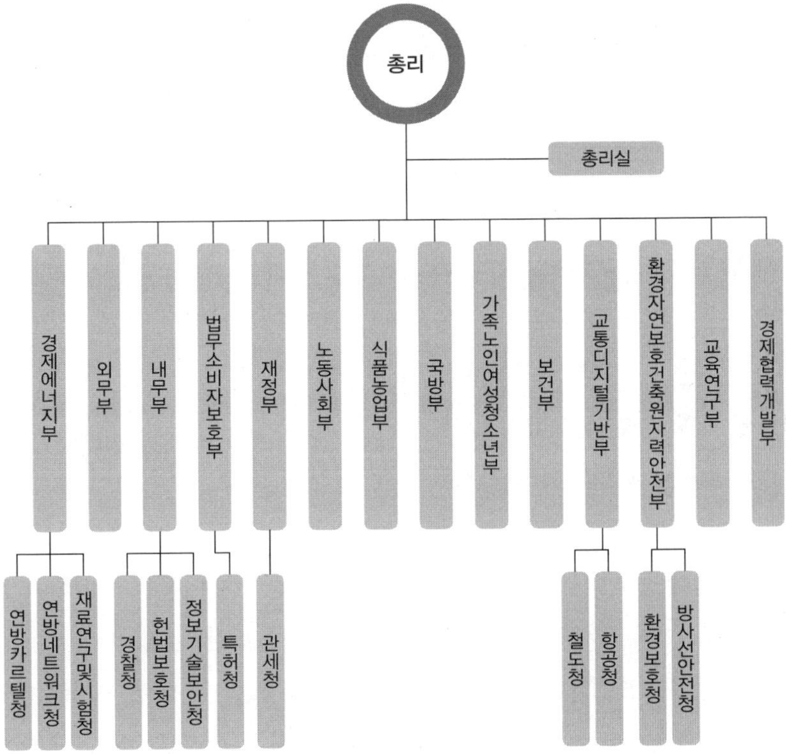

4. 프랑스

프랑스는 이원정부제로서 대통령이 주로 정치적 권한을 보유하는 반면, 행정권은 대통령에 의해 임명된 총리가 지휘하는 행정부에 속하며, 행정부는 의회에 대하여 책임을 진다. 대통령, 총리 이하의 각료들로는 법적으로 다른 장관에 비해 특권은 없으나 부총리급으로 인식되는 상징적 의미의 국가장관(ministre d'Etat), 총리 밑에서 독립적으로 부처의 업무를 지휘하는 국무위원인 장관(ministre), 그리고 총리 및 장관에 소속될 수도 있으며 자기 부처의 업무가 의제로 상정되었을 때에만 국무회의에 참석하는 副장관(secretaire d'Etat)으로 구성되어 있다. 프랑스의 경우 정부조직에 대해 법으로 엄격하게 정하고 있지 않으며, 내각 교체 시마다 당선자의 공약 혹은 국정목표에 따라 자유롭게 변경이 가능하며 관례로 인정되고 있다. 따라서, 프랑스 정부조직은 새 대통령의 정치적 우선순위와 국정철학에 큰 영향을 받을 수밖에 없다.[9)]

2017년 4월 출범한 마크롱 정부는 부처 장관 16명, 담당장관 2명, 총리 소속 국무장관 4명 등 총리 포함 총 23명으로 내각이 구성되어 있다. 프랑스 정부는 대통령실과 총리실을 별도로 두고 있으며 내각을 구성하는 부(部)는 총 16개 부처로서, 내각부, 생태지속가능전환부, 법무부, 외교유럽부, 국방부, 영토결합부, 연대보건부, 경제재정부, 문화부, 노동부, 국가교육부, 농식품부, 예산공공계정부, 고등교육연구혁신부, 대외영토관리부, 스포츠부 등이다.[10)] 규제 기능 조직으로 공정거래, 방송규제, 금융감

9) 김석은. (2017). 미국, 영국, 프랑스의 정부조직개편에 관한 비교연구. 「정부학연구」, 23(1): 255-276.

10) http://www.gouvernement.fr/en/composition-of-the-government

[그림 2-4] 프랑스의 정부조직도 (2018. 1. 31. 기준)

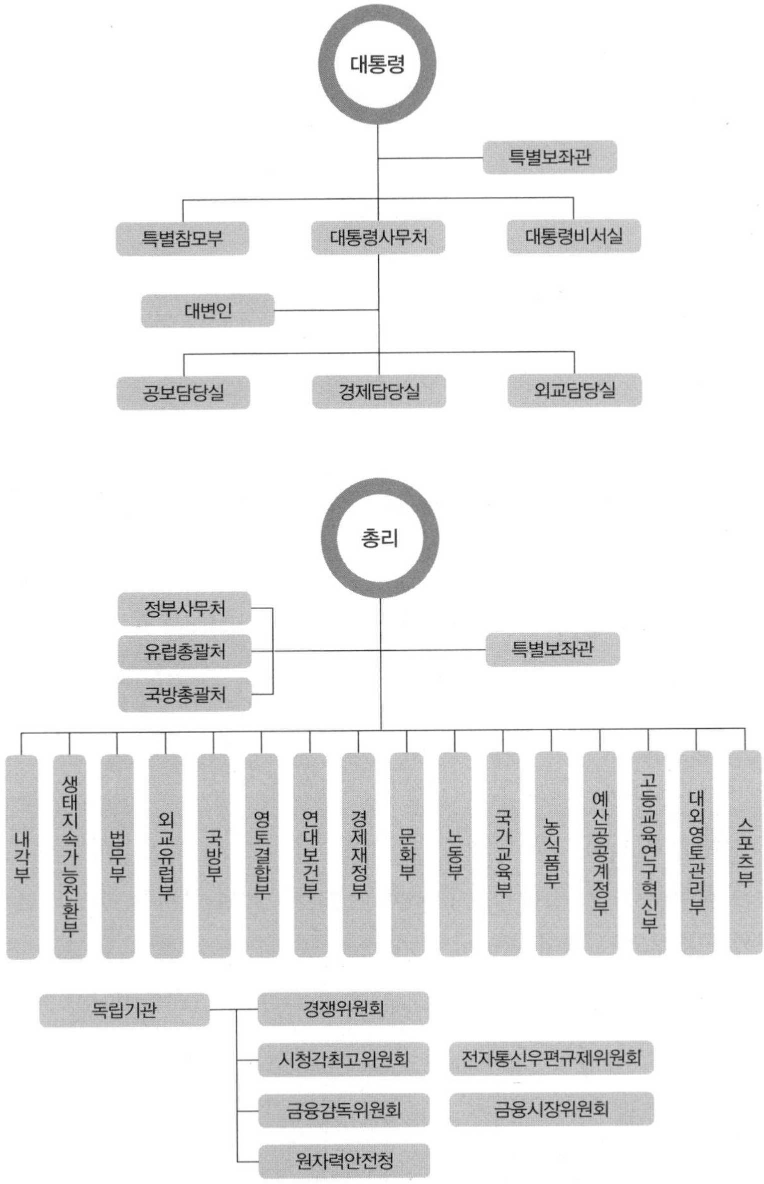

독, 원자력안전규제 등을 수행하는 독립기관이 존재한다. 프랑스의 경쟁규제와 관련된 의사결정은 경쟁위원회(Autorite de la concurrence)에서 이루어진다. 산업별로 방송규제 기능은 시청각최고위원회(CSA), 통신규제 기능은 전자통신우편규제위원회(ARCEP)가 담당한다. 은행과 보험감독 기능은 중앙은행 산하의 금융감독위원회(ACPR)가 담당하고 증권 감독 기능은 금융시장위원회(AMF)가 담당한다. 그리고 원자력안전규제 기능은 원자력안전위원회(ASN)가 담당한다.

5. 미국

미국은 집권당이 바뀌어도 대규모 조직 개편을 시행하지 않는 편이다. 최근의 행정부처 조직 개편 사례로는 2001년 9.11 테러 이후 테러 및 안보 관련 기능을 재조합하여 2002년 11월에 국토안보부(Department of Homeland Security)를 신설한 사례가 유일하다.[11] 지난 수십 년 동안 국토안보부 신설 외에 연방 부처 단위의 개편이 없을 만큼 안정적인 정부조직을 유지하고 있다. 미국에서 대규모 정부조직 개편 사례가 없는 것은 대통령에게 정부조직 개편 권한이 없기 때문이라고 할 수 있다. 미국은 정부조직 개편을 위해 그 정당성을 의회를 통해 피력하고, 의회에서의 개별입법을 통해 법·제도화하여 개편을 집행하는 과정을 거친다.[12] 즉, 정부조

11) 박영원. (2017). 정부조직개편의 현황과 개선과제. 국회입법조사처 현안보고서.

12) 김석은. (2017). 미국, 영국, 프랑스의 정부조직개편에 관한 비교연구. 정부학연구, 23(1): 255-276.

직 개편에 의회의 권한이 절대적이므로 새 대통령이 선출되더라도 정부조직 개편의 실현가능성이 낮다고 볼 수 있다.

미국 연방행정부는 대통령실(Executive Office of the President), 부처(Executive Department), 독립기관 및 정부공사(Independent Agency and Government Corporation), 각종 정부위원회(Boards, Commissions, Committees, and Federal Advisory Committees), 준공공기관(Quasi-Official Agencies)으로 구성된다.

대통령실은 대통령의 주요 결정에 대해 가까운 위치에서 필요한 조언을 하며 관리예산처(Office of Management and Budget), 국가안전보장회의(National Security Council), 경제자문위원회(Council of Economic Advisers), 국가마약통제정책처(Office of National Drug Control Policy), 환경위원회(Council on Environmental Quality), 과학기술정책처(Office of Science and Technology Policy), 미국무역대표부(Office of the United States Trade Representative), 부통령실(Office of the Vice President), 백악관실(White House Office), 대통령 수석고문실(Office of the Counselor to the President) 등으로 구성된다.

이 중 백악관실(White House Office)은 국내정책위원회(Domestic Policy Council), 국가안보보좌관(National Security Advisor), 국가경제위원회(National Economic Council), 공보국(Office of Communications), 디지털전략국(Office of Digital Strategy), 정보기술국(Office of Infromation Technology), 입법국(Office of Legislative Affairs), 행정관리국(Office of Management and Administration), 대통령 집무실(Oval Office Operations) 등으로 구성되어 있다.

미국의 부처(Executive Department)는 국무부(DOS), 농무부(USDA), 상무부(DOC), 국방부(DOD), 교육부(ED), 에너지부(DOE), 보건복지

부(HHS), 국토안보부(DHS), 주택도시개발부(HUD), 법무부(DOJ), 노동부(DOL), 내무부(DOI), 재무부(Treasury), 교통부(DOT), 보훈부(VA)의 15부로 구성된다.

독립기관 및 정부공사(Independent Agency and Government Corporation)는 모두 66개 기관으로, 일상적인 입법의 범위를 넘어서는 문제들을 해결하기 위해 주로 의회에 의해 설치되며, 미국 정부와 경제가 원활하게 작동하도록 도움을 주고 있다. 이 중에서 대표적인 독립 독임제 기관은 중앙정보처(CIA), 환경보호처(EPA), 국립항공우주청(NASA), 인사관리처(OPM), 중소기업청(SBA), 사회보장청(SSA), 미국우편청(USPS), 연방주택금융청(FHFA), 미국국제개발청(USAID) 등이다. 각종 규제 기능을 담당하는 독립 합의제 기관으로 공정거래 및 소비자 보호를 담당하는 연방거래위원회(FTC)·소비자제품안전위원회(CPSC), 통신 관련 규제를 담당하는 연방통신위원회(FCC), 금융감독 기능을 담당하는 금융안정감시위원회(FSOC)·증권거래위원회(SEC)·증권선물거래위원회(CFTC), 그리고 원자력규제위원회(NRC), 미국국제무역위원회(US ITC), 우편규제위원회(PRC) 등이 있다. 마지막으로 연방예금보험공사(FDIC), 해외민간투자공사(OPIC)와 같은 정부공사가 있다.

이 외에도 국회나 대통령에 의해 설치되어 행정부를 지원하는 40개가 넘는 다양한 위원회(Boards, Commissions, and Committees) 및 연방자문위원회가 존재하며, 공식적인 정부기관은 아니지만 프로그램이나 활동에 일부 공적 기능을 수행하는 10개의 준정부기관(Quasi-Official Agencies)인 법률구조공단(Legal Services Corporation), 스미스소니언협회(Smithsonian Institution), 주법원위원회(State Justice Institute), 미국평화연구소(United States Institute of Peace), 연방저당권구매협회(Federal National Mortgage Association, Fannie Mae) 등이 존재한다.

[그림 2-5] 미국의 정부조직도 (2018. 1. 31. 기준)

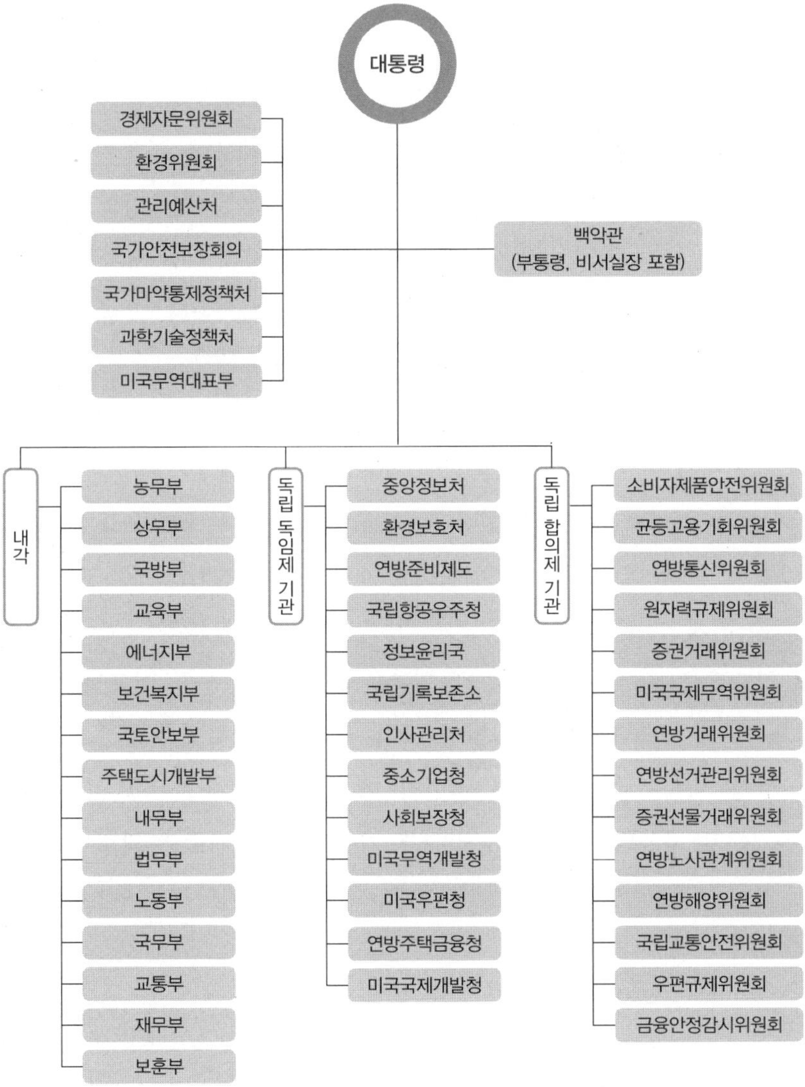

6. 중국

중화인민공화국 국무원, 즉 중앙정부는 국가의 최고 권력기관의 집행기관이자 최고행정기관이다.[13] 국무원은 전국인민대표대회, 국가주석, 중앙군사위원회, 최고인민법원, 최고인민검찰원 등과 함께 중앙의 일급 국가기구 중의 하나로서 총리 책임제를 실시하고 전국의 각급 국가행정기관 업무를 통일적으로 지도하는 최고국가행정기관이다. 총리, 부총리, 국무위원, 각 부 장관, 각 위원회 주임, 회계검사원장, 은행장으로 구성된다.

중국은 2013년 3월「국무원 기구개혁 및 직능전환 방안에 대한 결정」을 통과시키면서 중국 정부의 효율화와 제도개선을 위해 부 통합 개혁을 실시하였다. 그 결과 철도부를 교통운수부로 통합하고 위생부와 국가인구계획생육위원회를 위생계획생육위원회로 통합하면서 기존의 27개의 부·위원회를 25개 부·위원회로 축소하였다. 철도정책은 교통운수부로 이관하고, 철도건설사업은 신설된 중국철도총공사로 이관하였다. 인구정책 중에서 인구전략 등의 기능은 국가발전개혁위원회로 이관하였다.

국무원 조직은 현재 판공청, 부·위원회기구, 직속기구, 직속사업단위, 사무기구로 구성되어 있다. 부·위원회기구는 총 25개로서 외교부, 국방부, 교육부, 과학기술부, 공업정보화부, 공안부, 국가안전부, 감찰부, 민

13) 법률적으로는 전국인민대표대회가 중국 최고의 권력기관이지만, 실질적인 권력은 공산당에 집중되어 있다. 중국 공산당은 정부를 통제하며 공산당 총서기와 중앙위원회의 정치국 상임위원이 집단적으로 국가최고권력을 보유하고 있다고 볼 수 있다. 또한 국가의 중앙군사위원회와 공산당 중앙군사위원회는 구분되어 있지만 실제로는 구성원과 명칭이 완벽히 일치하는 하나의 기구이고 중앙위원회 못지않은 권력을 가지고 있다. 현재 공산당 서열은 정치국 상임위원 7인 중에서 1위 총서기 겸 국가주석, 2위 전국인민대표대회 상무위원장, 3위 국무원 총리 순으로 이어진다.

정부, 법무부, 재정부, 인력자원사회보장부, 국토자원부, 환경보호부, 주택도시건설부, 교통운수부, 수리부, 농업부, 상무부, 문화부의 20개 부(部)와 국가발전개혁위원회, 국가민족사무위원회, 국가위생계획생육위원회의 3개 위원회이며, 추가로 회계검사원(審計署)과 중국인민은행도 중앙행정기관으로 간주된다.

부·위원회 기구 외에 규제 기능 조직으로 독점규제의 최고 의사결정기관인 반독점위원회가 있으며, 사안별 반독점정책 집행은 국가발전개혁위원회(NDRC)·공상행정관리총국(SAIC)·상무부가 담당하였다. 신문출판·방송·통신 규제 기능은 국무원 직속기구인 국가신문출판광전총국에서 담당하였으며 금융감독 기능은 은행감독위원회(CBRC)·증권감독위원회(CSRC)·보험감독위원회(CIRC)가 담당하였다.

중국은 2018년 3월 17일 전국인민대표회의에서 국무원 조직개편안을 의결하였다. 조직개편안에 따르면 국무원 장관급 기구 8개, 차관급 기구 7개가 감소되고 국무원 산하 부·위원회는 26개로 1개 늘어난다. 주요 개편 내용으로는 기존의 감찰부와 국가예방부패국을 통합하고 국무원에서 독립된 기구로서 중국 내 전면적인 반부패작업을 위해 국무원과 공산당을 규율하는 국가감찰위원회가 신설된다. 또한 국토자원부, 국가해양국, 국가측량지리정보국을 통합하여 자연자원부를 신설하고, 환경보호부를 생태환경부로, 농업부를 농업농촌부로 개편한다. 문화부와 국가관광국을 통합하여 문화관광부를 신설하고 국가위생계획생육위원회, 의약위생체제개혁영도소조 판공실을 통합하여 국가위생건강위원회를 신설한다. 국가안전생산감독관리총국을 응급관리부로 개편하고 국무원법제판공실을 법무부에, 산샤공정건설위원회와 남수북조공정건설위원회를 수리부에, 국가외국전문가국을 과학기술부에, 국유중점대형기업감사회를 회계검사원에 각각 흡수 통합한다. 퇴역군인사무부를 신설한다.

차관급 기구 개편으로 국가공상행정관리총국, 국가질량감독검사검역총국, 국가식품약품감독관리총국을 통합하여 국가시장감독관리총국을 신설하고, 국가신문출판광전총국을 국가라디오TV총국으로 개편하며, 은행감독관리위원회(중국인민은행 산하)와 보험감독관리위원회를 통합하여 중국인민은행 산하 은행보험감독관리위원회를 신설한다.

[그림 2-6] 중국의 정부조직도 (2018. 1. 31. 기준)

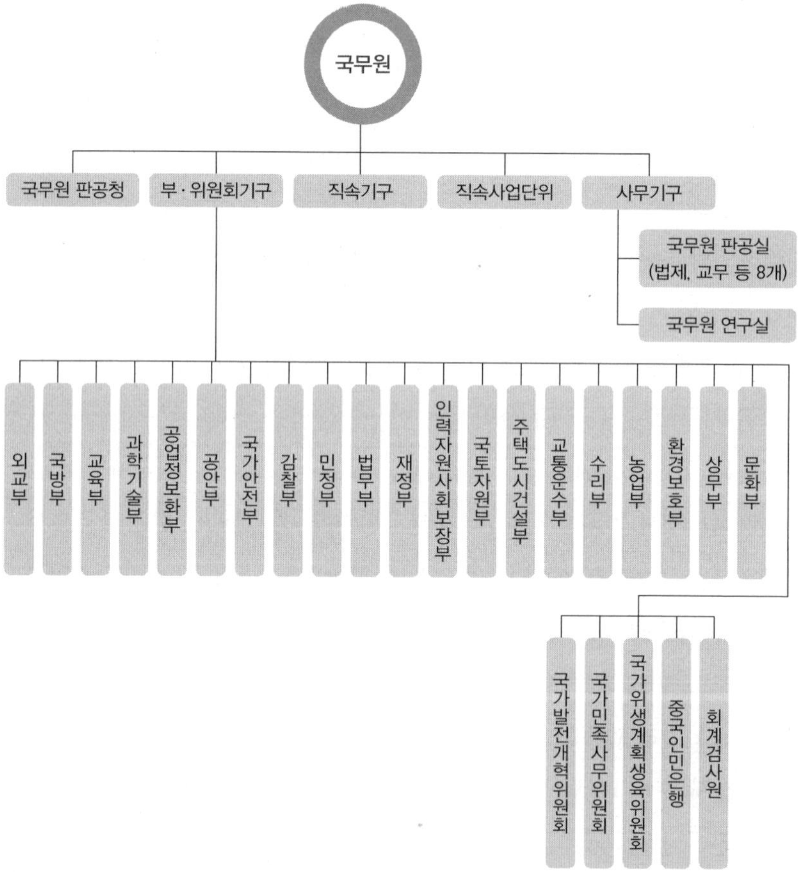

[그림 2-7] 중국의 정부조직도 (2018. 3. 17. 기준)

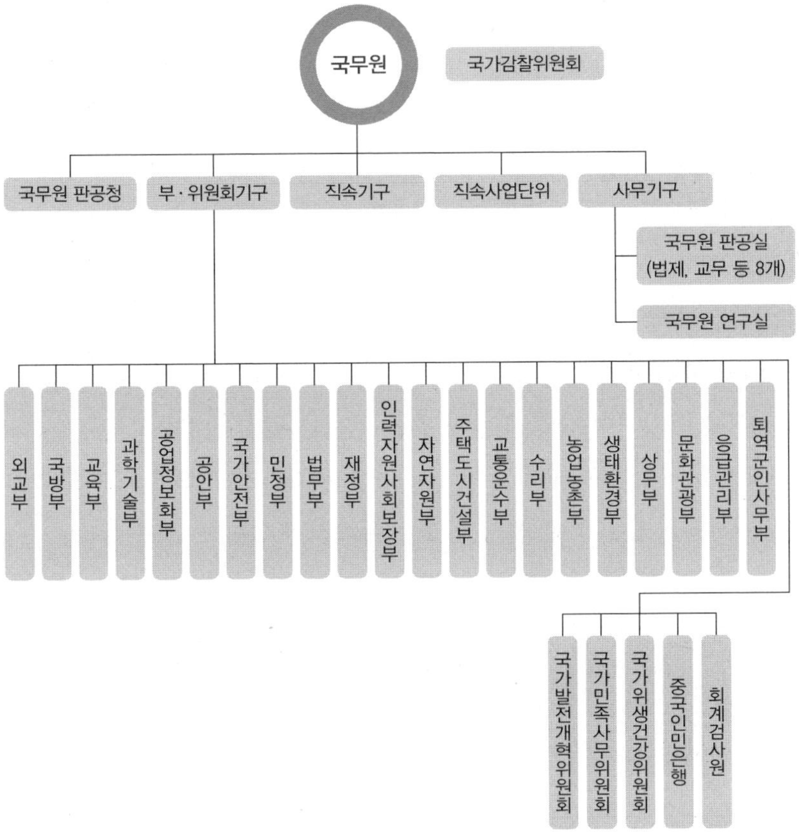

7. 소결

일본·영국·독일·프랑스와 같은 집중형 정부의 경우 내각 행정기관을 14~25개 설치하고 있으며, 대통령 또는 국무총리와 내각 장관은 내각회의, 관계장관회의 등을 통해 업무에 있어서 긴밀한 관계를 유지하고 있다. 국정을 총괄·지원하는 기능의 대통령실, 총리실, 내각부, 내각실 등의 조직은 통합적으로 운영되고 있다.

대부분의 의원내각제 국가는 대부주의(大部主義)에 따라 큰 규모의 부처 조직을 구성하여 행정 각부의 관할 기능을 넓게 설정하고 장관(Senior Minister)하에 副장관(Junior Minister) 또는 대외용 장관을 두기도 한다. 전문분야의 행정을 위해 部 산하 또는 독립적인 위원회·청을 둔다.

제3장

정부조직 설계 방향

1. 정부조직 설계 기초

1) 조직 설계의 원리

정부조직은 대통령의 국정기조를 실현하는 수단이다. 정치적 측면에서 본다면 정부조직 개편을 통해 대통령의 선거 공약이나 정치적 가치관을 실현할 수 있다. 행정적 측면에서는 정부조직 개편을 통해 관료제 개혁과 조직의 신축성 확보, 정부의 문제해결 능력 향상 등을 가져올 수 있다. 이와 같은 특징으로 인해 한국은 정부 수립 이후 지금까지 수십 차례의 정부조직법 개정을 통해 기존 조직의 확대·축소 및 신설·폐지를 이루어 왔다.

정부조직 설계에 대한 이론적 논의는 20세기 초 Gulick이 제시한 분화의 원리(principle of division)와 조정의 원리(principle of coordination)가 대표적이다. 분화의 원리는 유사하거나 상호 연관성이 높은 업무를 묶어 하나의 조직을 구성해야 한다는 것이고, 조정의 원리는 계층적 명령이나 규정을 바탕으로 여러 조직의 활동들을 하나의 정책목표로 통합하는 것을 의미한다(박천오, 2011). 따라서 분화의 수준이 높을수록 다양한 조직들이 전문화된 과업을 수행하기 때문에 조정과 통합이 어려워진다.

현실적인 측면에서 정부조직 설계의 논의는 기존의 정부조직이 현재와 미래의 정책 문제를 해결하기에는 정합성이 낮다는 문제의식에서 출발한다. 또한 정권의 교체로 국정의 기조나 정책 우선순위가 변경될 경우, 이를 정부조직에 반영하기 위한 전략으로 조직 설계가 논의된다. 이 외에도 정부조직의 구조적 문제를 해결하고 효율성을 확보하기 위한 정부 혁신의 전략으로 조직 설계가 이루어지기도 한다. 조직 개편의 필요성을 야기하는 조직의 구조적 문제는 다음과 같다(Bolman & Deal, 1985: 51-53; 박천오, 2011).

첫째, 둘 혹은 그 이상의 기관이 상호 비슷한 과업을 수행하는 중복(overlap)의 경우로서, 중복된 활동은 해당 기관들 사이에 노력의 낭비와 관할권 다툼을 초래한다. 둘째, 중요한 과업이나 책임이 어떤 기관에도 속하지 않아 관련 기관들의 관할권 틈새(gap)로 누락된 경우이다. 셋째, 일부 기관의 과업이 지나치게 빈약한 저활용(underuse)의 경우이다. 넷째, 일부 기관의 과업이 지나치게 과중하여 조직이 효율적으로 작동하기 어려운 과부하(overload)의 경우이다. 다섯째, 복수의 기관들이 지나치게 상호의존(excessive interdependence)하는 상황에서 각 기관이 고유의 임무와 과업을 제대로 수행하지 못하고 다른 기관들과의 협의와 조정에 시간을 허비하는 경우이다. 여섯째, 기관들이 상호 지나치게 느슨하게 연계되어 자율권이 강화된 상황(excessive autonomy)에서 상호 협력이 원활하지 못한 경우이다. 일곱째, 유관 기관들 간에 특정 과업의 책임 소재에 대한 합의가 이루어지지 않고 권위가 분산된(diffused authority) 상황에서 해당 과업 수행에 혼란을 초래하고 기관 간 갈등이 유발되는 경우이다.

정부조직 설계로 나타나는 중앙정부 조직은 대표적으로 부·처·청·위원회 형태이다. 첫째, 부(部)는 대통령 및 국무총리의 통할하에 고유의 국가행정사무를 수행하기 위해 기능별 또는 대상별로 설치한 기관으로 장관은 국무위원 중에서 국무총리의 제청으로 대통령이 임명하며 소관사무 통할권과 소속공무원에 대한 지휘·감독권, 부령 제정권, 법률안 또는 대통령령안 국무회의 제출권 등의 권한을 가진다.

둘째, 처(處)는 국무총리 소속으로 설치하는 중앙행정기관으로서 여러 부에 관련되는 기능을 통할하는 참모적 업무를 수행하는 기관이다.[1] 처의

1) 예외적으로 대통령경호처는 대통령 소속 보좌기관이다.

장이 국무위원인 경우 국무회의에 의안제출권이 있지만 국무위원이 아닌 경우에는 국무총리에게 의안제출을 건의할 수 있을 뿐이며, 소관사무에 관하여 직접적인 법규명령을 제정할 수 없으므로 국무총리를 통해 총리령을 제정해야 한다.

셋째, 청(廳)은 행정각부의 소관사무 중 업무의 독자성이 높고 집행적인 사무를 관장하기 위하여 행정각부 소속으로 설치되는 중앙행정기관이다. 청의 장은 국무회의에 직접 의안을 제출할 수 없고 소관사무에 관하여 직접적인 법규명령을 제정할 수 없으므로 청이 소속된 부(部)의 장관을 통해야만 한다.

마지막으로 위원회(委員會)는 독임제 조직과 달리 복수의 의사결정자로 구성된 합의제 행정기관이며, 다수의 결정자로 구성되어 있기 때문에 행정의 민주성과 조정력을 제고할 수 있다.[2] 위원회의 종류는 크게 자문위원회, 조정위원회, 행정위원회, 독립규제위원회로 구성된다. 자문위원회는 행정기관의 자문에 응하여 전문적인 의견을 제공하는 등 행정기관의 의사결정에 도움을 주는 위원회로, 대부분 비상설 기관이고 원칙적으로 사무기구를 둘 수 없다. 조정위원회는 기관 혹은 개인의 상이한 의견에 대해 심의·통합·조정할 것을 목적으로 설치된 합의제 조직이다. 행정위원회는 중립성·독립성을 갖춘 합의제 행정기관으로 그 결정은 법적 구속력을 가지며, 사무처와 같은 보좌기구를 가진다. 독립규제위원회는 대통령 또는 장관의 지휘·감독을 받지 않고, 행정 계층제로부터 독립성을 유지하며, 준입법적·준사법적 기능을 수행한다.

2) 행정안전부는 위원회, 심의회, 협의회 등 명칭을 불문하고 행정기관의 소관사무에 관하여 자문에 응하거나 조정, 협의, 심의 또는 의결 등을 하기 위한 복수의 구성원으로 이루어진 합의제 기관을 위원회라고 한다(행정안전부 조직실, http://www.mois.go.kr).

2) 조직 설계 검토의 범위

조직 설계 검토의 범위는 전면적 검토와 문제 중심적 검토가 있다. 첫째, 전면적 검토는 정부 기능 전체를 원점에서 검토해서 공공부문과 민간부문이 수행할 기능으로 구분하고, 공공부문 기능에서 중앙정부와 지방정부를 구분하고, 중앙정부 기능에서 중앙정부기관과 공공기관(공기업, 준정부기관, 기타 공공기관 포함)으로 구분하고, 중앙정부기관 기능에서 각 행정기관별 기능을 구분하는 방식이다. 둘째, 문제 중심적 접근은 전체 정부조직 중에서 정책문제를 효과적으로 해결하지 못하거나, 설치 당시의 의도와 다른 결과를 초래하는 특정 조직만을 대상으로 재설계를 실시하는 방식이다.

역사적으로 본다면 한국 정부는 문제 중심적이고 부분적인 조직 개편을 진행해 왔기 때문에 전체 정부조직의 체계성을 상실했고, 근본적으로 변화한 행정환경에 효과적으로 대응하지 못했다. 노무현 정부까지의 정부조직은 박정희 - 전두환 - 노태우 - 김영삼 정부로 이어지면서 유지된 '박정희식' 행정체제의 근간을 가지고 있었다. 1960년대 초 출범한 박정희 군사정부는 선진 군(軍) 관리 시스템을 도입하면서 일제 식민시대의 주민통제 문화와 미군정시대의 형식적 민주주의 문화가 결합되어 부정부패가 만연하였던 공직사회에 일대 변화를 가져왔다. 경제기획원의 장기기획과 예산편성 역량을 확보하고 각 행정조직은 기획관리실을 중심으로 표준화된 행정체제를 마련하였으며, 공개채용시험을 실시하여 공무원 충원에서의 부정부패를 일소하였다. 박정희 정부의 행정조직과 운영방식은 이후 40여 년 동안 유지되어 왔고 정부 주도의 산업화를 조기에 완성하는 성과를 얻기도 하였다. 하지만 이러한 정부 주도의 행정체제는 1990년대 이후 국경 없는 무한 경쟁의 세계화 시대에서는 제대로 작동하지 못하면서 외환위기까지 자초하게 된다.

김대중–노무현 정부는 여성가족부, 국가청소년위원회, 중소기업특별위원회, 국가인권위원회, 국가청렴위원회, 진실화해를 위한 과거사정리위원회 등 민주화와 사회적 약자를 위한 조직을 신설하였다. 하지만 큰 전략적 계획을 갖고 세계화 시대에 부응하는 행정체제를 마련하기보다는 현상에 임시방편으로 대응하는 조직을 만들어왔다. 그 결과 당시 정부 행정조직체제는 민간경제의 성장, 지방자치의 진전, 급속한 세계화에 따른 사회변화, 고령화와 연소화의 인구구조, 남북관계의 진전 등을 제대로 반영하지 못하였다고 볼 수 있다.

이명박 정부는 출범 당시 10년 동안 야당이었던 한나라당이 집권 여당으로 전환되는 상황이었기 때문에, 큰 폭의 정책변화를 위한 정부조직 원점(zero-base) 재설계를 주장하였다. 노무현 정부의 2원·4실·18부·4처·10위원회·18청 등 56개 중앙행정기관(2007년 12월 기준, 과거사 관련 한시적 위원회는 제외함)을 2원·3실·15부·2처·7위원회·18청 등 총 47개 행정기관(2012년 8월 기준)으로 축소했다. 하지만 이명박 정부가 출범하면서 단행한 대규모 조직 개편은 과학기술, 정보통신 등의 분야에서 소기의 성과를 내지 못했다는 비판을 받아왔다.

박근혜 정부는 이명박 정부에서 비판받았던 대규모 조직 통폐합에 따른 행정기관 전문성 부재의 문제, 과학기술과 정보통신(ICT) 전담부처 부재로 인한 과학기술과 ICT 부문 경쟁력 저하 등에 대응하고자 하였다. 이에 따라 거대부처라고 평가받았던 교육과학기술부의 과학기술을 분리하여 과학기술과 정보통신 기능을 담당하는 미래창조과학부를 신설하였다. 국토해양부의 해양 기능과 농림수산식품부의 수산 기능을 통합하여 해양수산부를 신설하였다. 국회에서 미래창조과학부와 방송통신위원회 간의 권한 배분에 대한 여야 간의 갈등으로 정부 출범 이후 한 달여간의 국정공백 상태가 빚어지기도 하였다.

문재인 정부는 출범 초기에 중소벤처기업부의 신설, 국민안전처의 폐지, 해양경찰청과 소방청의 신설, 과학기술혁신본부와 재난안전관리본부, 통상교섭본부의 설치 등 조기 국정안정을 위해 최소한의 개편만을 추구하였다. 그러나, 수자원 관리 기능 통합, 우정사업본부의 우정청 승격, 해양경찰청의 기능 및 소속 등 추가적인 조직 개편 의제들이 여전히 남아있다. 또한, 권력구조 재편을 포함한 추가적인 조직 개편의 가능성도 있다.

추가적인 조직 개편에서는 아직 잔존하고 있는 조직 개편 이슈들을 해결하기 위한 것과 헌법 개정에 따른 정부조직의 변화에 대한 고려가 필요하다. 조직 개편의 범위를 검토하기 위해 우선적으로 헌법 개정 논의를 고려할 수 있는데, 현 조직에서 대통령비서실·국무조정실 등 최고의사결정 관련 기관 외에는 헌법 개정에 크게 영향을 받지 않는다. 이명박 정부 출범 이후 헌법 개정 논의가 지속적으로 제기되었으며, 문재인 정부 출범 후 개헌 논의가 더욱 탄력을 받아 2018년 지방선거 이후에 헌법 개정의 가능성이 높게 점쳐지고 있다. 하지만 대통령제를 둘러싼 권력구조 재편이 헌법 개정의 핵심 사항이기 때문에 정부 및 공공부문의 기능과 역할에 대한 영향력은 제한적이다.

그뿐 아니라, 이명박 정부 출범 때와 같은 대규모의 조직 개편의 가능성은 높지 않은 것으로 보인다. 여당인 더불어민주당의 의석이 과반에 훨씬 미치지 못한 121석인 상황에서,[3] 정부조직 재설계와 관련된 정부조직법 등 행정기관 설치근거 법률들을 제정·개정하는 것은 정치적 부담이 적지 않다. 조직통폐합과 기능조정 검토 대상이 되고 있다는 사실 자체만으로 해당 행정기관은 물론이고 관련 공공기관과 정책공동체 집단의 관심과

3) 2018년 3월 31일 현재 국회 정당별 의석수(총 293석)는 더불어민주당 121석(41.3%), 자유한국당 116석(39.59%), 바른미래당 30석(10.24%), 민주평화당 14석(4.78%), 정의당 6석(2.05%), 기타 소수당 및 무소속 6석(2.05%)이다.

긴장을 유발하고 이해관계가 부딪히는 집단 간의 갈등으로 이어질 수 있기 때문에 대규모 조직 개편은 부담이 될 수밖에 없다.

그러므로 다가올 추가적인 조직 개편에서는 김대중 정부와 이명박 정부의 출범 때와 같이 대규모 조직 개편을 추진하기보다는 현재 문재인 정부의 조직이 가지고 있는 문제를 해결하는 차원에서 문제 중심적이고 단계적인 개편 전략을 모색하는 것이 바람직할 것이다. 현 정부가 추가적인 정부조직 개편에 대하여 얼마나 준비되었는지에 대해서는 알 수 없으나 특정 기능 분야에서 세부적인 조직 재설계안을 확정했다고는 보기 어렵고 다양한 대안들을 내부적으로 검토하였을 것으로 짐작한다. 따라서 의원입법으로 2019년 1월 중순에 조직 개편을 위한 법안을 발의하기 위해서는 조직 개편의 공론화 과정을 1월 초순까지 마쳐야 하므로 지금부터 논의의 시간이 얼마 남지 않았다고 본다. 여러 부문의 다양한 정부조직 개편 논의가 전개되겠지만 앞서 살펴본 문재인 정부의 국정운영 5개년 계획과 개정된 정부조직법에서 확인할 수 있듯 자치경찰제를 도입하는 것을 포함하는 분권의 이슈와 권력행정기관의 민주화가 이루어지는 것을 비롯하여 향후 개편 논의는 2018년 6월 지방선거가 마무리되고 난 후 제기될 것으로 전망해 본다. 이때, 현재 국회에서 과반의석을 차지하지 못한 여당이 지방선거에서 승리할 경우 향후 조직 개편에 있어 상당한 동력을 가질 것이나, 승리하지 못할 경우 조직 개편 논의에 대한 동력은 상당히 약화될 것이다.

3) 대부주의와 전문행정주의

이명박 정부 출범 직전 정부조직 개편과 관련하여 대부주의(大部主義, 또는 대부처주의)가 논의되면서 대규모 정부조직 통폐합을 통해 20여 개 부처를 10여 개로 줄이는 태풍이 불 것이라는 얘기와 함께 일부 학자들의 대통폐합 조직개편안이 언론에 보도되었다. 1부 22성·청을 1부 12성·청으로 축소한 일본 정부의 개혁사례가 참조모델로 작용했다고 볼 수 있다. 당시 노무현 정부는 대통령과 국무총리를 정점으로 2원·4실·18부·4처·10위원회·18청 등 56개 중앙행정기관(방송위원회, 국가인권위원회 등 2개 무소속독립기구 포함)이 설치되어 있었다. 참조 대상인 선진국의 경우에도 내각기관 외에 다양한 형태의 독립적 기구가 존재하고 있기 때문에 우리의 56개라는 기관 규모는 크다고 할 수 없다. 문제는 위원회의 상당수가 내각의 정책조율에서 벗어나 있었다는 것이다. 선진국의 경우 모든 정부기관이 내각의 정책방향과 유기적으로 연계되어 정책과 사업을 추진하고 기관 간 수평적 협력관계가 견고하다. 하지만 노무현 정부의 경우 상대적으로 내각기관을 포함한 기관 간 수평적 협력관계가 미흡하고, 대통령비서실, 국무조정실, 각종 국정과제위원회 등 기관 상위의 조정력도 제대로 작동되지 않는 상황이 발생하였다.

따라서 이명박 정부의 대부주의는 우선 내각 중심의 국정조율이 제대로 이루어질 수 있도록 각종의 위원회들을 유관 내각기관과 통폐합함으로써 내각조직을 부분적으로 확대하는 방식으로 적용되었다. 다수의 위원회 조직이 내각기관의 틀 속에서 자율성을 갖고 일을 하는 형태가 미국을 제외한 여러 선진국 정부에서는 일반적이기 때문이다. 그다음으로 정부의 기능을 중심으로 연관성이 높은 조직들을 통합하는 방향으로 대부주의가 적용되었다. 그 결과 이명박 정부 출범 당시 인적자원 기능을 중심으로 교육인적자원부·과학기술부·노동부를 통합하는 안, 사회복지 기능을 중심으로 보건복지부·여성가족부·노동부를 통합하는 안, 산업기술 기능을 중심으로 산업자원부·정보통신부·과학기술부를 통합하는 안, 공간환경 기능중심으로 건설교통부와 환경부를 통합하는 안 등이 제기되었다. 다양한 부처 통폐합 대안이 검토된 끝에 대표적으로 실현된 안은 기획재정부, 지식경제부, 교육과학기술부, 국토해양부 등이었다.

이러한 대부주의는 기존의 장관 2~3인을 1인으로 줄이는 효과가 있어 중앙정부를 간소하게 운영할 수 있는 장점이 있다. 하지만 지나치게 많은 기능을 하나의 조직에 담을 경우 통합조직이 효과적으로 작동하지 못할 우려가 있다. 또한 대통령이 장관에게 충분한 권한위임을 하지 않을 경우 유관 기능을 통합하여 하나의 조직에서 의사결정을 하는 대부주의의 편익이 나타나지 않을 가능성이 높다.

실제 이명박 정부 출범 당시 대부주의에 바탕을 두고 설치된 기획재정부, 지식경제부, 교육과학기술부, 국토해양부 등은 통합 전 조직의 규모가 큰 것이었고, 물리적 통합이 유기적 결합으로 연결되지 못했다. 또한 넓어진 소관업무에 경험과 지식을 두루 갖추고 복수의 정책 기능을 효과적으로 조정할 수 있는 장관 후보자를 확보하기 어려웠고, 부처 업무가 특정 정책 기능에 편향되어 나타나는 등 대부주의의 편익을 달성하지 못했다. 그 결과 일부 부처에서는 주요 업무의 공백이나 사각지대가 나타나고 정책추진의 효율성과 효과성이 저해되는 사태가 발생했다.

따라서 일본의 후생노동성과 같은 대규모 조직을 신설하는 방식으로 대부주의가 해석되는 것은 바람직하지 않다. 대부주의는 기관장이 자율성을 갖고 업무를 수행하기 위하여 일정 수준의 기능, 권한, 인력과 조직을 부여하는 것으로, 상대적으로 규모가 작은 조직을 통합하는 논리로 적합하다. 과거 이명박 정부 조직을 기준으로 여성가족부와 보건복지부의 가족·복지 기능 통합, 보건복지부와 식품의약품안전청의 보건·식품안전 기능 통합, 기획재정부의 국제금융과 금융위원회의 금융정책 기능 통합 등이 주요 적용 가능 영역에 해당한다.

또한 상대적으로 규모가 큰 조직의 경우 조직 내에서 전문성을 확보하면서 체계적으로 정책을 추진할 수 있는 기능 단위별로 조직을 나누어 높은 전문성을 가진 기관장을 임명하는 전문행정주의(專門行政主義)를 적용하는 것이 바람직하다. 전문행정주의를 채택할 경우 대통령 과제를 효과적으로 각 부처에 전달할 수 있으며, 각 조직 내에서는 전문성을 확보하고 일관된 정책 방향을 유지할 수 있는 장점이 있다. 하지만 전문행정주의를 채택할 경우 각 부처 장관은 내부 업무에 대한 관여도가 높아지면서 상대적으로 국회 등 대외 업무에 소홀할 우려가 있고, 부처 간 정책조정 수요가 증가하는 문제가 발생하게 된다. 따라서 전문행정주의를 택할 경우 보완적으로 국회와 다수 정당과의 협력적 관계를 유지하기 위한 정무장관의 설치와 국무회의와 관계장관회의의 활성화를 통한 정책조정 기능의 강화가 수반되어야 한다.

예를 들어, 이명박 정부 출범과 함께 통합된 교육과학기술부, 농림수산식품부, 국토해양부 체계가 박근혜 정부에 들어 교육부와 미래창조과학부(現 과학기술정보통신부), 농림축산식품부와 해양수산부, 그리고 국토교통부 체계로 개편된 것을 찾아볼 수 있다.

4) 책임소재

정부기관이 성과 위주로 운영되기 위해서는 정부기관의 기능과 업무가 외부(국민 또는 국회)에서 실감하는 성과와 연결되어야 한다. 지나치게 작은 조직일 경우 해당 문제에 대하여 국민이 느끼는 성과 수준이 과연 그 기관의 업무 결과인지를 판단하기 매우 어렵다. 예로서 국민이 느끼는 청소년의 보호지도 수준 또는 성과는 교육부, 여성가족부, 문화체육관광부 등의 정책들이 복합적으로 작용한 결과이기 때문에 성과와 연계된 책임을 단일 조직에 지우기 어렵게 된다. 사회적으로 잘된 일과 잘못된 일에 책임을 지거나 칭찬을 받을 기관이 명확하지 않으면 기관은 태만해질 수밖에 없다. 따라서 자기 책임하에 일할 수 있도록 적정 수준에서 기능과 권한을 구분하고, 조직과 인력을 부여할 필요가 있다.

그뿐 아니라 조직 설계 과정에서 기관의 성과가 반영되어야 한다. 국민의 요구와 기대에 부응하지 못한 기관에 대하여 조직 축소 또는 타 기관으로의 통합을 통해 책임을 물을 수 있다. 대표적인 사례는 노무현 정부의 국정홍보처가 이명박 정부 출범 이후 폐지된 것이다. 국정홍보처는 다양한 긍정적 기능에도 불구하고 언론취재지원 선진화가 아닌 퇴보로 가는 시스템을 강제했고, 그 결과 언론기관과의 갈등을 야기했다는 평가에 따라 이명박 정부 출범과 함께 문화체육관광부로 업무가 이관되었다. 또한 박근혜 정부에서 해양경찰청이 세월호 사태에 대한 대처미흡을 이유로 국민안전처 해양경비안전본부로 축소 개편되었던 사례도 책임 소재에 따른 조직 개편으로 볼 수 있다.

5) 지방화와 지방이양

민간경제규모의 성장, 지방자치의 경험, 사회 민주화의 진전 등의 정부환경 변화로 인하여 일방적인 정책 결정과 집행 방식을 기업·시민사회·지역사회로의 협력적 정책운영방식(Governance)으로 전환하지 않을 수 없다.

그렇다면 어떤 형태의 지방화와 민간화가 바람직한가? 비록 민간경제규모가 커졌다고 하지만, 시장에서 강력한 힘을 가진 집단은 소수 대기업일 가능성이 크고, 목소리가 큰 시민사회에는 간부와 상근직원만 있을 뿐 정작 시민이 없고 편향된 주의주장만 하고 있다는 비판이 많다. 지방정부의 경우 단체장 독주에 대해 전문성이 부족한 지방의회의원과 공무원이 견제 역할을 제대로 하지 못하는 실정이다.

정부의 각종 위원회가 설치 운영되고 있으나 민간의 대표성 있고 전문성 높은 목소리를 담지 못하고 공무원들의 들러리 역할만 하고 있는 실정에서 어떻게 지방과 민간 주도의 정책운영을 만들어낼 것인가? 현재와 같이 중앙집권적인 정책운영을 지속한다면 지방정부의 역량을 키우기는 어렵다. 지방의 역량을 키우기 위해서 지방 스스로 결정하고 그 결과에 따른 책임을 지는 경험을 축적해야 한다. 따라서 지방이양을 적극적으로 추진할 필요가 있다. 지방이양과 지방분권의 초기의 혼란과 비효율은 일정 기간이 지나면 완화될 수 있을 것이다.

현재 중앙정부는 국내정책(domestic policy)에 지나치게 경도되어 있고 정작 중요한 국제정책(global policy) 형성에 필요한 역할을 제대로 하지 못하고 있다. 기초자치단체별 부동산거래허가제 등의 주택시장 규제를 국토교통부가 수행하고 있는 것이 대표적인 사례이다. 한국의 국력과 국제적 위상에 비해 국제기구에서의 고위직 진출이나 의사결정 참여강조는 매우 미흡한 실정한다. 따라서 문재인 정부의 추가적인 조직 개편에서 중앙정부는 국제기구와 주요국 정부 및 공공기관과의 협력적 관계를 정립하는 역할을 대폭 강화할 필요가 있다. 지방화와 민간화를 통해, 중앙정부가 국내정책뿐만 아니라 지방정책(local policy) 수준까지 관여하는 기존의 행태를 지양하고, 명실상부하게 국가를 대표하는 정부다운 역할을 다해야 한다.

역대 정부는 특별지방행정기관의 지방이양을 추진하였으나 성과를 얻지 못하였다. 역대 정부의 특별지방행정기관 정비 시도들을 살펴보면, 김대중 정부는 병역자원관리, 통계관리, 환경보전, 국유림관리 등 4개 분야, 노무현 정부는 중소기업, 국도하천, 해양항만, 지방노동, 식의약품, 지방환경 등 6개 분야, 이명박 정부는 중소기업, 국도하천, 지방노동, 식의약품, 지방환경, 산림, 보훈 등 7개 분야에서 정비를 시도하였다. 박근혜 정부에서는 중소기업, 국도하천, 해양항만, 고용노동, 식의약품, 지방환경,

산림, 보훈, 통계의 9개 분야에서 지방이양을 시도하였다.

문재인 정부에서는 전문가들의 과반수가 특별지방행정기관의 지방이양에 동의하는 바에 대하여 주지하고(박종관, 2018), 중소기업, 국도하천, 해양항만, 지방노동, 식의약품, 지방환경 등 6개 분야의 지방이양을 고려하고 있다. 더 나아가 산림과 통계분야 그리고 장기적으로는 주거와 관련된 주택정책까지도 지방정부에 이양하는 것을 고려할 필요가 있다.

6) 시민참여

최근 정보통신기술의 발전과 이를 통한 사회 각 부문의 혁신으로 시민들이 다양한 형태로 그들의 의견을 표출하는 것이 가능해졌다. 이에 따라 앞으로 폭발적으로 증가할 다양한 국민들의 의견을 정부조직 차원에서 효율적이고, 효과적으로 반영하여야만 할 것으로 예상된다. 이러한 시대적 요구에 세계 각국의 정부들은 적극적인 대응을 통하여 공공(public)과의 관계를 형성하기 위한 노력을 경주하고 있다.

대통령의 국정기조를 실현하기 위한 수단으로 정부조직이 존재한다. 2017년 5월 출범한 문재인 정부는 그 정부의 출발점이 시민들의 참여에 있다 하여도 과언이 아니고, 그렇기 때문에 국정운영의 핵심을 시민참여로 정하고, 이를 실현하기 위한 방안으로 '국민이 주인인 정부'를 제1의 국정목표로 삼았다. 또한 '국민의 나라'라는 국정기조에 상응하게 국민의 뜻을 국정에 반영하고, 국민 개개인이 국정의 전 과정에 참여할 수 있게 하여 궁극적으로 정책을 국민과 함께 만들어 나갈 것임을 천명하였다.

시민참여는 민주주의의 핵심이라고 할 수 있는 국민주권주의를 실현하기 위한 절차상의 원리 중 하나이다. 참여하고자 하는 과정 그 자체라는 시민참여의 기본적인 의미에서 더 나아가 투표를 통하여 헌법기관인 행정부, 입법부 등을 구성하는 데 참여하는 것(정치적 참여)과 정부(행정부)의 정책의 형성과 집행 등의 과정에 참여하는 것(행정적 참여), 그리고 정부에 대한 지지 및 동원 그리고 심지어 반대하는 행위까지 모두 광의의 시민참여로 간주할 수 있다(이승종·김혜정, 2015). 최근 신고리 5·6호기 건설문제와 관련한 시민들의 공론참여 활동은 시민참여의 한 형태로서 숙의민주주의(deliberative democracy)에 기반하여 시민참여를 실현한 사례로 볼 수 있다. 이러한 시민참여는 정부조직에 직접적인 영향이 있을 것으로 간주하기는 어렵지만 공론화위원회, 주민참여예산제도 등의 의사결정에 시민들이 주권자로 참여하는 방향으로 발전해왔다.

역대 정부에서는 시민들의 정치적, 행정적인 참여를 증진하기 위하여 다양한 위원회 형태의 조직이 신설되고 개편되어 행정의 민주성을 실현하고자 하였다. 노무현 정부는 '참여'를 주요한 국정기조로 삼으며, 위원회 공화국[4]이라고 불릴 정도로 많은 위원회를 설치하기도 한 것은 정부가 시민들의 참여를 다양한 위원회 조직의 설립을 통해 지원한다는 실증이기도 하다. 이러한 기조는 문재인 정부에서 강하게 반영될 가능성이 크다. 시민의 정책과정에의 참여를 증진하는 추세에 대응하는 정부조직 설계를 고려해야 한다.

7) 공동생산(co-production)

저출산과 고령화 추세가 심화되면서 공공서비스 수요가 증가하고 복지예산 상승 압력이 높아지고 있다. 그런데 실제 정부주도의 공공서비스의 생산과 전달에 있어서는 적지 않은 문제들이 발생하고 있다. 구체적으로

4) 프레시안. (2004. 11. 5.). "盧 참여정부, '위원회 공화국' 맞다".

복지사각지대가 지속적으로 형성되어 바람직한 복지서비스 전달에 장애가 되고 있으며, 치안서비스 또한 큰 사회적 반향을 일으키는 강력범죄가 끊임없이 발생하게 되어 그 신뢰성과 효과성에 대한 의문이 끊임없이 발생하기도 한다.

그뿐 아니라 시민들이 공공서비스의 전통적인 수요자로서의 역할에서 그치는 것이 아니라 시민들이 정부에 그들이 필요한 것을 직접 요구하게 되었다. 이에 따라 개별 시민들의 수요(needs)를 충족시키기 위한 맞춤형(customized) 서비스의 개념이 공공부문에서도 확산되고 있다.

공공서비스 생산과 전달에 대한 시민들의 요구가 다양해지고 민간부문의 역량이 고도화되면서 공공재와 공공서비스의 생산주체와 전달체계에 있어서 민간과 공공 부문의 공동생산(co-production)의 가능성이 점쳐지기 시작하였다. 공동생산이란 전통적으로 공공재나 공공서비스의 생산과 공급을 정부가 주도하였던 방식을 정부와 민간의 공동생산 혹은 더 나아가 민간부문이 주도하여 생산하는 방식으로 전환하는 것이다. 예컨대, 공동생산을 통해 복지서비스에서는 시민들이 실제로 필요로 하는 복지서비스를 발굴하고 이를 중심으로 전달함으로써 예산의 효율적 활용을 달성할 수 있다. 노인지원 서비스, 장애인 복지서비스, 북한이탈주민 정착지원 서비스 등을 위해 민간부문의 종교단체, 복지단체가 중앙 및 지방정부와 함께 함께 서비스 의사결정, 생산과 전달 과정에 참여하고 있다.

치안서비스에 있어서도 지역시민사회와 기업 등 민간부문의 역량을 활용하여 보다 더 정확하고 신속한 치안 예방 및 대응 서비스가 가능할 것이다. 지방경찰청과 지방정부에서 자율방범대, 의용소방대 형태로 수요자 참여 치안 및 소방 서비스를 생산하고 있다.

2. 역대 정부의 조직

한국은 정부 출범 이후 여러 차례의 조직 개편을 거치면서 전반적인 조직 규모는 확대되어 왔다(김윤권 외, 2011). 정부 출범 시기인 이승만 정부의 부·처·청은 17개, 장면 정부의 부·처·청은 21개였으나, 박정희 정부 전반기인 제3공화국에 들어서면서 부·처·청이 31개로 정부조직은 급격하게 증가하였다(무임소장관, 경제기획원 포함). 경제적 기반이 형성되고 삶의 질에 대한 사회적 수요가 생겨나기 시작한 전두환 정부 이후에는 체육부·환경처와 같은 사회분야 부처들이 신설되었다. 1993년 출범한 김영삼 정부는 '작은 정부'를 지향하면서 부처 간 통폐합을 통해 처음으로 부처 수를 줄였지만, 김대중－노무현 정부 시기 동안에는 위원회 수의 증가로 인해 정부부처 수는 다시 증가하였다. 2008년 정권교체를 이룬 이명박 정부 시기에는 '작고 유능한 실용정부'를 표방하면서 대규모 조직 개편을 단행하여 노무현 정부 대비 9개 기관이 줄어들었다. 박근혜 정부는 해양

[그림 3-1] 정권별 중앙부처 수의 변화 (단위: 개)

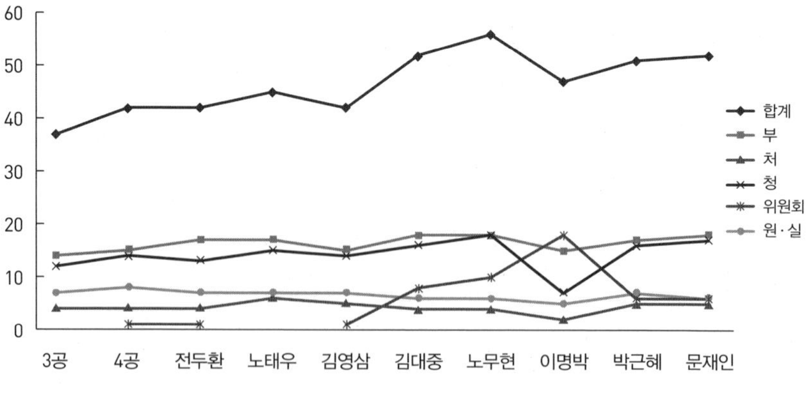

수산부, 미래창조과학부, 국민안전처 신설 등 두 차례 중폭의 조직 개편을 시행함에 따라 이명박 정부 대비 4개 기관이 순증하였다.

문재인 정부는 조기 국정안정을 위해 최소한의 조직 개편만을 추진하였고, 박근혜 정부 대비 1개 기관이 순증한 수준(52개)으로 출범 이후 첫 조직 개편을 마무리하였다.

박정희 정부 이후 문재인 정부에 이르기까지 각 정권별 중앙부처 현황은 다음 〈표 3-1〉과 같다.

〈표 3-1〉 정권별 중앙부처 변화

구분	박정희 정부		전두환 정부 (87. 1. 기준)	노태우 정부 (91. 7. 기준)	김영삼 정부 (96. 8. 기준)
	제3공화국 (70. 8. 기준)	제4공화국 (77. 12. 기준)			
총계	37개 3원 1부 4실 13부 4처 12청	42개 3원 1부 5실 14부 4처 1위원회 14청	42개 3원 1부 4실 16부 4처 1위원회 13청	45개 3원 1부 4실 16부 6처 15청	42개 3원 1부 4실 14부 5처 1위원회 14청
대통령 소속	2실 1원 1부 대통령비서실, 무임소장관실, 감사원, 중앙정보부	2실 1원 1부 대통령비서실, 무임소장관실, 감사원, 중앙정보부	1실 1원 1부 대통령비서실, 감사원, 국가안전기획부	1실 1원 1부 대통령비서실, 감사원, 국가안전기획부	1실 1원 1부 대통령비서실, 감사원, 국가안전기획부
총리 소속	2실 2원 국무총리비서실, 기획조정실, 경제기획원, 통일원	3실 2원 국무총리비서실, 기획조정실, 행정조정실, 경제기획원, 국토통일원	3실 2원 국무총리비서실, 행정조정실, 정무장관실, 경제기획원, 국토통일원	3실 2원 국무총리비서실, 행정조정실, 정무장관실, 경제기획원, 통일원	3실 2원 국무총리비서실, 행정조정실, 정무장관실, 재정경제원, 통일원
부·청	13부 12청 외무부, 내무부, 재무부 (전매청, 조달청, 국세청, 관세청), 법무부 (검찰청), 국방부 (병무청), 문교부, 농림부 (농촌진흥청, 수산청, 산림청), 상공부, 건설부, 보건사회부 (노동청), 교통부 (철도청), 체신부, 문화공보부 *(원자력청 – 과기처 下)	14부 14청 외무부, 내무부 (산림청), 재무부 (전매청, 국세청, 관세청), *(조달청 – 경제기획원 下) 법무부 (검찰청), 국방부 (병무청), 문교부, 농수산부 (농촌진흥청, 수산청), 상공부 (공업진흥청, 특허청), 동력자원부, 건설부, 보건사회부 (노동청), 교통부 (철도청, 해운항만청), 체신부, 문화공보부	16부 13청 외무부, 내무부, 재무부 (국세청, 관세청), *(조달청 – 경제기획원 下) 법무부 (검찰청), 국방부 (병무청), 문교부, 체육부, 농림수산부 (농촌진흥청, 수산청, 산림청), 상공부 (공업진흥청, 특허청), 동력자원부, 건설부, 보건사회부 (환경청), 노동부, 교통부 (철도청, 해운항만청), 체신부, 문화공보부	16부 15청 외무부, 내무부 (경찰청), 재무부 (국세청, 관세청), *(조달청 – 경제기획원下) *(통계청 – 경제기획원下) *(기상청 – 과학기술처下) 법무부 (검찰청), 국방부 (병무청), 교육부, 문화부, 체육청소년부, 농림수산부 (농촌진흥청, 수산청, 산림청), 상공부 (공업진흥청, 특허청), 동력자원부, 건설부, 보건사회부, 노동부, 교통부 (철도청, 해운항만청), 체신부	14부 14청 외무부, 내무부 (경찰청), *(조달청 – 재정경제원下) *(통계청 – 재정경제원下) *(국세청 – 재정경제원下) *(관세청 – 재정경제원下) *(기상청 – 과학기술처下) 법무부 (검찰청), 국방부 (병무청), 교육부, 문화체육부, 농림부 (농촌진흥청, 산림청), 통상산업부 (중소기업청, 특허청), 정보통신부, 환경부, 보건복지부, 노동부, 건설교통부 (철도청), 해양수산부 (해양경찰청)
처	4처 총무처, 과학기술처, 법제처, 원호처	4처 총무처, 과학기술처, 법제처, 원호처	4처 총무처, 과학기술처, 법제처, 국가보훈처	6처 총무처, 과학기술처, 환경처, 공보처, 법제처, 국가보훈처	5처 총무처, 과학기술처, 공보처, 법제처, 국가보훈처
위원회		총리 직속 1 위원회	총리 직속 1 위원회		총리 소속 1위원회

〈계속〉

구분	김대중 정부 (02. 1. 기준)	노무현 정부 (07. 11. 기준)	이명박 정부 (12. 8. 기준)	박근혜 정부 (17. 1. 30. 기준)	문재인 정부 (18. 1. 22. 기준)
총계	52개 2원 4실 18부 4처 8위원회 16청	56개 2원 4실 18부 4처 10위원회 18청	47개 2원 3실 15부 2처 7위원회 18청	51개 2원 5실 17부 5처 6위원회 16청	52개 2원 4실 18부 5처 6위원회 17청
대통령 소속	2실 2원 대통령비서실, 대통령경호실, 감사원, 국가정보원	2실 2원 대통령비서실, 대통령경호실, 감사원, 국가정보원	1실 2원 대통령실, 감사원, 국가정보원	3실 2원 대통령비서실, 대통령경호실, 국가안보실, 국가정보원, 감사원	2실 2원 1처 대통령비서실, 국가안보실, 대통령경호처, 국가정보원, 감사원
총리 소속	2실 국무총리비서실, 국무조정실	2실 국무총리비서실, 국무조정실	2실 국무총리실, 특임장관실	2실 국무조정실, 국무총리비서실	2실 국무조정실, 국무총리비서실
부·청	18부 16청 재정경제부 (국세청, 관세청 조달청, 통계청), 교육인적자원부, 통일부, 외교통상부, 법무부 (검찰청), 국방부 (병무청), 행정자치부 (경찰청), 과학기술부 (기상청), 문화관광부 (문화재청), 농림부 (농촌진흥청, 산림청), 산업자원부 (중소기업청, 특허청), 정보통신부, 보건복지부 (식품의약품안전청), 환경부, 노동부, 여성부, 건설교통부 (철도청), 해양수산부 (해양경찰청)	18부 18청 재정경제부 (국세청, 관세청 조달청, 통계청), 교육인적자원부, 과학기술부 (기상청), 통일부, 외교통상부, 법무부 (검찰청), 국방부 (병무청, 방위사업청), 행정자치부 (경찰청, 소방방재청), 문화관광부 (문화재청), 농림부 (농촌진흥청, 산림청), 산업자원부 (중소기업청, 특허청), 정보통신부, 보건복지부 (식품의약품안전청), 환경부, 노동부, 여성가족부, 건설교통부 (행정중심복합도시건설청), 해양수산부 (해양경찰청)	15부 18청 기획재정부 (국세청, 관세청 조달청, 통계청), 교육과학기술부, 외교통상부, 통일부, 법무부 (검찰청), 국방부 (병무청, 방위사업청), 행정안전부 (경찰청, 소방방재청), 문화체육관광부 (문화재청), 농림수산식품부 (농촌진흥청, 산림청), 지식경제부 (중소기업청, 특허청), 보건복지부 (식품의약품안전청), 환경부 (기상청), 고용노동부, 여성가족부, 국토해양부 (해양경찰청, 행정중심복합도시건설청),	17부 16청 기획재정부 (국세청, 관세청, 조달청, 통계청), 교육부, 미래창조과학부, 외교부, 통일부, 법무부 (검찰청), 국방부 (병무청, 방위사업청), 행정자치부 (경찰청), 문화체육관광부 (문화재청), 농림축산식품부 (농촌진흥청, 산림청), 산업통상자원부 (중소기업청, 특허청), 보건복지부, 환경부 (기상청), 고용노동부, 여성가족부, 국토교통부 (행정중심복합도시건설청, 새만금개발청), 해양수산부	18부 17청 기획재정부 (국세청, 관세청, 조달청, 통계청), 교육부, 과학기술정보통신부, 외교부, 통일부, 법무부 (검찰청), 국방부 (병무청, 방위사업청), 행정안전부 (경찰청, 소방청), 문화체육관광부 (문화재청), 농림축산식품부 (농촌진흥청, 산림청), 산업통상자원부 (특허청), 보건복지부, 환경부 (기상청), 고용노동부, 여성가족부, 국토교통부 (행정중심복합도시건설청, 새만금개발청), 해양수산부 (해양경찰청), 중소벤처기업부
처	4처 기획예산처, 국정홍보처, 법제처, 국가보훈처	4처 기획예산처, 국정홍보처, 법제처, 국가보훈처	2처 법제처, 국가보훈처	5처 국민안전처, 인사혁신처, 법제처, 국가보훈처, 식품의약품안전처	4처 국가보훈처, 인사혁신처, 법제처, 식품의약품안전처
위원회	대통령 소속 3 위원회 총리 소속 5 위원회	대통령 소속 5 위원회 총리 소속 5 위원회	대통령 소속 3 위원회 총리 소속 3 위원회 독립 1 위원회	대통령 소속 1 위원회 총리 소속 4 위원회 독립 1 위원회	대통령 소속 1 위원회 총리 소속 4 위원회 독립 1 위원회

자료: 원·실·부·처·청 자료는 각 정권별 정부조직법을 참조하고, 위원회 현황은 김윤권 외(2011: 111-112) 내용을 참조함. 또한 청와대 홈페이지를 참조함.

1) 최고의사결정 기능 조직

첫째, 대통령의 최고의사결정을 지원하는 대통령비서실은 김대중 정부 시절 대통령경호실이 별도로 분리되었다가 이명박 정부에서 대통령실의 경호처로 다시 통합되었다. 박근혜 정부에서는 5년 만에 다시 대통령비서실과 경호실로 회귀하였으며, 국가안보실(장관급)을 신설하여 국가위기관리 총괄통제기구 역할을 하도록 하였다. 문재인 정부는 대통령경호실을 대통령경호처(차관급)로 축소하였다.

둘째, 국무총리 지원 기능은 국무총리비서실과 국무조정실(박정희 정부의 기획조정실이 전두환 정부에서는 행정조정실로 개편된 후, 김대중 정부에서 국무조정실로 개편됨)로 이원화되었으나, 이명박 정부에서 국무총리실로 통합되었다. 박근혜 정부에서는 다시 국무총리비서실과 국무조정실로 분리 개편하였다.

셋째, 정무 기능과 대통령의 특별 임무 수행을 위해 박정희 정부는 대

〈표 3-2〉 최고의사결정 기능 조직의 변천 과정

구분	박정희 정부		전두환 정부	노태우 정부	김영삼 정부	김대중 정부	노무현 정부	이명박 정부	박근혜 정부	문재인 정부
	제3 공화국	제4 공화국								
대통령	대통령 비서실	대통령 비서실	대통령 비서실	대통령 비서실	대통령 비서실	대통령 비서실, 대통령 경호실	대통령 비서실, 대통령 경호실	대통령실	대통령 비서실, 국가 안보실, 대통령 경호실	대통령 비서실, 국가 안보실, 대통령 경호처
국무 총리	국무총리 비서실, 기획 조정실	국무총리 비서실, 기획 조정실	국무총리 비서실, 행정 조정실	국무총리 비서실, 행정 조정실	국무총리 비서실, 행정 조정실	국무총리 비서실, 국무 조정실	국무총리 비서실, 국무 조정실	국무 총리실	국무총리 비서실, 국무 조정실	국무총리 비서실, 국무 조정실
정무	무임소 장관실	무임소 장관실	정무 장관실	정무 장관실	정무 장관실	-	-	특임 장관실	-	-

통령 소속의 무임소장관을 두었으며 전두환·노태우·김영삼 정부는 국무총리 소속의 정무장관을 두었다. 김대중·노무현 정부는 정무장관을 폐지했으나, 이명박 정부에서는 다시 국무총리 소속의 특임장관을 두었다. 그러나 박근혜 정부에서는 특임장관을 폐지하였다.

2) 지원통제 기능 조직

첫째, 기획·예산 기능은 경제기획원이 수행하다가 김영삼 정부 중반에 재무부와 통합되어 재정경제원으로 개편되었다. 김대중 정부는 출범 초기의 기획예산위원회를 기획예산처로 개편하여 노무현 정부까지 기획예산처가 기획·예산 기능을 수행하였다. 이명박 정부는 기획예산처와 재정경제부를 통합하여 기획재정부로 개편하였다.

둘째, 행정관리 기능 중에서 인사·조직 기능은 총무처에서 수행하다가, 김대중·노무현 정부에서 중앙인사위원회의 인사 기능과 행정자치부의 조직 기능으로 분리되었다. 이명박 정부는 다시 행정안전부로 인사·조직 기능을 통합하였다. 지방행정 기능은 내무부가 수행하다가 김대중·노무현 정부 시기 행정자치부로 개편된 이후, 이명박 정부에서 중앙정부의 인사·조직 기능과 통합하여 행정안전부로 개편되었다. 박근혜 정부에서는 2014년 이루어진 2차 조직 개편에서 기존의 행정안전부에서 안전 기능을 신설한 국민안전처로 이관하고, 행정자치부로 개편하였다. 또한 인사혁신처를 신설하여 인사 기능을 이관하였다. 문재인 정부에서는 행정자치부를 행정안전부로 확대 개편하였다.

셋째, 행정지원 기능 중에서 법제처 조직은 박정희 정부 이후 현재까지 지속적으로 유지되고 있다. 국정홍보는 문화공보부를 통해 수행되다가 노태우 정부에서 공보처로, 김대중 정부에서 국정홍보처로 변경되었다. 이

〈표 3-3〉 지원통제 기능 조직의 변천 과정

구분	박정희 정부		전두환 정부	노태우 정부	김영삼 정부	김대중 정부	노무현 정부	이명박 정부	박근혜 정부	문재인 정부
	제3 공화국	제4 공화국								
기획 예산	경제 기획원	경제 기획원	경제 기획원	경제 기획원	재정 경제원	기획 예산처	기획 예산처	기획 재정부	기획 재정부	기획 재정부
행정 관리	총무처 내무부	총무처 내무부	총무처 내무부	총무처 내무부	총무처 내무부	중앙인사 위원회, 행정 자치부	중앙인사 위원회, 행정 자치부	행정 안전부	행정 자치부, 인사 혁신처	행정 안전부, 인사 혁신처
행정 지원	법제처	법제처	법제처	법제처	법제처	법제처	법제처	법제처	법제처	법제처
	문화 공보부	문화 공보부	문화 공보부	공보처	공보처	국정 홍보처	국정 홍보처	문화체육 관광부	문화체육 관광부	문화체육 관광부
통제	감사원	감사원	감사원	감사원	감사원	감사원	감사원	감사원	감사원	감사원
	-	-	-	-	국민고충 처리 위원회	국민고충 처리 위원회	국민고충 처리 위원회	국민권익 위원회	국민권익 위원회	국민권익 위원회

명박 정부는 국정홍보처를 폐지하고 국정홍보 기능을 문화체육관광부로 이관하였다.

넷째, 통제 기능을 수행하는 감사원은 박정희 정부 이후 현재까지 지속적으로 유지되고 있다. 국민고충처리를 위해 김영삼 정부는 국민고충처리위원회를 설치하여 중앙행정기관의 지위를 부여하였으며, 이후 장관급 기관으로 승격하는 등 점진적으로 기관의 위상을 높여왔다. 이명박 정부는 국민고충처리위원회·행정심판위원회·국가청렴위원회를 통합하여 국무총리소속 국민권익위원회로 개편하였다.

3) 국가질서유지 기능 조직

첫째, 외교정책 기능을 오랫동안 수행한 외무부는 김대중 정부에서 기존 통상산업부의 통상 기능과 통합하여 외교통상부로 개편되었다. 통일정책을 수행하는 통일원(국토통일원)은 김대중 정부에서 통일부로 개편되어 유지되고 있다.

둘째, 국가안전정보 기능은 박정희 정부의 중앙정보부에서 수행하였으며, 전두환 정부에서 국가안전기획부로 변경되었고, 김대중 정부에서 국가정보원으로 명칭이 변경되었다.

셋째, 국방 기능은 국방부와 병무청을 통해 수행하고 있으며, 노무현 정부에서 국방획득의 전문성과 투명성을 제고하기 위해 방위사업청을 설치하였다.

넷째, 법무 기능은 법무부와 검찰청이 수행하고 있다. 공직자 부패방지와 국가청렴도 제고를 위해 김대중 정부가 신설한 부패방지위원회는 노무현 정부에서 국가청렴위원회로 변경되었고, 이명박 정부 출범과 함께 국민고충처리위원회·행정심판위원회와 통합하여 국민권익위원회로 개편되었다. 또한 국민 인권 보호를 위해 김대중 정부가 신설한 국가인권위원회는 무소속 독립기구로 운영되고 있다.

다섯째, 경찰 기능은 내무부가 수행하다가 노태우 정부에서 경찰청이 분리·신설되어 치안과 해양경찰 기능을 수행하였다. 김영삼 정부에서 경찰청과 해양경찰청을 분리하여 경찰청은 내무부(행정자치부, 행정안전부) 소속으로, 해양경찰청은 해양수산부(국토해양부) 소속으로 두었다. 박근혜 정부에서는 2014년 2차 조직 개편 당시 해양경찰청을 해체하고 신설한 국민안전처의 해양경비안전본부로 통합하였으나, 문재인 정부에서 국민안전처를 폐지하면서 다시 해양수산부 소속 해양경찰청으로 되돌아왔다.

여섯째, 재난관리 기능은 내무부(소방국, 방재국, 재난관리국), 행정자치부(민방위재난통제본부)가 수행하다가 노무현 정부에서 소방방재청이 분리·신설되었다. 박근혜 정부에서는 2014년 1월, 국민안전처를 신설하

〈표 3-4〉 국가질서유지 기능 조직의 변천 과정

구분	박정희 정부		전두환 정부	노태우 정부	김영삼 정부	김대중 정부	노무현 정부	이명박 정부	박근혜 정부	문재인 정부
	제3 공화국	제4 공화국								
외교 통일	외무부	외무부	외무부	외무부	외무부	외교 통상부	외교 통상부	외교 통상부	외교부	외교부
	통일원	국토 통일원	국토 통일원	통일원	통일원	통일부	통일부	통일부	통일부	통일부
안보 정보	중앙 정보부	중앙 정보부	국가안전 기획부	국가안전 기획부	국가안전 기획부	국가 정보원	국가 정보원	국가 정보원	국가 정보원	국가 정보원
국방	국방부, 병무청	국방부, 병무청	국방부, 병무청	국방부, 병무청	국방부, 병무청	국방부, 병무청	국방부, 병무청, 방위 사업청	국방부, 병무청, 방위 사업청	국방부, 병무청, 방위 사업청	국방부, 병무청, 방위 사업청
법무	법무부, 검찰청	법무부, 검찰청	법무부, 검찰청	법무부, 검찰청	법무부, 검찰청	법무부, 검찰청	법무부, 검찰청	법무부, 검찰청	법무부, 검찰청	법무부, 검찰청
	-	-	-	-	-	부패방지 위원회	국가청렴 위원회	국민권익 위원회	국민권익 위원회	국민권익 위원회
	-	-	-	-	-	국가인권 위원회	국가인권 위원회	국가인권 위원회	국가인권 위원회	국가인권 위원회
경찰	내무부	내무부	내무부	경찰청	경찰청, 해양 경찰청	경찰청, 해양 경찰청	경찰청, 해양 경찰청	경찰청, 해양 경찰청	경찰청	경찰청, 해양 경찰청
재난 관리	내무부	내무부	내무부	내무부	내무부	행정 자치부	소방 방재청	소방 방재청	국민 안전처	행정 안전부, 소방청
국가 보훈	원호처	원호처	국가 보훈처	국가 보훈처	국가 보훈처	국가 보훈처	국가 보훈처	국가 보훈처	국가 보훈처	국가 보훈처

여 소방방재청과 해양경찰청을 국민안전처의 중앙소방본부와 해양경비안전본부로 통합하였다. 그러나 문재인 정부 출범 이후 국민안전처를 폐지하고, 재난·안전 기능을 행정자치부에 이관하고 행정자치부를 행정안전부로 확대 개편하였다. 또한 행정안전부하에 재난안전관리본부(차관급)를 설치하고 외청으로 소방청을 신설하였다.

일곱째, 국가보훈 기능을 수행했던 원호처는 전두환 정부 이후 국가보훈처(장관급)로 개편되었다. 이후 김대중 정부에서 차관급으로 그 지위가 변동되었고, 노무현 정부 때 장관급 기관으로 승격되었다. 이명박 정부 출범 이후 차관급 기관으로 변동되었다가 문재인 정부에서 다시 장관급 기관으로 승격되었다.

4) 교육문화복지 기능 조직

첫째, 교육 기능은 문교부가 담당하다가 노태우 정부에서 교육부로 전환되었으며, 김대중 정부에서 교육인적자원부로 개편되었다. 이명박 정부는 기존 과학기술부와 교육인적자원부를 통합하여 교육과학기술부로 개편하였다. 박근혜 정부에서는 교육과학기술부에서 과학기술 기능을 미래창조과학부로 이관하고, 교육부는 순수한 교육의 기능만 담당하게 되었다.

둘째, 과학기술 기능은 1967년 신설된 과학기술처가 담당하다가 김대중 정부에서 과학기술부로 개편되었다. 이명박 정부는 기존 교육인적자원부와 과학기술부를 통합하여 교육과학기술부로 개편하였다. 박근혜 정부는 미래창조과학부를 신설하여 과거 교육과학기술부의 과학기술 기능을 미래창조과학부로 이관하였다. 문재인 정부에서 미래창조과학부의 명칭을 과학기술정보통신부로 변경하였다. 문재인 정부에서는 과학기술혁신본부(차관급)를 설치하여, 과학기술정책 총괄, R&D사업 예산심의와 조정, 성과평가를 전담하고 있다. 박정희 정부 시절 1967년에서 1973년 사이에 과학기술처 소속 원자력청이 있었지만 곧 과학기술처 내부로 흡수되었고, 이명박 정부에서 장관급 원자력안전위원회가 신설되었다가 박근혜 정부에서 차관급 위원회로 조정되었다. 노태우 정부가 과학기술처 소속으로 신설한 기상청은 이명박 정부 출범과 함께 환경부 소속으로 이관되었다.

셋째, 문화예술 기능은 초기에 문화공보부가 담당하였다. 노태우 정부는 문화공보부 국정홍보 기능을 공보처로 분리 후 문화부를 신설하고, 전두환 정부가 신설한 체육부를 체육청소년부로 개편하였다. 김영삼 정부는 이들 조직을 문화체육부로 통합하였고, 김대중 정부는 문화관광부로 개편하면서 문화재청을 신설하였다. 이명박 정부는 문화관광부를 문화체육관광부로 명칭을 변경하였다.

넷째, 고용 기능 수행을 위해 박정희 정부는 보건사회부 소속으로 노동청을 설치하였다. 노동청은 전두환 정부에서 노동부로 격상되었고, 이명박 정부에서 고용노동부로 명칭을 변경하였다.

다섯째, 보건복지 기능은 보건사회부가 수행하다가 김영삼 정부에서 보건복지부로 개편되었다. 이명박 정부는 출범 초기 기존 보건복지부에 가족정책을 포함한 보건복지가족부를 설치하였으나, 2010년 가족정책을 여성

〈표 3-5〉 교육문화복지 기능 조직의 변천 과정

<table>
<tr><th rowspan="2">구분</th><th colspan="2">박정희 정부</th><th rowspan="2">전두환 정부</th><th rowspan="2">노태우 정부</th><th rowspan="2">김영삼 정부</th><th rowspan="2">김대중 정부</th><th rowspan="2">노무현 정부</th><th rowspan="2">이명박 정부</th><th rowspan="2">박근혜 정부</th><th rowspan="2">문재인 정부</th></tr>
<tr><th>제3 공화국</th><th>제4 공화국</th></tr>
<tr><td>교육</td><td>문교부</td><td>문교부</td><td>문교부</td><td>교육부</td><td>교육부</td><td>교육인적 자원부</td><td>교육인적 자원부</td><td rowspan="2">교육과학 기술부</td><td>교육부</td><td>교육부</td></tr>
<tr><td rowspan="2">과학 기술</td><td rowspan="2">과학 기술처, 원자력청</td><td rowspan="2">과학 기술처</td><td rowspan="2">과학 기술처</td><td rowspan="2">과학 기술처</td><td rowspan="2">과학 기술처</td><td rowspan="2">과학 기술부</td><td rowspan="2">과학 기술부</td><td>미래창조 과학부</td><td>과학기술 정보 통신부</td></tr>
<tr><td>원자력 안전 위원회</td><td>원자력 안전 위원회</td><td>원자력 안전 위원회</td></tr>
<tr><td>문화 예술</td><td>문화 공보부</td><td>문화 공보부</td><td>문화 공보부, 체육부</td><td>문화부, 체육 청소년부</td><td>문화 체육부</td><td>문화 관광부, 문화재청</td><td>문화 관광부, 문화재청</td><td>문화체육 관광부, 문화재청</td><td>문화체육 관광부, 문화재청</td><td>문화체육 관광부, 문화재청</td></tr>
<tr><td>고용</td><td>노동청</td><td>노동청</td><td>노동부</td><td>노동부</td><td>노동부</td><td>노동부</td><td>노동부</td><td>고용 노동부</td><td>고용 노동부</td><td>고용 노동부</td></tr>
<tr><td rowspan="2">복지 보건</td><td>보건 사회부</td><td>보건 사회부</td><td>보건 사회부</td><td>보건 사회부</td><td>보건 복지부</td><td>보건 복지부, 식품의약 품안전청</td><td>보건 복지부, 식품의약 품안전청</td><td>보건 복지부, 식품의약 품안전청</td><td>보건 복지부, 식품의약 품안전처</td><td>보건 복지부, 식품의약 품안전처</td></tr>
<tr><td>–</td><td>–</td><td>–</td><td>–</td><td>–</td><td>여성부</td><td>여성 가족부</td><td>여성 가족부</td><td>여성 가족부</td><td>여성 가족부</td></tr>
</table>

가족부로 이관하면서 보건복지부로 개편되어 현재까지 그 조직과 기능이 유지되고 있다. 김대중 정부가 보건복지부 소속으로 식품의약품안전청을 신설하였고, 박근혜 정부는 식품의약품안전청을 총리 소속의 식품의약품안전처로 격상시켰다. 한편, 여성과 가족정책의 중요성이 높아지면서 김대중 정부는 대통령 소속 여성특별위원회를 여성부로 개편하였고, 노무현 정부에서 가족정책 기능이 포함된 여성가족부로 개편되었다. 이명박 정부는 출범 초기 가족정책을 제외한 여성부를 설치하였으나, 2010년에 기존 보건복지가족부의 가족정책 기능을 통합하여 여성가족부로 개편하였다.

5) 경제산업공간 기능 조직

첫째, 재정정책은 오랫동안 재무부가 수행하였다. 김영삼 정부는 재무부와 경제기획원을 통합하여 재정경제원을 설치하였고, 김대중 정부에서 기획·예산 기능이 기획예산처로 분리되면서 재정경제부가 재정정책을 담당하게 되었다. 이명박 정부는 기획·예산 기능과 재정정책 기능을 통합하여 기획재정부를 설치하였다. 국세청과 관세청은 재정정책 조직에 소속되었고, 전매청은 전두환 정부에서 폐지되었다. 김대중 정부 이후 초기 경제기획원 소속이던 조달청이 재정정책 조직 소속으로 변경되었고, 기획·예산 조직 소속이던 통계청이 재정정책 조직 소속으로 변경되었다.

둘째, 금융정책은 오랫동안 재무부(이재국, 증권국, 보험국, 국제금융국), 재정경제원(금융정책실), 재정경제부(금융정책국, 국제금융국)가 수행하였다. 이명박 정부는 기존 재정경제부의 금융정책 기능을 분리하여 금융위원회를 신설하고, 국제금융정책 기능은 기획재정부에 존치시켰다. 금융감독 기능 수행을 위해 김대중 정부가 신설한 금융감독위원회와 금융감독원은 이명박 정부에서 금융위원회와 금융감독원으로 개편되었다.

셋째, 소비자보호와 공정거래 기능 수행을 위한 공정거래위원회는 전두환 정부 시절 경제기획원 소속 위원회로 출발하였다. 그 이후 공정거래위원회는 김영삼 정부에서 국무총리 소속 중앙행정기관으로 독립하였고, 이명박 정부에서 기존 재정경제부의 소비자정책 기능을 이관받아 현재까지 공정거래·소비자정책을 추진하고 있다.

넷째, 정보통신 기능은 체신부가 수행하였고, 김영삼 정부에서 정보통신부로 개편되었다. 이명박 정부는 정보통신부의 ICT 산업 및 R&D 기능과 우체국 기능은 지식경제부, 디지털 콘텐트 기능은 문화체육관광부, 국가정보화 기능은 행정안전부로 이관하였고, 통신정책과 방송정책 기능을 통합하여 방송통신위원회를 신설하였다. 박근혜 정부에서는 ICT정책 기능을 담당할 주무부처로서 미래창조과학부를 신설하고 ICT전담차관을 설치하여 ICT총괄부처로의 기능을 강화하였다. 박근혜 정부에서는 행정안전부의 국가정보화기획, 정보보안 및 정보문화, 문화체육관광부의 디지털 콘텐트 및 방송광고, 지식경제부의 ICT 연구개발, 정보통신산업 및 진흥, 소프트웨어산업, 우정사업본부, 방송통신위원회의 방송통신진흥 기능 등 정보통신 관련 기능을 포괄적으로 미래창조과학부에 집약시켰다. 문재인 정부는 미래창조과학부의 명칭을 과학기술정보통신부로 변경하고, 과학기술혁신본부(차관급)를 설치하였다.

다섯째, 산업정책 기능은 상공부가 수행하였고, 김영삼 정부에서 산업정책과 에너지·자원정책을 통합한 통상산업부로 개편되었다. 김대중 정부에서 산업자원부, 이명박 정부에서 지식경제부로 개편되었다. 박근혜 정부에서는 그 명칭을 산업통상자원부로 변경하고, 외교통상부의 통상 기능을 흡수하였다. 따라서, 산업통상자원부 장관이 통상장관으로서 통상 및 통상교섭을 실질적으로 총괄하게 되었다. 문재인 정부에서는 산업통상자원부 내에 통상교섭본부를 설치하여 대외적으로는 통상교섭본부장이 통상 및 통상교섭을 총괄하지만, 대내적으로는 차관급의 지위를 갖게 하였다. 산업정책 집행을 위해 박정희 정부는 공업진흥청과 특허청을 신설하였으며, 김영삼 정부는 공업진흥청을 중소기업청으로 개편하였다. 문재인 정부에서 중소기업청을 중소벤처기업부로 승격하였다.

여섯째, 식품·농수산 조직은 오랫동안 농림 기능과 수산 기능의 분리·통합을 반복했다. 박정희 정부에서 노태우 정부까지 농림부(혹은 농수산부, 농림수산부)·농촌진흥청·수산청 체제를 유지하였으나, 김영삼 정부에서 수산청이 해운항만청과 합쳐 해양수산부로 격상되면서 농림부와 분리되었다. 이명박 정부는 이를 다시 통합하여 농림수산식품부와 농촌진흥청 체제를 형성하였다. 박근혜 정부는 국토해양부의 해양 기능을 이관받고, 농림수산식품부에서 수산 기능을 이관받아 해양수산부를 부활시켰다.

일곱째, 에너지·자원을 오랫동안 담당한 동력자원부가 김영삼 정부에서 통상산업부(자원정책실)로 통합되었고 김대중 정부의 산업자원부를 거쳐, 이명박 정부에서 지식경제부(에너지자원실, 산업자원협력실)로 개편되었다. 박근혜 정부에서는 지식경제부에 통상 기능을 합한 산업통상자원부가 에너지·자원 기능을 수행하게 하였다. 환경정책 수행을 위해 전두환 정부가 신설한 환경청은 노태우 정부에서 환경처로 개편되었고, 그 이후 김영삼 정부에서 환경부로 개편되어 유지되어 오고 있다. 기상청은 노태우 정부에서 과학기술처 소속으로 신설된 후 오랫동안 과학기술 조직 소속에 있다가, 이명박 정부 출범과 동시에 환경부 소속으로 이관되었다. 산림청은 1967년 농림부 산림국에서 산림청으로 승격되었고, 1973년부터 1987년까지 내무부 소속이었다가 이후 지금까지 농림부(혹은 농림수산부, 농림수산식품부, 농림축산식품부) 소속이다.

여덟째, 국토해양 조직은 오랫동안 건설부와 교통부·철도청·해운항

〈표 3-6〉 경제산업공간 기능 조직의 변천 과정

구분	박정희 정부 제3공화국	박정희 정부 제4공화국	전두환 정부	노태우 정부	김영삼 정부	김대중 정부	노무현 정부	이명박 정부	박근혜 정부	문재인 정부
재정정책	재무부, 국세청, 관세청, 조달청, 전매청	재무부, 국세청, 관세청, 조달청, 전매청	재무부, 국세청, 관세청, 조달청	재무부, 국세청, 관세청, 조달청, 통계청	재정경제원, 국세청, 관세청, 조달청, 통계청	재정경제부, 국세청, 관세청, 조달청, 통계청	재정경제부, 국세청, 관세청, 조달청, 통계청	기획재정부, 국세청, 관세청, 조달청, 통계청	기획재정부, 국세청, 관세청, 조달청, 통계청	기획재정부, 국세청, 관세청, 조달청, 통계청
금융정책	재무부	재무부	재무부	재무부	재정경제원	재정경제부, 금융감독원	재정경제부, 금융감독원	기획재정부, 금융위원회, 금융감독원	기획재정부, 금융위원회, 금융감독원	기획재정부, 금융위원회, 금융감독원
공정거래	–	–	–	경제기획원	공정거래위원회	공정거래위원회	공정거래위원회	공정거래위원회	공정거래위원회	공정거래위원회
정보통신	체신부	체신부	체신부	체신부	정보통신부	정보통신부, 방송위원회	정보통신부, 방송위원회	방송통신위원회	미래창조과학부, 방송통신위원회	과학기술정보통신부, 방송통신위원회
산업정책	상공부	상공부, 공업진흥청, 특허청	상공부, 공업진흥청, 특허청	상공부, 공업진흥청, 특허청	통상산업부, 중소기업청, 특허청	산업자원부, 중소기업청, 특허청	산업자원부, 중소기업청, 특허청	지식경제부, 중소기업청, 특허청	산업통상자원부, 중소벤처기업부, 특허청	산업통상자원부, 중소벤처기업부, 특허청
식품농수산	농림부, 농촌진흥청	농수산부, 농촌진흥청	농림수산부, 농촌진흥청	농림수산부, 농촌진흥청	농림부, 농촌진흥청	농림부, 농촌진흥청	농림부, 농촌진흥청	농림수산식품부, 농촌진흥청	농림축산식품부, 농촌진흥청	농림축산식품부, 농촌진흥청
	수산청	수산청	수산청	수산청	해양수산부	해양수산부	해양수산부	농림수산식품부	해양수산부	해양수산부
에너지자원환경	상공부	동력자원부	동력자원부	동력자원부	통상산업부	산업자원부	산업자원부	지식경제부	산업통상자원부	산업통상자원부
	–	–	환경청	환경처	환경부	환경부	환경부	환경부	환경부	환경부
	–	–	–	기상청	기상청	기상청	기상청	기상청	기상청	기상청
	산림청	산림청	산림청	산림청	산림청	산림청	산림청	산림청	산림청	산림청
국토해양	건설부, 교통부, 철도청	건설부, 교통부, 철도청	건설부, 교통부, 철도청	건설부, 교통부, 철도청	건설교통부, 철도청	건설교통부, 철도청	건설교통부, 행복도시건설청	국토해양부, 행복도시건설청	국토교통부, 행복도시건설청, 새만금개발청	국토교통부, 행복도시건설청, 새만금개발청
	–	해운항만청	해운항만청	해운항만청	해양수산부	해양수산부	해양수산부		해양수산부	해양수산부

만청 체제를 유지했다. 김영삼 정부는 건설과 교통을 통합하여 건설교통부·철도청 체제로 변경하였고, 해운항만청을 수산청과 합쳐 해양수산부로 개편하였다. 이명박 정부는 건설교통부와 해양수산부의 해운·해양 기능을 통합하여 국토해양부를 신설하였다. 박근혜 정부에서는 국토 기능과 해양 기능을 분리하여 해양 기능은 신설한 해양수산부로 이관하고, 국토 및 교통 기능은 국토교통부로 이관하였다. 노무현 정부는 철도청을 폐지하고 철도운영 부문을 한국철도공사로 전환하였고, 행정중심복합도시건설청을 설치하였다. 박근혜 정부는 새만금사업의 추진과 관리를 위하여 새만금개발청을 신설하였다.

3. 이명박·박근혜·문재인 정부의 정부조직 평가

1) 이명박 정부

이명박 정부는 2008년 2월 출범과 동시에 중앙정부 조직을 2원·3실·15부·2처·5위원회·18청(45개 기관)으로 축소하는 개혁을 단행하였다. 노무현 정부의 2원·4실·18부·4처·10위원회·18청(56개 기관, 과거사 관련 5개 위원회 제외함)과 비교했을 때 1실·3부·2처·5위원회(11개 기관)가 감소한 것이다. '큰 시장, 작은 정부'를 지향하는 이명박 정부의 대부주의(大部主義)적 조직 개편은 조직과 인력의 감축을 바탕으로 중앙행정기관의 효율화를 도모하였다. 이와 같은 이명박 정부의 모습은 1960년대 이후 경제성장 시대와 민주화 시대의 조직원리가 혼재된 복잡한 정부조직에서 전면적으로 개편된 선진국형 간소화 정부조직으로 평가할 수 있다(김동욱, 2009).

노무현 정부의 조직과 비교한다면, 대통령비서실과 대통령경호실을 대통령실로 통합하고, 국무조정실과 국무총리비서실을 국무총리실로 통합하였다. 기획예산처와 재정경제부를 기획재정부로, 과학기술부와 교육인적자원부를 교육과학기술부로, 행정자치부와 중앙인사위원회·비상기획위원회를 행정안전부로, 문화관광부와 국정홍보처를 문화체육관광부로, 정보통신부의 통신·인터넷 기능과 방송위원회를 방송통신위원회로 통합하였다. 산업자원부와 정보통신부의 일부 기능을 통합하여 지식경제부를 신설하고, 보건복지부·국가청소년위원회와 여성가족부의 가족 기능을 통합하여 보건복지가족부를 신설하고, 농림부·해양수산부·건설교통부를 농림수산식품부와 국토해양부로 재편하였다.

이명박 정부 임기 중간인 2010년 3월 19일 여성부가 보건복지가족부에서 가족·청소년 업무를 이관받아 여성가족부로 재편되고, 2011년 3월 국가과학기술위원회가 심의위원회에서 행정위원회로 개편되고, 2011년 10월 원자력안전위원회가 신설되는 등의 변동이 있었지만, 이명박 정부의 조직 체계는 전체적으로는 2원·3실·15부·2처·7위원회·18청으로 작은 정부, 대부주의 체제를 유지하였다.

이명박 정부의 조직 개편은 정부의 효율성을 증대시키기 위한 선진 패러다임을 수용한 것으로 볼 수 있지만, 실제 효과는 기대에 미치지 못하는 부분이 많았다.

첫째, 분산된 정보통신기술(ICT) 정책체계는 세계적인 스마트 생태계의 변화를 선도하지 못했다. 이명박 정부는 정보통신부의 통신·인터넷 기능과 방송위원회를 합쳐 방송통신위원회를 설치하고 기존의 정통부가 가지고 있는 기능을 문화체육관광부, 행정안전부, 지식경제부로 이관하는 조직 개편을 실시하였다. 이는 방송통신 융합의 환경 변화에 대응하여 방송과 통신 부문의 역량을 결집하여 방송통신 분야의 지속적인 발전을 꾀하기 위한 것이었으나, 오히려 임기 내내 정보통신 부문의 경쟁력 하락과 ICT 전담 부처 부재라는 비난에 시달려야 했다. 특히, 합의제 의사결정 기구인 방송통신위원회는 2009년 11월 iPhone 도입 이후 스마트미디어의 확산 등 급변하는 정보통신 시장 환경의 변화에 효과적으로 대응하지 못하였다. 그뿐 아니라 정치적으로 민감한 방송 문제들에 함몰됨으로써 통신 정책에 소홀할 수밖에 없었다.

둘째, 교육인적자원부와 과학기술부가 합쳐진 교육과학기술부에 대해서는 정권 초부터 부적절한 동거라는 지적이 많았다. 과학기술의 경쟁력과 핵심 인재 양성의 시너지 효과를 창출하기 위한 의도로 출범한 교육과학기술부는 두 부처 인력의 인사 교환을 통해 양 부처 간의 실질적 융합을 도모하려 하였지만 여전히 형식적 통합의 수준에 머무르고 있다는 비판을 받았다. 교육에 대한 국민적 관심이 통합 부처에서의 업무를 대부분 교육 현안에 파묻히게 함으로써 과학기술의 경쟁력 향상을 위한 중장기적 R&D 계획에 부정적으로 작용하였다. 이러한 문제를 해결하기 위해 2011년 3월 국가과학기술위원회를 대통령 소속의 행정위원회로 개편하고 이에 과학기술정책 기능과 국가 R&D 기획조정 기구 역할을 맡겼으나 예산 기능이나 평가 기능이 제한적인 상황에서 한계가 있으며, 오히려 과학기술정책과 관련된 기능이 다시 분절되는 것이 아닌가 하는 우려를 낳았다.

셋째, 대외 환경의 급격한 변화에도 불구하고 장기 국가전략 기능이 부족하다. 전통적인 세계 정치·경제 질서가 재편되고 있고, 급속한 고령화와 사회적 양극화의 심화 등 기존의 정책해결 방식으로 대응하기 어려운 국내외 문제들이 증가하고 있다. 하지만 현재 국정운영 시스템에서 미래연구에 바탕을 둔 국가전략의 형성과 추진을 기대하기 어렵다. 대통령실 미래전략기획관, 대통령자문 미래기획위원회, 기획재정부 장기전략국과 같은 국가전략 조직들이 존재하지만 미래에 대한 연구 기능은 거의 수행하지 않고 현안이 되는 정책문제 해결에만 집중해왔다. 다음 세대(next generation)를 위한 장기 비전보다는 대통령의 5년 임기 내의 성과와 다음 선거(next election)를 의식한 단기 대응 위주로 국정이 운영되었기 때문이다(김동욱 외, 2011).

넷째, 국민통합과 소통을 지원할 수 있는 조직의 부재이다. 이명박 정부는 국정홍보처를 없애고 이를 문화체육관광부로 통합하였다. 작고 효율적인 정부의 구축과 정부조직의 역할 중복 문제를 해소하기 위한 조직 개편이었으나 국정홍보처의 부재로 인해 정부의 비전과 다양한 사업들의 결정과 추진 과정, 성과를 알리고 국민들의 다양한 의견을 모으는 공식적인 통로의 부재를 경험하게 되었다. 이에 정부는 2012년 2월 문화체육관광부에 국민소통실을 신설하여 정부정책에 대한 홍보와 국민과의 소통을 강화하려 하였으나, 국정홍보와 소통 기능이 문화체육관광부의 업무 범위에 적합한지, 실 단위의 기능으로 효과적인 정책홍보와 국민소통이 가능한지에 대한 지적이 계속되었다.

2) 박근혜 정부

박근혜 정부는 정권 출범 26일 만인 2013년 3월 22일에 첫 조직 개편이 시행되었다. 박근혜 정부는 역대 어느 정부보다 조직 개편의 과정에서 진통을 크게 겪었는데, 개정 국회법(국회선진화법)으로 인하여 국회 다수당인 여당이 과거처럼 정부조직법 개정안을 일방적으로 처리할 수 없게 되어 야당의 동의를 얻을 때까지 협상을 할 수밖에 없었기 때문이다. 여당은 야당과의 협상을 통해 합의안을 도출하는 데에 큰 정치적 갈등을 겪었으며, 당시 박근혜 당선인도 개편안을 관철시키려는 의지가 매우 강했기 때문에 더욱 큰 정치적 갈등을 겪었고, 출범 후 26일 동안의 국정공백이 발생하였다.

처음으로 이루어진 조직 개편에서는 기존 이명박 정부의 2원·3실·15부·2처·7위원회·18청(47개 기관)에서 2원·5실·17부·3처·6위원회·17청(50개 기관)으로 개편되었다. 기존 이명박 정부하에서 대부처주의에 따른 조직 개편으로 업무의 전문성 약화라는 비판에 직면하였던 거대 부처들은 박근혜 정부에서 다시 분리 신설되었다. 교육과학기술부는 교육부와 미래창조과학부로 분리 개편되었고 국토해양부는 국토교통부와 해양수산부로 분리되었으며, 농림수산식품부는 수산 기능을 해양수산부로 이관하면서 농림축산식품부로 축소되었다. 지식경제부는 정보통신산업 기능을 미래창조과학부로 이관하고 외교통상부의 통상 기능을 흡수하면서 산업통상자원부로 그 명칭이 변경되었다. 외교통상부는 통상 기능을 떼고 외교부로 축소 개편되었다. 식품의약품안전청은 총리 소속의 식품의약품안전처로 격상되었다. 그 외는 경제부총리 제도를 도입하여, 경제정책 총괄 및 조정 기능을 담당하도록 하였고, 청와대에 국가안보실을 신설하여 국가위기관리 총괄통제기구 역할을 수행하도록 하였다.[5] 2013년 9월 새만금사업 촉진 및 자원에 관한 특별법에 따라 새만금개발청이 신설되었다.

2014년 11월 18일 2차 조직 개편에서는 2원·5실·17부·5처·6위원회·16청(51개 기관) 체제로 변화하였다. 세월호 참사로 인해 사회적 화두로 제시된 재난안전체계를 강화하고, 재난대응 총괄통제기구로서의 역할을 위해 국민안전처를 신설하고 국민안전처 내에 소방방재청과 해양경찰청을 중앙소방본부와 해양경비안전본부로 통합하였다. 또한 인사혁신처를 신설하여 행정자치부에서 담당하던 공무원의 인사·윤리·복무·연금 기능

5) 제18대 대통령직인수위원회. (2013). 제18대 대통령직인수위원회 백서: 박근혜 정부 희망의 새 시대를 위한 실천 과제.

을 이관하였다. 교육·사회·문화 분야의 부총리를 신설하여 해당 분야들의 총괄조정 역할을 하도록 하였고, 교육부장관이 부총리를 겸직하도록 하였다.

박근혜 정부의 정부조직 개편은 이명박 정부 조직 개편에 비해 그다지 큰 폭의 조직 개편이 아니었으며, 대부처주의의 문제를 극복하기 위한 중폭 수준의 조직 개편이었다. 먼저, 이명박 정부 시절 대부처주의에 따라 과도하게 통폐합되었던 부처들에 대해 그 기능을 중심으로 부처들을 다시 분리 및 신설하여 조직 고유의 기능과 전문성을 회복하였다는 점에서는 긍정적이다. 거대부처로 비판받던 교육과학기술부를 교육부와 미래창조과학부로 분리함으로써 각 부처 고유의 전문성을 보존하고 업무의 효율성을 향상시키고자 했다. 또한 ICT 전담부처의 부재로 인한 ICT 부문 경쟁력 상실에 대한 비판에 대응하고자 설립하였던 미래창조과학부에는 ICT 관련 각종의 기능들이 집약되었다.

박근혜 정부에서는 부처 간 협업 및 조정 기능을 중시하였는데, 이러한 특성이 정부조직에도 반영되었다. 국가안보실(외교·안보), 경제부총리(경제), 사회부총리(교육·사회·문화), 국민안전처(재난·재해), 미래창조과학부(정보통신) 등의 총괄조정 조직들은 부처별 협업과 조정 문제를 해결하기 위한 정부의 강한 의지가 드러난 조직들이었다.

그럼에도 불구하고 과연 총괄조정 조직들이 부처 간 협업과 조정 기능을 충실히 이행하였는지에 대해서는 여전히 의문이다. 정권 당시 존재하였던 북한 핵실험, 사드(THADD) 문제 등 여러 안보와 위기상황에서 안보 총괄조정기구로서 국가안보실이 발빠르게 대처하지 못하였다. 또한 ICT 전담부처로 설립된 미래창조과학부는 방송통신위원회와의 규제권 경쟁 과정에서 ICT 총괄조정 기능을 제대로 발휘하지 못하였다.

3) 문재인 정부

문재인 정부의 첫 조직 개편은 국정운영의 조기 안정화를 목표로 최소한의 수준에서 이루어졌다. 기존의 2원 5실 17부 5처 6위원회 16청의 51개 기관에서 2원 4실 18부 5처 6위원회 17청의 52개 기관으로 바뀌었다.

조직 개편 주요 내용으로는 미래창조과학부가 과학기술정보통신부로 명칭이 변경되었으며, 과학기술정보통신부 내에 과학기술혁신본부를 설치하였다. 국가보훈처가 장관급 기구로 격상되었고 대통령경호실(장관급)은 대통령경호처(차관급)로 개편되었다. 중소기업 중심의 경제구조와 창업 생태계 조성을 위하여 중소기업청은 중소벤처기업부로 격상되었다. 재난·재해의 총괄통제기구로서 존재하던 국민안전처는 행정자치부에 통합되어 신설된 행정안전부 내에 재난안전관리본부가 설치되고, 행정안전부 소속 소방청이 신설되었으며 해양수산부 소속 해양경찰청이 신설되었다. 또한 보호무역주의 확산에 대응하고, 통상교섭 역량을 강화하기 위해 산업통산자원부에 통상교섭본부를 설치하였다.

문재인 정부에서는 현안 해결에 꼭 필요한 수준에서 그 개편작업이 이루어졌고, 이는 정부조직 개편을 통해 발생할 수 있는 국정혼란 상태를 최소화하였다고 볼 수 있다. 그러나 물 관리 기능 통합, 우정청의 신설, 해양경찰청의 기능 및 소속, 권력행정기관 개혁 등 정부조직 개편의 주요한 이슈들이 남아있다.

4. 현행 정부 조직

「헌법」 제4장 '정부'는 대통령과 행정부를 포함하면서 대통령, 국무총리, 국무위원, 국무회의, 행정각부, 감사원을 규정하고 있다. 대통령을 수반으로 하는 정부는 크게 4개 의사결정 계층을 가진다고 볼 수 있는데 ① 대통령, 국무총리, 국무회의의 최고의사결정 계층, ② 지원(staff) 기능을 수행하는 계층, ③ 분야별 정책결정 기능을 수행하는 계층, ④ 분야별 정책집행 기능을 수행하는 계층 등으로 분류할 수 있다. 현행 정부조직에서는 ① 대통령비서실, 국무조정실 등이 최고의사결정 계층, ② 기획재정부(기획예산), 행정안전부, 법제처, 문화체육관광부(국정홍보), 감사원, 국민권익위원회 등이 지원 계층, ③ 외교부, 법무부, 교육부, 산업통상자원부, 환경부 등 행정각부, 국가보훈처, 공정거래위원회 등 행정위원회 분야별 정책결정 계층, ④ 部 소속 외청과 부·처·청 산하의 소속기관 등이 정책집행 계층이라고 볼 수 있다. 정책집행은 외청과 부·처·청 소속기관 이외에 지방정부, 공기업·준정부기관·정부출연연구기관·민간특수법인을 통해서도 이루어진다.

[그림 3-2]에서와 같이 2018년 3월 31일 현재 정부조직에 포함된 중앙행정기관은 무소속기관(독립기관), 대통령 소속기관, 국무총리 소속기관, 행정각부, 위원회, 외청 등으로 나누어 볼 수 있다.

국가인권위원회가 유일한 무소속기관으로 분류된다. 감사원, 국가정보원, 방송통신위원회, 대통령비서실, 국가안보실, 대통령경호처가 대통령 소속기관으로 분류된다. 국가보훈처, 인사혁신처, 법제처, 식품의약품안전처, 공정거래위원회, 금융위원회, 국민권익위원회, 원자력안전위원회, 국무조정실, 국무총리비서실은 국무총리 소속기관으로 분류된다. 그리고

[그림 3-2] 현 정부조직도

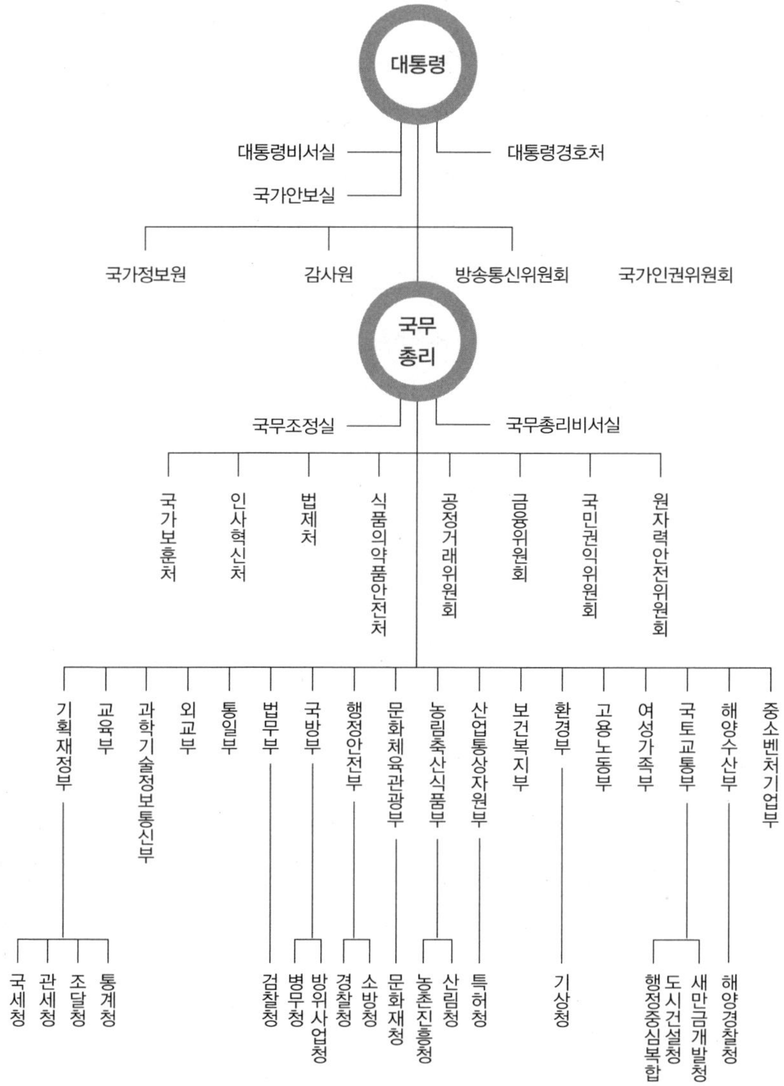
대통령
대통령비서실
국가안보실
대통령경호처
국가정보원
감사원
방송통신위원회
국가인권위원회
국무총리
국무조정실
국무총리비서실
국가보훈처
인사혁신처
법제처
식품의약품안전처
공정거래위원회
금융위원회
국민권익위원회
원자력안전위원회
기획재정부
교육부
과학기술정보통신부
외교부
통일부
법무부
국방부
행정안전부
문화체육관광부
농림축산식품부
산업통상자원부
보건복지부
환경부
고용노동부
여성가족부
국토교통부
해양수산부
중소벤처기업부
국세청
관세청
조달청
통계청
검찰청
병무청
방위사업청
경찰청
소방청
문화재청
농촌진흥청
산림청
특허청
기상청
행정중심복합도시건설청
새만금개발청
해양경찰청

기획재정부, 교육부, 과학기술정보통신부, 외교부 등 18부와 국세청, 관세청, 특허청, 기상청 등 17청이 중앙행정기관으로 설치되어 있다.

감사원장은 국무총리와 장관 중간의 예우를 받고 있다. 18부 장관은 국무위원으로 보임되며, 각 위원회의 위원장은 상근직 장관급(원자력안전위원장은 차관급)이고, 외청의 장은 차관급(단, 검찰총장은 장관급 예우)이다. 노무현 정부 출범 이후 법제처와 국가보훈처는 장관급으로 격상되었다가 이명박 정부 출범 시점에 차관급으로 환원되었으나, 문재인 정부에서 국가보훈처는 장관급으로 승격되었다. 법제처장, 식품의약품안전처장, 인사혁신처장은 장관과 차관 중간의 예우를 받고 있다. 노무현 정부하에서 방위사업청, 소방방재청, 행정중심복합도시건설청 등이 신설되고 통계청, 기상청, 문화재청이 1급에서 차관급으로 격상되었으며, 박근혜 정부 때 새만금개발청이 신설되었다.

이 책에서는 대통령이 수반인 정부에 포함되는 '중앙행정기관' 조직을 중심으로 분석하되 법률상 정부에 소속되지 않은 무소속기관인 국가인권위원회와 민간특수법인인 금융감독원의 조직 및 기능에 대해서도 정부 기능으로의 통합 여부에 따라 분석대상으로 설정하고자 한다. 그리고 경제인문사회계와 과학기술계 정부출연 연구기관의 개편 방안도 검토하기로 한다.

5. 조직 설계의 방향과 범위

2025년 후기고령사회[6]로의 진입 이전에 선진국으로 도약하기 위하여 개방혁신과 국민통합의 기조하에 경제성장을 지속하고 사회복지를 확충하며 국제협력, 특히 동아시아 지역협력을 강화하여야 한다. 이러한 국가적 과제를 효과적으로 추진하기 위한 협력적 국정운영체계로서의 정부를 설계하고자 한다. 이 책에서 설명하는 정부 설계의 방향은 다음과 같다.

첫째, 중앙정부는 규제완화, 지방이양을 모색하면서 경제민주화(적정한 소득분배와 시장지배 방지), 사회복지, 국제협력 기능을 강화하는 방향으로 전반적인 조직과 인력을 재조정하여야 한다. 지방분권과 관련하여 헌법 개정 논의가 활발하고, 문재인 정부 또한 자치분권 실현을 위한 의지가 매우 높다는 점을 볼 때,[7] 대한민국은 점차 지방분권형 국가로 나아갈 가능성이 높다. 이에 따라 기존의 중앙집권적 권력구조를 벗어나 중앙-지방정부 간 합리적 분권을 통해 각 정부는 핵심 역량에 집중할 필요가 있다. 중앙정부는 국가 차원의 전략에 그 역량을 집중시키고, 지방정부는 주민들의 삶의 질 제고와 자치민주주의 실현에 그 역량을 집중시키는 것이 바람직할 것이다. 이에 중앙정부 부문에 집중되어 있는 기능과 권한을 감축하는 동시에 지방정부로의 권한 이양이 필요할 것이다.

둘째, 국내정책(domestic policy) 중심으로 구성되어 있는 현재의 중앙

6) 고령사회(aged society)는 65세 이상인 고령인구가 전체의 14%에서 20% 사이를 차지하는 사회이고, 후기고령사회(post-aged society)는 전체의 20% 이상을 차지하는 사회이다. 한국은 고령인구가 2018년에 14.3%, 2026년에 20.8%가 될 것으로 전망된다.

7) 정부는 2017년 10월 27일 향후 5년간 추진할 「자치분권 추진을 위한 로드맵」을 발표하면서, '연방제에 버금가는 강력한 지방분권'을 목표로 삼았다. 목표 추진 기반으로는 지방분권형 개헌을 제안하였다.

정부 역할을 국제정책(global policy) 중심으로 전환하고, 세계화 시대에 국가전략적 가치를 일관되게 추구하고 글로벌 변화 추세와 상황에 효율적으로 대응할 수 있는 방향으로 정부조직을 개편한다.

셋째, 권력행정기관의 민주성을 강화하는 방향으로 정부조직이 재설계되어야 한다. 권력기관이 국민들에게 위임받은 권력을 국민들의 자유와 권리를 수호하는 데 제대로 활용할 수 있도록 권력행정기관의 민주화 개혁이 필요하다. 이에 따라 고위공직자비리수사처 설치 및 감사원·국가정보원 등 주요 권력행정기관 개편 논의가 문재인 정부의 핵심 국정과제로 제시되어 있다. 이에 따라 이 책에서는 감사원의 독립기관화, 국가정보원의 권한축소 등 정부 주요 권력행정기관의 개편논의를 정부조직 재설계 범위에 포함하고자 한다.

이 책은 현행 헌법의 틀 속에서 2018년 지방선거 이후 예고되고 있는 추가적인 조직 개편을 고려하여 현재 문재인 정부의 정부조직을 바탕으로 그 조직개편안을 중심으로 논의하고, 정부조직 개편에 따르는 일부 유관 공공기관의 기능조정도 논의하기로 한다.

이 책에서 정부조직체계를 최고의사결정, 지원통제, 국가질서유지, 교육문화복지, 경제산업공간 등 5개 부문으로 나누어 대안을 탐색한 후 전체 대안들을 종합하기로 한다. 행정안전부는 정부 기능을 분류하고 지속적으로 분류를 수정하는데, 〈표 3-7〉과 같이 2016년 12월 기능분류에서 17개 정책분야와 하위의 정책영역과 대기능 등 3개 층을 제시하였다. 정부조직을 백지상태에서 설계한다면 가장 최신의 2016년도 정부 기능 분류체계를 그대로 수용하여 20개 행정기관을 내각(국무위원) 기관으로 설치하고 일부 독립적으로 수행해야 할 기능(감사, 첩보, 공정경쟁 등)을 별도 기구로 설치하면 될 것이다. 그러나 기존 정부기관이 오랜 기간 동안 유지되어 오면서 업무관행과 이해관계자를 형성하여 왔기에 기능분류체계에

〈표 3-7〉 정부 기능 분류

<table>
<tr><th colspan="2">행정안전부 기능별 분류체계 (2016. 12. 12.)</th><th rowspan="2">5대 기능</th></tr>
<tr><th>정책분야</th><th>정책영역</th></tr>
<tr><td rowspan="2">일반공공행정 1</td><td rowspan="2">국정운영, 일반행정, 지방행정·재정 지원, 국민권익·인권, 국정홍보, 법제, 국가통계</td><td>최고의사결정</td></tr>
<tr><td>지원통제</td></tr>
<tr><td>공공질서 및 안전</td><td>경찰, 안전관리, 법무 및 검찰, 재난방재·민방위, 해경</td><td rowspan="3">국가질서유지</td></tr>
<tr><td>통일·외교</td><td>외교·통상, 통일</td></tr>
<tr><td>국방</td><td>병력운영, 전력유지, 방위력개선, 병무행정</td></tr>
<tr><td>일반공공행정 2</td><td>재정·금융, 정부자원관리</td><td rowspan="7">경제산업공간</td></tr>
<tr><td>통신</td><td>우정, 방송통신</td></tr>
<tr><td>산업·통상·
중소기업</td><td>공정거래, 산업진흥·고도화, 무역투자 및 유치, 산업·중소기업 일반, 에너지 및 자원개발, 통상, 산업금융</td></tr>
<tr><td>농림해양수산</td><td>농업·농촌, 임업·산촌, 해양수산·어촌</td></tr>
<tr><td>환경</td><td>해양환경, 대기, 상하수도·수질, 자연, 폐기물, 환경일반</td></tr>
<tr><td>수송 및 교통</td><td>도로, 도시철도, 물류 등 기타, 철도·항공·공항, 해운·항만</td></tr>
<tr><td>지역개발</td><td>산업단지, 수자원, 지역 및 도시</td></tr>
<tr><td>교육</td><td>고등교육, 교육일반, 유아 및 초중등교육
평생·직업교육</td><td rowspan="5">교육문화복지</td></tr>
<tr><td>과학기술</td><td>과학기술 진흥, 과학기술연구, 원자력기술</td></tr>
<tr><td>문화·체육·관광</td><td>관광, 문화예술, 문화재, 일반 체육</td></tr>
<tr><td>사회복지</td><td>고용노동, 공적연금, 보훈, 주택, 기초생활보장, 노인·청소년, 보육·가족 및 여성, 취약계층 지원</td></tr>
<tr><td>보건</td><td>건강보험, 보건의료, 식품의약안전</td></tr>
</table>

출처: 행정안전부. (2016). 정부기능분류체계.

만 의존하여 조직 설계를 할 수는 없다. 다만 기능분류체계를 통해 각 행정기관이 수행하는 기능이 정부 전체의 기능에서 차지하는 상대적 비중을 판단하는 데 참고는 될 수 있다.

조직 개편의 방향으로 첫째, 최고의사결정 조직은 전략적 판단을 효율적으로 할 수 있게 한다. 대통령과 국무총리는 국가전략적 방향에 역량을 집중하고 일상적 업무 부담은 줄이며, 행정각부의 장인 장관(국무위원)이 실질적인 권한을 가지고 소관 분야의 정책을 운영하고 결과에 책임을 질 수 있게끔 장관의 위상과 권한을 설정하고자 한다. 둘째, 지원통제 조직은 최고의사결정 기능의 부담을 줄이면서 국민의 정부 접근성과 행정각부의 자율성을 높이는 방향으로 개편한다. 셋째, 국가질서유지 조직은 개방 환경을 적극적으로 수용하는 방향으로 개편한다. 넷째, 교육문화복지 조직은 개인맞춤형 현장중심 행정 제고와 지역주민과 지방정부의 역할을 확대하는 방향으로 개편한다. 다섯째, 경제산업공간 조직은 혁신성장과 일자리창출을 위한 제도개선을 추진하는 방향으로 개편한다.

제4장

최고의사결정 기능과 조직

"

정부의 최고 정책결정과 책임을 지는 조직으로 대통령과 국무총리의 보좌와 참모 기능을 수행하거나 의사결정을 지원하는 대통령비서실, 국가안보실, 대통령경호처, 국무조정실, 국무총리비서실 등의 정규 조직과 대통령과 국무총리를 자문하는 각종 자문기구 등이 있다.

"

1. 대통령의 지위와 권한

헌법에서 대한민국 대통령은 국가원수로서의 지위와 동시에 정부의 수반으로서의 지위를 지니고 있다.[1] 의원내각제에서 대통령은 국가원수로서 지위를 가지지만 의례적·상징적 지위에 머물기 때문에 정부 수반으로서 국정에 관한 권한을 가지지 못한다. 이원정부제의 경우, 국가원수로서의 지위는 동일하지만, 정부 수반으로서의 지위는 국회 및 총리에게 상당수 이양이 되어 제한적이다. 대통령제에서 대통령의 지위는 국가원수와 정부 수반의 지위를 동시에 가지는 강력한 형태라고 볼 수 있다.

대통령의 헌법상, 법률상 지위와 권한을 모두 살펴보기에는 내용이 상당하기 때문에, 헌법상 지위와 권한만을 살펴보기로 한다. 먼저, 국가원수로서 대통령의 헌법상 지위와 권한을 살펴보면 다음과 같다. 첫째, 국가와 헌법의 수호자로서의 지위를 가진다(제66조 제2항). 이에 따라 긴급명령 및 긴급재정경제처분·명령권(제76조), 계엄선포권(제77조) 등을 부여받는다. 둘째, 대외적으로 국가 대표자로서의 지위를 가지고(제66조 제1항), 외교·국방·통일 등 국가안위에 관한 중요정책을 국민투표에 붙일 수 있다(제72조). 또한, 조약의 체결·비준, 외교사절의 신임·접수·파견, 선전포고와 강화를 한다(제73조). 셋째, 국정의 최고책임자로서의 지위를 가진다. 다른 헌법기관을 구성할 권한을 부여받은 대통령은 대법원장과 대법관, 헌법재판소장과 재판관, 중앙선거관리위원회 위원 3인의 임명권자(제104조, 제111조, 제114조)이다. 또한, 국회임시회 집회요구권(제47조), 법률공포권과 법률안 재의요구권(제53조), 사면·감형

1) 대한민국 「헌법」 제66조 ① 대통령은 국가의 원수이며, 외국에 대하여 국가를 대표한다. ④ 행정권은 대통령을 수반으로 하는 정부에 속한다.

및 복권의 권한(제79조), 영전수여권(제80조), 헌법개정안의 제안권(제128조)을 가진다.

정부 수반으로서 대통령은 국가최고정책심의기관인 국무회의의 의장이 되어(제88조) 정부의 권한에 속하는 중요한 정책을 심의하며, 행정정책결정과 집행에 관한 최종결정권을 가진다. 대통령은 국무총리·국무위원·감사원장 등을 비롯한 공직자를 헌법과 법률이 정하는 바에 따라 임면(제78조, 제86조, 제87조, 제98조)할 수 있다.[2)] 행정권의 구체적 내용으로 국군통수권[3)](제74조)과 법률안 제출(제52조), 행정입법(제75조) 등에 관한 권한이 있다.

2. 조직 현황

1) 대통령비서실·국가안보실

문재인 정부 출범 이후 기존 대통령비서실(개편 당시 정원 443명)에 대통령 정책보좌 기능 강화를 위해 노무현·이명박 정부에서 운영한 바 있는

2) 대통령은 정부 공무원 외에도 한국은행법에 따른 한국은행 총재·부총재와 금융통화위원회 위원, 공공기관의 운영에 관한 법률에 따른 공기업과 대규모 준정부기관의 기관장과 상임감사, 금융위원회의 설치 등에 관한 법률에 따른 금융감독원장과 금융감독원감사, 고등교육법과 국립대학법인 서울대학교 설립·운영에 관한 법률 등에 따른 국립대학교(법인) 총장, 한국방송공사법에 따른 한국방송공사(KBS) 사장과 이사 등 개별 법률에 근거하여 많은 공무원과 공공기관 임원의 임명권을 가지고 있다.

3) 국군통수권은 국군이 행정조직의 한 단위로서 정부 수반으로서의 지위와 관련이 있지만, 국가의 독립·영토의 보전과 관련한 국가원수의 지위와 직결되는 권한이기도 하다.

[그림 4-1] 대통령비서실 조직도 (2018. 3. 31. 기준)

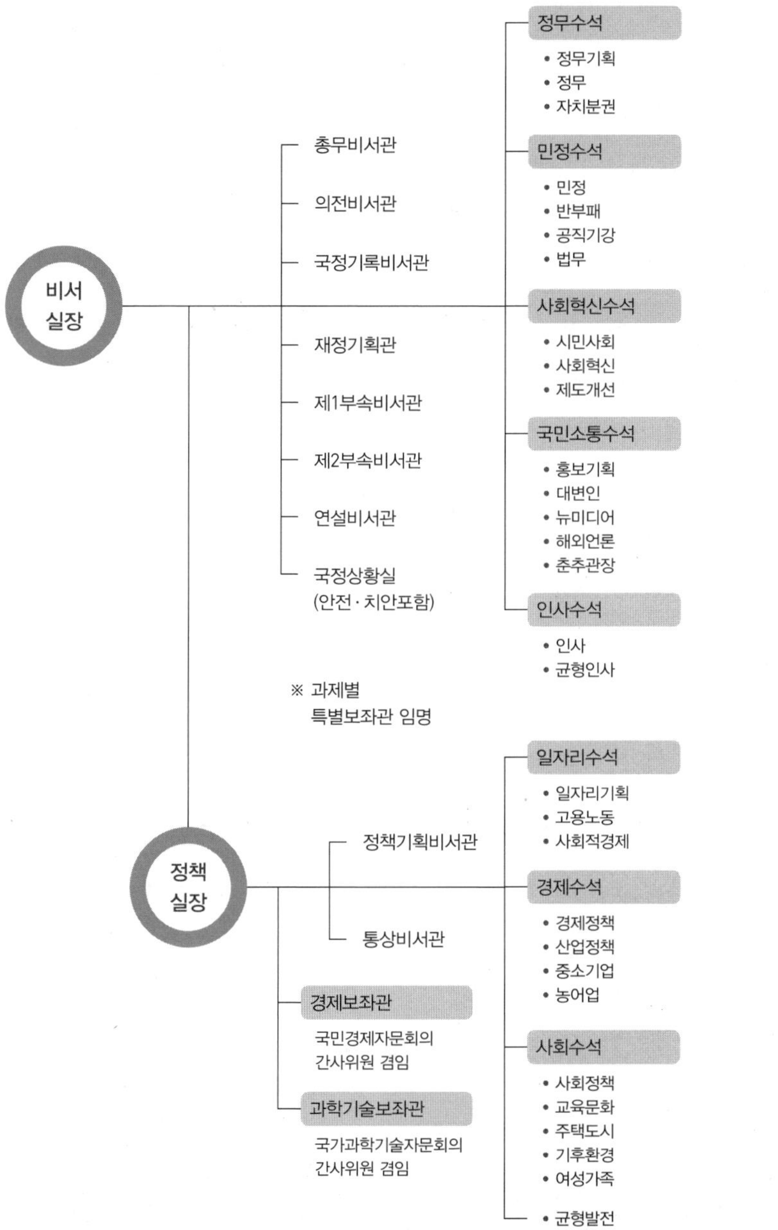

정책실(장관급)을 다시 설치하였다. 기존 대통령비서실에서 담당하던 외교·국방·통일 정책보좌 기능을 국가안보실로 일원화하여, 비서실장·정책실장·국가안보실장의 3두 체제로 개편하였다. 그 결과 박근혜 정부 대통령비서실의 1실장·10수석비서관·41비서관 체제를 2실장(비서실장·정책실장)·8수석비서관(정무·민정·사회혁신·국민소통·인사·일자리·경제·사회)·2보좌관(경제·과학기술)·41비서관 체제로 개편하고, 국가안보실의 1실장·2차장[4]·5비서관 체제를 1실장·2차장·8비서관 체제로 개편하였다. 한편, 장관급 기관인 대통령경호실을 차관급 기관인 대통령경호처로 개편하였다.

[그림 4-1]에서와 같이 대통령비서실장(장관급)은 대통령비서실 전체를 총괄 지휘하며, 정무수석, 민정수석, 사회혁신수석, 국민소통수석, 인사수석을 관장한다. 정책실장(장관급)은 일자리수석, 경제수석, 사회수석과 경제보좌관, 과학기술보좌관을 관장한다. 2018년 3월 31일 기준 대통령비서실은 정원 443명이다.

[그림 4-2]에서와 같이 국가안보실장(장관급)은 국가안보에 관한 대통령의 직무를 보좌하며, 1차장과 2차장(차관급) 및 국가위기관리센터를 관

[그림 4-2] 국가안보실 조직도 (2018. 3. 31. 기준)

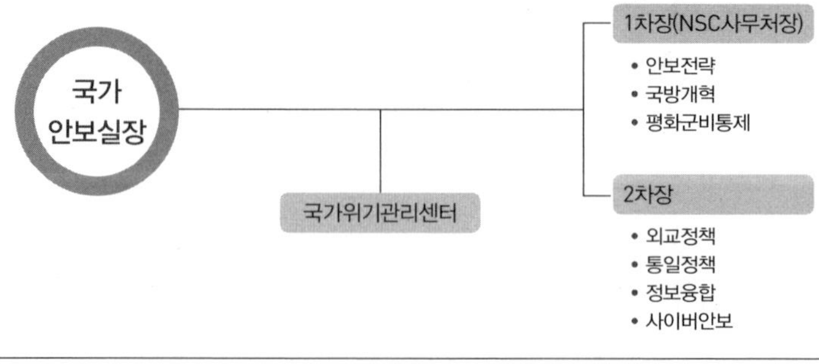

4) 차장 2인 중 2차장은 대통령비서실 외교안보수석을 겸하였다.

장한다. 2018년 3월 31일 기준 국가안보실 정원은 43명이다.

한편, 대통령비서실과 분리하여 차관급 기관으로 운영되는 대통령경호처 정원은 2018년 3월 31일 기준 540명이다.

2) 국무조정실·국무총리비서실

국무조정실은 국무총리의 원활한 국정 수행을 위해 각 중앙행정기관에 대한 지휘·감독 및 정책 조정에 관한 사항을 관장하며, 국무총리비서실은 국무총리 직무의 직접적인 보좌 기능을 담당하고 있다. 2008년 이명박 정

[그림 4-3] 국무조정실 조직도 (2018. 3. 31. 기준)

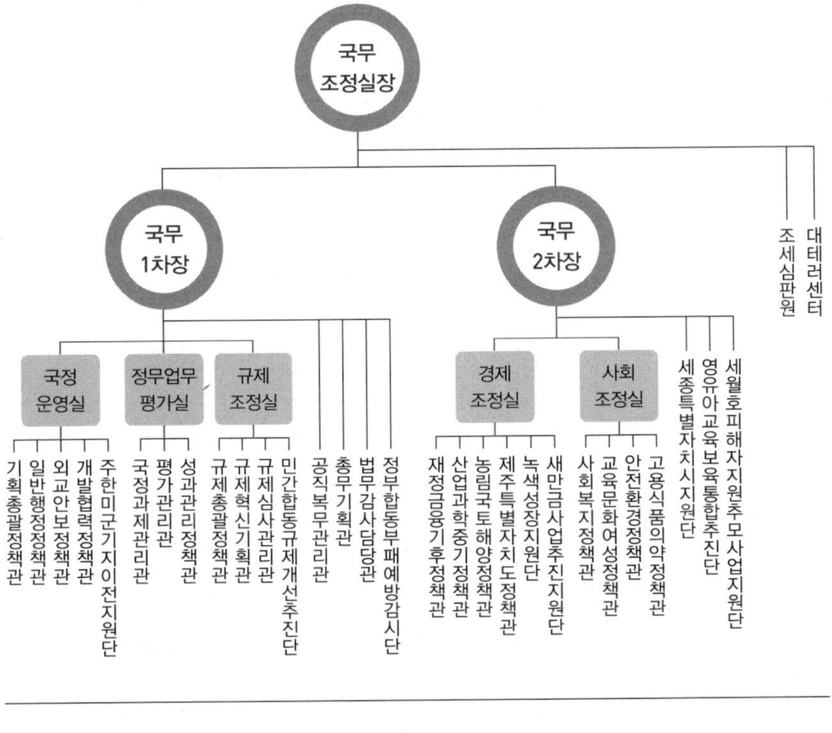

부 조직 개편의 일환으로 종전의 국무조정실과 국무총리비서실을 통합하고, 주요 국정조정 기능을 대통령실과 대부처화된 관련 부처로 이관하며, 국무총리실을 출범시켰으나, 2013년 박근혜 정부가 출범하면서 다시 국무조정실과 국무총리비서실의 이원적 구조로 환원하였다. 2017년 문재인 정부 출범 이후 현재까지 이원적 구조가 이어지고 있다. 현재 국무조정실은 [그림 4-3]에서와 같이 국무조정실장(장관급)하에 국무1차장, 국무2차장(각 차관급)을 두고 있다. 국무총리비서실은 [그림 4-4]와 같이 차관급 별도기관으로 운영되고 있다.

국무1차장은 국정운영실, 정부업무평가실, 규제조정실, 공직복무관리관, 총무기획관, 법무감사담당관을 관장하며, 국무2차장은 경제조정실, 사회조정실을 관장한다. 국무조정실 소속기관으로 조세심판원, 대테러센터가 있다.

국무총리비서실장 밑에는 정무실장·민정실장·공보실장을 두고 있다.

[그림 4-4] 국무총리비서실 조직도 (2018. 3. 31. 기준)

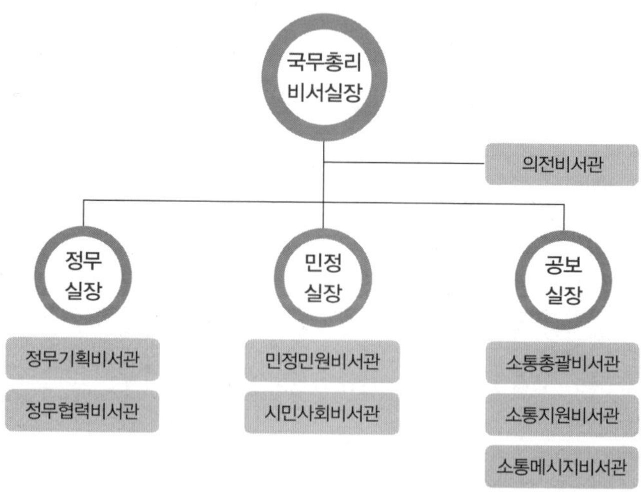

한편, 한국행정연구원, 한국교육개발원, 한국개발연구원, 한국조세재정연구원, 국토연구원, 산업연구원, 정보통신정책연구원, 환경정책평가연구원, 한국노동연구원 등 23개 정부출연 정책연구기관이 소속된 경제인문사회연구회가 국무총리 산하에 있다.

국무조정실 정원은 406명(2017년 12월 31일 기준. 조세심판원 110명, 대테러센터 32명 포함)이며, 국무총리비서실 정원은 94명(2018년 3월 31일 기준)이다.[5)]

3. 대통령비서실 개편 논의

1) 대통령비서실 기능 재편

대통령비서실 기능을 국가전략과 국정과제 중심으로 개편하는 대안을 검토한다. 먼저, 대통령비서실장–정책실장–안보실장 3두 체제는 유지하되, 국가안보실 조직을 대통령비서실로 흡수한다. 국가안보실이 청와대 테두리 내에서 대통령비서실과 한 조직과 같이 운영되는 현실을 반영한 것이다. 또한, 국가안보실이 담당하는 분야와 대통령비서실이 담당하는 분야가 분리되지 않고 유기적으로 연계되어야 하는 현실을 반영하는 것이다. 가령 사드(THAAD) 배치 문제는 안보문제로만 치부될 수 있는 것이 아니라, 통상문제와 밀접하게 연계되기 때문에 국가안보실 테두리 내에서만 해결할 수 있는 문제가 아니며, 경제·사회 관련 다른 수석비서관들과

5) 행정안전부. (2018. 2. 5.). 행정부 본부·소속기관 직급별 정원현황. 2017. 12. 31. 기준.

밀접한 연관을 가진다.

국정과 정부정책의 기획·조정·모니터링 측면에서 대통령비서실과 국무조정실의 중복을 최소화하는 방향으로 기능을 재분류한다. 즉, 대통령비서실은 외교국방 등 국가안보·국가전략적 방향 제시, 정무직에 대한 충원과 통제 등의 기능에 집중할 수 있도록 개편하고, 민간전문가 집단의 대통령 자문 기능을 활성화한다. 일례로 현재 청와대 경제분야 관련 수석비서관·보좌관·기획관을 살펴보면, 경제수석·경제보좌관·재정기획관 간에 세부 기능 분할과 중복이 나타나고 있는 것을 살펴볼 수 있는데,[6] 대통령비서실을 거시적이고 전략적인 기능 위주로 재편할 필요가 있다.

실제 수석비서관과 동일한 역할을 하고 있는 차관급 정무직 보좌관(경제, 과학기술보좌관)과 국가안보실 차장(제1·2차장)을 수석비서관으로 개편한다. 대통령경호처는 현행 차관급을 유지한다. 국가안보실을 대통령비서실로 흡수하고, 차관급인 8수석·2보좌관·2차장 체제(국가안보실 포함)를 정무, 법사, 홍보, 인사, 총무, 안보, 대외관계, 교육문화, 고용복지, 거시경제, 기술, 사회기반 등 12인의 차관급 수석비서관으로 개편하고, 국가전략연구소를 신설하는 대안을 제안한다.

정무수석비서관은 국회, 정당, 지방정부 관계, 경찰, 재난관리, 보훈 등의 기능을 수행한다. 법사수석비서관은 법무, 공직기강, 감찰, 사정 등의 기능을 수행한다. 홍보수석비서관은 대통령의 대변인 역할을 하며 대통령 연설문, 홍보기획, 대외홍보 등의 기능을 수행한다. 인사수석비서관은 정무직(장차관급) 및 이에 상당하는 군인·교원·대사, 공공기관의 장과 감

6) 정책실장하에 경제수석과 경제보좌관이 있고, 대통령비서실장 직속으로 재정기획관이 있다. 정책실장 아래 경제정책, 산업정책 등을 관장하는 경제수석과 별도로 경제보좌관이 존재하면서 국민경제자문회의 간사 역할까지 하고 있다. 한편, 예산 운용 및 국가재정과 관련한 장기발전계획을 수립하는 재정기획관이 대통령비서실장 직속으로 따로 존재한다.

사 등의 인사 기능을 담당한다. 총무수석비서관은 대통령의 국무회의 주재를 보좌하기 위해 국무회의의 의안 작성을 지원하는 등 의전, 국무회의 지원, 대통령비서실 행정관리·지원, 대통령·대통령가족 부속실 운영, 기록관리 등의 기능을 수행한다. 이상 5인의 수석비서관은 대통령비서실장이 지휘한다. 한편 '국가전략연구소'를 신설하여, 장기 미래예측과 국가전략연구 기능을 수행한다.

국가안보실장하에 안보수석비서관과 대외관계수석비서관을 둔다. 안보수석비서관은 국방, 국가긴급사태 등 국가위기관리 기능을 수행하고, 국

〈표 4-1〉 개편되는 수석비서관 기능과 현행 보좌기관 기능 비교

수석비서관	주요 기능	기존 비서관
정무	국회, 정당, 지방정부 관계, 경찰, 재난관리, 보훈	정무수석비서관 사회혁신수석비서관
법사	법무, 공직기강, 사정	민정수석비서관
홍보	대변인, 대통령 연설문, 홍보기획	국민소통수석비서관, 연설비서관
인사	정무직, 공공기관장 및 감사 인사	인사수석비서관
총무	국무회의, 의전, 대통령실 업무지원, 행정관리, 부속실 지원	총무비서관, 부속비서관, 의전비서관, 국정기록비서관
국가전략 연구소장	장기미래 예측, 국가전략 연구	-
안보	국방, 국가긴급사태 대응, 한반도긴급사태 대비	국가안보실 1차장(겸 NSC 사무처장)
대외관계	외교, 재외국민보호, 국제개발협력	국가안보실 2차장
교육문화	교육, 문화, 체육, 관광	사회수석비서관
고용복지	고용, 노사관계, 보건, 복지	일자리수석비서관 사회수석비서관
거시경제	거시경제정책, 재정전략, 주력산업의 무역, 산업정책	경제수석비서관 경제보좌관
기술	정보통신, 과학기술, 중소기업지원, 기술개발	경제수석비서관 과학기술보좌관
사회기반	주거, 국토, 교통, 자원, 에너지, 환경	사회수석비서관 경제수석비서관

가안전보장회의의 간사 기능을 담당한다. 대외관계수석비서관은 외교, 재외국민보호, 국제개발협력 등의 기능을 수행한다.

정책실장하에 교육문화수석비서관, 고용복지수석비서관, 거시경제수석비서관, 기술수석비서관, 사회기반수석비서관을 둔다. 교육문화수석비서관은 교육, 문화, 체육, 관광진흥 등을 담당한다. 고용복지수석비서관은 고용, 복지, 여성, 가족, 보건 등을 담당한다. 거시경제수석비서관은 거시경제정책과 주력산업에 대한 무역·통상, 산업, 기획평가 등을 담당하고 국민경제자문회의의 간사 업무를 수행한다. 기술수석비서관은 과학기술, 정보통신, 중소기업, 창업지원 등을 담당하고 국가과학기술자문회의의 간사 업무를 수행한다. 사회기반수석비서관은 주거, 교통, 국토, 자원, 에너지, 환경 등을 담당한다.

대통령경호처는 지금까지 대통령비서실(대통령실)과 분리되기도 했고 통합되기도 하였다.[7] 대통령경호처의 경우, 대통령비서실의 역할과 차별되는 경호업무의 기밀성이 요구되기도 하고, 대통령의 국정기조에 맞추어 '열린 경호·낮은 경호'에 대한 독립적인 역할이 필요하기 때문에 현행과 같이 분리 운영한다. 경호의 성격상 대통령과 지근거리에서 보좌하는 관계로 높은 직급까지 부여되면 권력남용이라는 부작용이 우려되므로 현행과 같이 경호처장의 직급은 차관급으로 유지하는 것이 적절하다. 김영삼 정부에서 경호실장의 직급을 장관급에서 차관급으로 하향조정한 이후 차관급이 유지되다가 박근혜 정부에서 장관급으로 격상되었으나, 문재인 정부에서 다시 차관급으로 조정되었다.

7) 김영삼 정부에서는 이전 정부에서 비대해진 경호실을 축소하고 경호실장도 장관급에서 차관급으로 격하하고 대통령비서실장 관할하에 두었다. 노무현 정부에서의 대통령경호실(차관급)은 이명박 정부에 와서 대통령실로 통합되면서 경호처(차관급)로 개편되었다. 박근혜 정부에서 대통령경호실(장관급)로 분리되었고, 다시 문재인 정부에서 대통령경호처(차관급)로 하향조정되었다.

[그림 4-5] 개편 후 대통령비서실 조직도

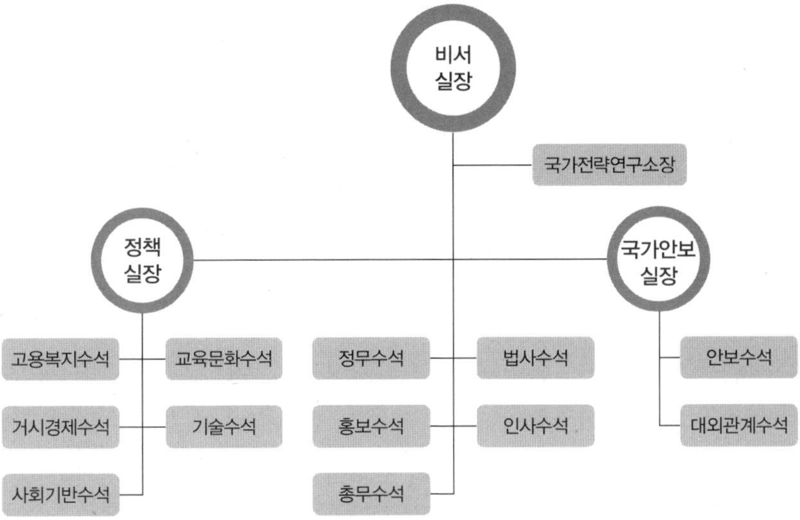

2) 국가전략 조직

한국은 중국의 부상, 기후변화, 국제통상갈등 심화 등 급격하게 변화하는 국제환경 속에서 내부적으로 고령화·연소화, 사회경제적 격차 심화, 저성장 등 기존의 해결 방식으로 대응하기 어려운 사회 문제에 직면해 있기 때문에 1960~1980년대의 안정적인 고도성장기와는 근본적으로 다른 접근이 필요하다. 1997년 금융위기 이후 지금까지 정부는 단기적 과제에 함몰되어 장기적 추세에 대응하는 노력이 미흡하였다. 다양한 정보를 활용하여 장기적인 시계와 종합적인 관점으로 20년 이상의 미래 변화를 예측·분석하고, 그 결과를 바탕으로 국정의제와 실천계획을 수립하는 장기적인 국가전략 체계를 구성하는 것이 요구된다.

현재 기획재정부 장기전략국과 중장기전략위원회 등 국가전략 관련 조직들이 존재하지만 미래에 대한 국가전략연구와 관련 정책개발 기능은 거의 없는 실정이다. 그 결과 대통령비서실조차도 현안이 되는 정책문제에 집중하고 있으며, 장기 비전보다는 대통령의 5년 임기 내의 성과와 다음 선거(next election)를 의식한 단기 대응 위주로 국정을 운영하고 있다.

따라서 종합적인 미래예측 기능이 약한 한국의 상황을 개선하고, 대통령에게 효과적으로 미래전략에 관해 조언하기 위해 국가전략 연구 조직을 설치할 필요가 있다. 바람직한 국가전략 연구조직은 독립성, 전문성, 장기성을 확보할 수 있어야 한다. 독립성을 위해 단기적인 성과를 강조하는 관료들로부터 자유로워야 하고, 전문성을 위해 다양한 전문가를 충분히 활용할 수 있어야 하며, 장기성을 위해 정권의 변동에 관계없이 조직이 유지될 수 있는 법적·제도적 장치가 마련되어야 한다(김동욱·정준화, 2011).

이러한 조건을 충족하는 기관으로 대통령비서실에 차관급 국가기관인 '국가전략연구소'를 설치하는 대안을 제안한다.[8] 국가전략연구소는 감사원·국가정보원·경호처 설치근거 법률을 참조하여 가칭 「국가전략연구소 설치에 관한 법률」을 제정함으로써 지위의 안정과 기능의 자율성을 보장받는 정부기관의 형태를 취한다.

국가전략연구소장은 국가전략 연구 부문에서 전문성이 높은 인물 중에서 대통령이 임명하며, 직급은 대통령비서실 차관급이 적절하다. 전체 내부 인원은 공무원 신분을 보장받는 100여 명의 연구인력과 일부 행정직 직원으로 구성한다. 연구인력의 규모는 행정수반 소속의 국가기관으로 운영되는 미국·캐나다·중국·영국·프랑스 등의 전략 연구조직 사례를 참

8) 2018년 3월 13일 시행된 국회미래연구원법에 따라 2018년 4월경에 국회 산하 국회미래연구원이 출범할 예정이나 연구인력 정원(원장 포함) 18명과 행정인력 3명이어서(한공식, 2018), 제대로 된 장기 국가전략 연구를 수행하기에는 무리가 있다고 본다.

고한 것이다.[9] 연구소 연구요원의 상당부분은 정부출연 정책연구기관의 연구위원과 대학 교수들을 2~3년간 파견근무 형식으로 충원하고, 조직 내부의 전문성을 강화한다. 국가전략연구소는 청와대 인근의 별도의 공간에 위치하여 자유로운 연구활동 여건을 조성할 필요가 있다. 대통령 임기가 5년인 점을 고려하여 대통령이 취임하는 해 8월 초와, 임기의 절반 시점인 임기 3년 차 연도의 11월에 정기 보고서를 발간하여 대통령 전체 임기에 걸쳐 장기적인 국가전략 형성을 지원할 수 있도록 한다.

3) 거시경제정책 조정 조직

정부주도로 산업화를 추구했던 1960년대에서 1980년대까지는 정부가 거시경제 목표를 설정하고 민간부문을 독려하거나 통제하면서 목표를 달성하기도 하였다. 현재는 민간부문이 성숙하였고 국내 거시경제가 국제적인 요인에 의해 큰 영향을 받고 있으므로, 정부는 거시경제의 흐름을 수용하면서 큰 위협이 되는 요소에 대한 대응 방안을 제시하는 식으로 경제정책을 운영하여야 한다.[10] 거시경제정책 조정 기능은 예산 기능을 가진 기획재정부('기획예산부')에서 수행하는 대안과 대통령비서실에서 거시경제 수석비서관과 국민경제자문회의가 수행하는 대안을 검토할 수 있다.

9) 미국 국가정보국(DNI)의 국가정보위원회(National Intelligence Council), 캐나다 추밀원(PCO)의 정책연구소(Policy Research Initiative, PRI), 프랑스 총리실의 전략분석센터, 일본 내각부의 국가전략실, 중국 국무원의 발전연구센터 등 행정수반을 근거리에서 보좌하는 기관에서 국가 장기전략연구를 수행하고 있다.

10) 2017년 기준 중앙정부 총세출은 342.9조 원으로 국내총생산(GDP) 1,730.4조 원의 19.8%이며, 그 비중은 전반적으로 증가하는 추세에 있다. 정부 재정이 차지하는 비중으로 보아 거시경제에 미치는 영향력이 커질 것으로 예상할 수도 있으나, 경제 개방이 급진전되고 국외 영향이 증대되면서 거시경제에 대해 정부가 미칠 수 있는 영향력은 줄어들 수밖에 없다.

기획재정부('기획예산부')는 예산편성이라는 강력한 수단을 통해 거시경제정책을 조정할 수 있다. 하지만 기획예산부가 경제전반에 관여하게 되면, 외교안보, 사회문화 등 다양한 분야에 대한 균형 잡힌 예산편성에 장애로 작용할 수 있어 바람직하지 않다. 또한 예산권을 가진 기획예산부와 국무총리의 정책조정 권한이 충돌할 수 있는 문제도 안고 있다. 따라서 산업, 인력, 고용, 기술, 자원 등 광범위한 거시경제정책 조정을 기획예산부 장관이 수행하는 것은 이제 적절하지 않다고 판단된다.

따라서 대통령비서실의 거시경제수석비서관과 국민경제자문회의에서 경제상황분석과 거시경제정책 조정 기능을 주관하는 대안을 제안한다. 현재 국민경제자문회의는 경제보좌관이 간사 역할을 하고 있으나, 경제보좌관과 경제수석비서관 간에 기능중복이 나타나고 있다. 대통령비서실을 거시적이고 전략적인 기능 위주로 재편한다는 취지에서 두 기능을 합한 거시경제수석비서관으로 개편하고, 거시경제수석비서관이 국민경제자문회의의 간사 역할을 한다.

1960년대부터 경제기획원 – 재정경제원 – 재정경제부 – 기획재정부 등 오랫동안 경제부총리가 경제정책을 총괄하였다고 하나 경제수석비서관이 경제부총리보다 더 강한 조정 권한을 가진 적도 많았다고 볼 수 있다. 이 대안은 미국 대통령실의 국가경제위원회(National Economic Council), 경제자문위원회(the Council of Economic Advisers), 경제보좌관을 참고하여 대통령비서실의 경제 조율 기능을 공식화하는 것이다.

국민경제자문회의에 참여하는 민간 경제전문가 집단의 정책분석과 조언을 참조하여 대통령비서실에서 거시경제정책 방향을 설정하고 각 행정기관의 거시경제 관련 정책과제를 조율하는 기능을 수행한다. 동시에 현재 대통령비서실의 국가재정전략회의의 기능을 확대 강화할 필요가 있다. 이렇게 결정된 거시경제정책 방향은 경제 관련 각 기관의 정책을 통해 구체화된다. 예산, 세제·물가, 금융, 무역, 제조업, 농수산업, 정보통신·콘텐트 산업, 고용 등 분야별로 각 部가 세부 정책과제를 결정하여 추진하게 된다. 국무조정실과 국무회의에서 각 部의 정책과제 간에 상충하거나 중복되는 상황을 조정하는 역할을 수행한다.

4) 대통령 자문기구

현재 국가안전보장회의, 민주평화통일자문회의, 국민경제자문회의, 국가과학기술자문회의 등은 헌법에 근거한 자문기구이다. 국가안전보장회의(NSC)는 대통령이 의장이며, 국무총리, 외교부 장관, 통일부 장관, 국방부 장관, 국가정보원장, 행정안전부 장관, 대통령비서실장, 국가안보실장, 국가안전보장회의 사무처장(국가안보실 제1차장 겸임), 국가안보실의 제2차장이 위원으로 참석한다. 민주평화통일자문회의는 대통령이 의장이며, 민간인인 수석부의장과 다수의 부의장이 선임되어 있으며, 상근 사무처장은 차관급으로 사무처를 총괄한다. 국민경제자문회의는 대통령이 의장이며 민간인 부의장과 기획재정부 장관, 고용노동부 장관, 대통령비서실장, 정책실장, 경제보좌관 등 당연직 정부위원과 민간인 위촉위원으로 구성되며 경제보좌관이 간사 역할을 한다. 국가과학기술자문회의는 대통령이 의장이고 민간인인 부의장과 자문위원으로 구성되며, 과학기술보좌관이 간사 역할을 한다.

4개 자문기구 중 민주평화통일자문회의를 제외한 3개 기구의 간사 기능을 대통령비서실에서 수행하고 있다. 국가안전보장회의는 국가안보실 제1차장, 국민경제자문회의는 경제보좌관, 국가과학기술자문회의는 과학기술보좌관이 회의의 간사 기능을 수행하고 있다.

민주평화통일자문회의는 전국적으로 지역별 조직(232개)과 국외 지역

조직(35개)에 1만 8,000명의 자문위원을 포함하고 있는데 다분히 남북한의 체제 경쟁 시대의 조직형태이기 때문에 남북관계의 발전에 대응하여 점차 조직규모를 축소할 필요가 있다. 민주평화통일자문회의를 제외한 3개 헌법적 자문기구의 사무처 기능은 대통령비서실과 방계조직에서 수행하는데, 정부조직 개편 후, 국가안전보장회의는 국가안보수석비서관이, 국민경제자문회의는 거시경제수석비서관이, 과학기술자문회의는 기술수석비서관이 사무처 기능을 담당하게 된다. 국민경제자문회의와 과학기술자문회의의 의장을 대통령이 하고 있으나 실질적으로는 부의장이 이끌고 있어서 민간인 전문가가 의장을 하는 것이 바람직하다.

현재 헌법에 근거한 4개 자문회의 이외에 대통령 소속 위원회는 2018년 3월 기준 총 18개이다.[11] 문재인 정부 출범 후 일자리위원회,[12] 4차산업혁명위원회, 북방경제협력위원회, 정책기획위원회, 국가교육회의 등 5개 위원회가 신설되었고, 개인정보보호위원회(개인정보보호법), 경제사회발전노사정위원회(경제사회발전노사정위원회법), 국가건축정책위원회(건축기본법), 국가생명윤리심의위원회(생명윤리 및 안전에 관한 법률), 국가우주위원회(우주개발진흥법), 국가인적자원위원회(인적자원개발기본법), 국가지식재산위원회(지식재산기본법), 규제개혁위원회(행정규제기본법), 도서관정보정책위원회(도서관법), 아시아문화중심도시조성위원

11) 대통령 소속 위원회로 2017년 7월 국민대통합위원회, 문화융성위원회, 청년위원회, 통일준비위원회 등 4개의 위원회가 폐지되었고, 일자리위원회(2017. 5. 16.) 4차산업혁명위원회(2017. 8. 22.), 북방경제협력위원회(2017. 8. 25.), 정책기획위원회(2017. 9. 5.), 국가교육회의(2017. 9. 12.) 등 5개의 위원회가 신설되었다.

12) 문재인 대통령은 제1호 업무지시로 대통령 직속 '일자리 위원회'를 설치하였다. 또한 청와대에 '일자리 상황판'을 설치하는 등 청년실업에 대한 정부 차원의 위기감, 이에 대한 해결의지는 크다고 볼 수 있다. 일자리위원회는 대통령이 위원장을 맡고 있고, 부위원장, 당연직 15명(유관부처 장관 11명, 유관 출연정책연구원 원장 3명, 일자리수석비서관 1명), 위촉직 15명(근로자대표 3명, 사용자대표 3명, 일자리 관련 전문가 7명)으로 구성되어 있다.

회(아시아문화중심도시조성에 관한 특별법), 저출산고령사회위원회(저출산·고령사회기본법), 지방자치발전위원회(지방분권 및 지방행정체계개편에 관한 특별법), 지역발전위원회(국가균형발전특별법) 등 기존 법률에 근거한 위원회가 13개가 있다.

현재의 대통령 자문·심의위원회 수는 지나치게 많다고 보며, 대통령의 관심을 지속할 수 있는 범위의 수로 약 5개 정도가 적당하다. 또한, 일자리위원회, 4차산업혁명위원회, 북방경제협력위원회, 정책기획위원회, 국가교육회의 등은 법률이 아닌 대통령령에 근거하여 설치되어 존립 근거가 약하다. 법률에 근거하여 설치된 위원회를 포함하여 설치·운영의 비용과 편익을 재검토하여 불요불급하면 폐지하거나, 유지가 필요한 경우에는 대통령령보다는 법률에 설치 근거를 확실히 하는 것이 옳다. 기능에 따라 대통령 소속으로 둘 논거가 확실하지 않은 위원회는 국무총리·장관 소속으로 전환하여야 한다.

정부조직 개편 이후, 임시적 국가전략과제 조정·자문위원회를 설치하는 경우에는 1년 이내의 기간 동안 운영하고 마지막에 정책보고서를 제출하면서 해체하는 것이 바람직하다. 정부조직 개편 이후, 헌법에 근거한 4개의 자문기구 외에 일자리위원회와 4차산업혁명위원회 등을 대통령 임기 동안 계속되는 상시적 자문기구로 설치·운영해도 무방하다고 본다. 다만 4차산업혁명은 학술적으로 논란이 있는 용어이므로 4차산업혁명위원회 명칭을 지능정보사회위원회로 변경하는 것이 적절하다.[13)]

국민화합, 교육개혁, 중소기업 지원, 창업 지원 등 대통령 과제별로 임

13) 최근 초연결(hyper-connectivity)과 초지능(super-intelligence)을 특징으로 하는 경제·사회변화를 '4차산업혁명'으로 일컫고 있다. 그러나 '4차산업혁명'이라는 용어는 2016년 세계경제포럼(World Economic Forum, WEF)에서 시작된 상업적 수사로, 학문적으로 엄밀하게 정의되지 못하고, 기존 산업혁명과 구분되는 특징을 찾기도 어렵다는 의미에서 비판적으로 바라보는 시각이 있다.

시적 자문기구가 운영될 수 있으며 과제 성격과 비중에 따라 국무총리가 (공동)위원장으로 활동할 수 있을 것이다. 헌법에 근거한 민주평화통일자문회의, 국가안전보장회의, 국민경제자문회의, 국가과학기술자문회의 등 4개 자문기구의 의장을 대통령이 맡고 있고, 일자리위원회, 국가인적자원위원회, 저출산고령사회위원회도 대통령이 위원장을 맡고 있다. 대통령의 참석과 관심촉구를 위한 방편이겠지만, 국가안전보장회의를 제외하고는 행정기관 소관 사무에 관한 자문을 한다는 취지상 민간 전문가가 의장·위원장을 맡는 것이 옳다. 그리고 현직 국회의원이 북방경제협력위원회 위원장, 저출산고령사회위원회 부위원장과 같이 대통령자문기구의 위원장·부위원장을 맡는 것이 삼권분립의 취지상 적절한지에 대해서도 고민해봐야 한다.[14)]

각 국정과제 자문위원회의 사무국은 대통령비서실 직원과 관련 행정·공공기관의 파견 직원으로 구성하되 사무국장은 대통령비서실 비서관으로 보임한다.

14) 단, 문재인 정부의 국정기획자문위원회와 같이 대통령직인수위원회를 대신한 경우는 예외적으로 현직 국회의원의 참여가 불가피한 측면이 있었다.

4. 국무총리 위상과 권한 논의

1) 책임총리제 검토

헌법상 국무총리는 의원내각제 또는 이원정부제하의 총리와 같은 성격의 위상과 지위를 갖고 있다고 보기 어렵다. 「헌법」 제86조 제2항에서 "국무총리는 대통령을 보좌하며, 행정에 관하여 대통령의 명을 받아 행정각부를 통할한다."고 규정되어 있어 행정각부를 통할하는 권한을 가지고, 「헌법」 제87조에서 국무위원 임명제청권·해임건의권을 규정하고 있다. 하지만 실질적인 국무위원 임면에 대한 국무총리의 관여는 대단히 제한적이라는 의견이 지배적이다. 일부 국무총리의 경우 국무위원(장관) 임명에 적극적으로 의견을 개진하였으나 이는 대통령의 의중과 다르지 않았기 때문이라고도 해석할 수 있다.

실제 대통령은 '제왕적 대통령'으로 불릴 정도로 매우 강력한 권한을 행사하고 있기 때문에 국무총리는 대통령의 신임에 전폭적으로 의존하고 있다. 1987년 개정된 현행 헌법하에서 대통령의 신임에서 벗어나서 자율적 권한을 행사한 국무총리가 존재하였다고 보기 어렵다. DJP연합하의 김종필 총리, 노무현 정부의 이해찬 총리조차도 대통령의 개별적 권한위임(empowerment)을 바탕으로 제한적인 결정 권한을 행사하였다고 볼 수 있다.

또한 「헌법」 제88조에 따라 국무총리는 국무회의 부의장이고 대통령이 불참하는 경우 의장의 역할을 하고 있지만 여전히 대통령이 의장이므로 부의장의 역할은 제한적이다. 그뿐 아니라 그동안 정치권이나 정치학계에서 논의된 '책임총리제·분담총리제' 등은 선거에 의해 선출되지 아니한 국무총리에게 대통령 권한의 일정 부분을 넘기는 것으로 민주정치 이념에 반한다고 판단된다. 따라서 현행 헌법하에서는 국무총리 권한을 강화하고 국무총리실 기능을 강화하는 책임총리제와 같은 방향의 조직 개편은 적절하지 않다고 판단된다.

한편, 대통령의 권한을 총리에게 상당한 수준으로 분산하는 '이원정부제'를 제도적으로 보장하자는 주장이 헌법 개정 담론과 함께 논의되고 있다. 대통령을 보좌하며, 대통령의 명을 받아 행정각부를 통할하는 현행 헌법하의 국무총리와 행정권의 상당수에 대해 대통령과 구분되어 독자적인 권한을 갖는 이원정부제하의 국무총리 간에는 기능과 지원조직이 다를 수밖에 없다.

2) 대통령과 국무총리 통합 보좌기관 검토

대통령과 국무총리를 보좌하는 최고의사결정 조직을 이원화하는 것은 정책결정의 일관성과 효율성 측면에서 심각한 문제를 발생시킨다. 국무조정실이 실질적 결정을 하는 경우에는 대통령비서실과 국무조정실의 이원적 결정에 따른 또 하나의 조정의 비용이 발생하게 되고, 국무조정실이 형식적 결정을 하는 경우 국무조정실 경유에 따른 의사결정의 지연이라는 비효율성을 낳게 된다.

따라서 현재의 대통령비서실과 국무조정실 간의 기능 중첩을 해소하기 위해 대통령과 국무총리를 통합적으로 보좌하는 기구를 설치하는 방안을 대안으로 검토할 수 있다. 미국의 대통령실(White House), 의원내각제 선진국가의 총리실(Prime Minister's Office/Chancellery) 또는 내각실(Cabinet Office)을 참고로 할 수 있다. 현행 대통령비서실과 국무조정실을 '국무실'이라는 이름으로 통합할 수 있다. 국무실장하에 정무수석 등 십여 명의 차관급 수석비서관을 두면서 대통령과 국무총리를 동시에 보좌하게 하는 방안이다.

하지만 현재 대통령비서실에 국무조정실까지 통합하는 '국무실' 대안은 지나치게 크고 무거운 조직형태가 되고, 헌법 규정과 충돌할 수 있다는 비판을 받는다. 대통령제하에서 국무총리를 폐지하는 헌법 개정이 되지 않은 상황에서 국무실 설치안이 헌법 조항과 충돌하는 측면이 있고, 정치적으로도 실현가능성이 높지 않다고 볼 수 있다. 「헌법」 제86조 제2항("국무총리는 대통령을 보좌하며, 행정에 관하여 대통령의 명을 받아 행정각부를 통할한다.")에서 '행정각부를 통할한다'는 부분에 강조점을 둘 경우 대통령과 분리된 별도의 보좌 기능 없이 국무총리의 효과적인 행정각부 통할을 기대하기 어렵기 때문이다. 그뿐 아니라 대통령비서실과 국무조정실을 통합하여 국무실을 신설하면 국무총리 보좌 기능이 사실상 사라지면서 대통령의 독주가 예상되므로 국무총리가 헌법적으로 행정각부를 통할하는 데 필요한 별도의 보좌기관을 두는 것이 적절하다.

대통령비서실과 국무조정실을 통합하는 대안보다 기존 대통령비서실과 국무조정실을 유지하되 기능 중복을 최소화하는 대안이 훨씬 실현가능성 높을 것이다. 따라서 현행대로 대통령비서실과 국무조정실을 분리 유지하는 것이 적절하다고 본다. 단, 현행 장관급 기관인 국가안보실과 차관급 기관인 국무총리비서실을 각각 대통령비서실과 국무조정실에 흡수하는 것이 바람직하다. 대통령비서실의 장관급 3실장(비서실장, 정책실장, 안보실장) 체제와 국무조정실의 장관급 실장 체제는 업무량에 대응하여 적절하다고 본다.

3) 국무총리 지원조직

국무총리 지원조직 개편 방향은 국무총리의 국정업무 모니터링 기능을 강화하고 정무 및 공보 기능을 축소하는 것이다. 현행 국무총리비서실을 국무조정실에 통합하면서, 국무총리비서실의 정무실·공보실 기능과 조직을 줄인다. 국무조정실과 국무총리비서실은 오랜 기간 별도의 조직으로 운영되었으나,[15] 국무총리를 보좌하고, 각 중앙행정기관의 지휘·감독, 정책의 조정 기능을 수행한다는 측면에서 한 조직으로 운영되는 것이 옳다. 한편, 현행 국무조정실의 공직복무관리관 기능은 원래 대통령이 권력행정기관을 통제하는 성격을 띠고 있기 때문에 대통령비서실(법사수석비서관)로 이관하는 것이 적절하다. 현재 국무1차장하에 있는 정부합동부패예방감시단도 대통령비서실로 함께 이관된다.

국무조정실장(장관급)하에 국무차장(차관급)과 국무총리비서실장(차관급)을 둔다. 국무조정실장은 국무위원이 아니지만 국무회의에 상시 배석하며 차관회의를 주재하면서 부처 간 정책조정의 실무 업무를 총괄한다. 국무차장은 국무조정실 총괄지원, 차관회의 의안 작성, 정부기관 간 업무조정, 다부처 협력과제 추진, 정부업무평가, 규제관리, 사회현안 대응조정 기능을 수행한다. 국무총리비서실장은 국무총리의 공보·연설·정무·의전 등 국무총리 비서 기능을 수행한다.[16]

15) 국무조정실은 1973년 행정조정실로 출범하여, 1998년 국무조정실로 명칭을 변경하였으며, 2008년에 국무총리비서실(1963년 출범)과 통합하여 국무총리실로 운영되다가, 2013년 다시 국무조정실과 국무총리비서실로 분리되었다.

16) 대통령비서실의 비서관은 1급이나 국무조정실의 비서관은 1급 또는 2급으로 두기로 한다.

[그림 4-6] 개편 후 국무조정실 조직도

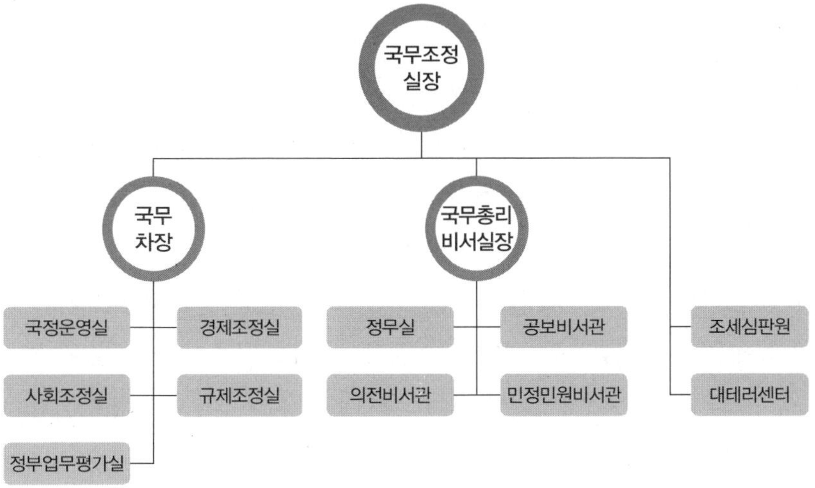

5. 정부조직 간 정책 조정

정부조직 간 정책 조정을 위해 국무회의는 대통령비서실에서 주관하고 차관회의는 국무조정실에서 주관하며, 양 회의의 실무적 지원업무는 현행과 같이 행정안전부가 수행하게 한다. 이 외에도 대통령비서실과 국무조정실에서 상시적으로 관계자회의를 통해 정책을 조율하고 있으며, 주요 사안에 대하여 관계장관회의, 관계차관회의 등을 수시로 열게 한다.

1) 국무위원

현행 국무회의는 대통령, 국무총리, 18부 장관 등 20인으로 구성되며 대통령비서실장, 정책실장, 국가안보실장, 법제처장 등 다수의 장차관급 인사가 배석하고 있다. 현재의 20인의 국무회의 위원 수는 주요 국가와 비교하면 거의 비슷하다. 주요 국가 내각(cabinet) 중에서 일본은 총리와 1부·12성 장관을 포함한 14인, 독일은 총리·14部 장관·총리실장을 포함한 16인,[17] 프랑스는 대통령·국무총리·16部 장관과 담당장관 2명, 총리 소속 국무장관 4명 등 24인,[18] 미국은 대통령·부통령·15部 장관 15인을 포함한 17인으로 구성되어 있다. 내각회의에는 내각장관(내각실과 각부 장관) 이외 고위직 인사들도 참석한다.[19] 중국의 경우, 국무원 총리[20]와 부총리 외 26개의 부·위원회기구의 장 30명으로 구성되나, 국가 규모와 국가 체제의 다름을 고려할 수 있고, 영국은 총리와 내각실 장관·25개의 장관급 기관장을 포함한 27인으로 구성되나, 조직 개편이 정부조직법

17) 내각 구성원 중 몇몇의 장관이 2개 부처의 장관을 겸하는 경우가 있어 줄어들 수 있다. 2018년 1월 기준, 2명의 장관이 2개 부처 장관을 겸직하고 있다.

18) 2017년 4월 출범한 마크롱 정부 기준.

19) 내각(cabinet) 또는 장관회의의 참석자를 본다면, 미국 연방정부는 대통령, 부통령, 15인의 각부장관으로 총 17인이나 관리예산처장, 환경보호처장, 무역대표, 주UN 대사, 경제자문위원장, 중소기업청장 등 6인의 장관급 기관장과 백악관비서실장이 추가될 수 있다. 일본은 총리와 내각관방, 장관 등 14인과 6인의 특명장관을 포함하여 20인이 내각회의에 참석한다. 대한민국 국무회의에는 대통령(의장), 국무총리(부의장), 18인의 국무위원 등 총 20인이 참석하고, 대통령비서실장, 국가안보실장, 대통령비서실 정책실장, 국무조정실장, 국가보훈처장, 인사혁신처장, 법제처장, 식품의약품안전처장, 공정거래위원회위원장, 금융위원회위원장, 과학기술혁신본부장, 통상교섭본부장 및 서울특별시장이 배석한다. 다만, 의장이 필요하다고 인정하는 경우에는 중요 직위에 있는 공무원을 배석하게 할 수 있다(「국무회의 규정」 제8조 제1항).

20) 현재 공산당 서열은 정치국 상임위원 7인 중에서 1위 총서기 겸 국가주석, 2위 전국인민대표대회 상무위원장, 3위 국무원 총리 순이지만, 국무원은 전국의 각급 국가행정기관 업무를 통일적으로 지도하는 최고국가행정기관으로서의 위상을 지닌다.

에 근거하지 않고, 총리에게 위임되어 있어 다소 신축적으로 정부조직이 개편됨을 고려할 수 있다.[21)]

한국의 경우 현행 헌법하에서는 행정각부 장관을 국무위원 중에서 임명하여야 하고(제94조) 국무위원의 수는 15~30인으로 정하고 있어서(제88조 제2항) 행정각부 장관을 약 20~25인 정도로 헌법이 정한 범위보다는 적은 선을 지키는 것이 적절하다고 본다. 대통령과 국무총리를 포함하여 22~27인 정도가 회의에서 일정 수준의 토의가 될 수 있는 최대치로 볼 수 있다. 국무위원 수를 미리 설정하게 되면 행정각부는 국무위원 수를 넘을 수가 없기 때문에 행정각부의 수는 국무위원 수 이하로 설정된다. 정부조직 개편 후의 국무회의는 대통령과 국무총리 그리고 21부 장관과 정무장관 등 총 24인으로 구성하기로 한다.

2) 정무장관

이승만·박정희·전두환·노태우·김영삼·이명박 등 역대 정부에서는 무임소장관(Minister without portfolio), 정무장관 또는 특임장관을 두었다. 국무위원인 무임소장관은 행정기관을 맡지 않고 국회·정당관계, 여성정책, 대통령 특별의제 등을 담당하였다. 정부조직 개편 시, 국회·정당관계 업무를 담당하는 무임소장관인 '정무장관(Minister of Political Affairs)'을 두는 것을 제안한다.

국무위원인 정무장관을 두지 않을 경우 대통령비서실 정무수석비서관이 국회와 정당관계 업무를 전담하게 되는데, 그 결과 정무수석비서관은

21) 2016년 7월 임기가 시작된 보수당 소속의 테레사 메이 총리의 내각에는 25개의 장관급 기관이 있는데, 북아일랜드부, 스코틀랜드부, 웨일즈부 등 자치지역 담당 3개 기관이 포함되어 있다.

지방정부 관계와 경찰·재난관리 업무에 소홀할 수 있다. 정무수석비서관이 대통령비서실장, 국무총리, 대통령을 지근거리에서 보좌하기 때문에 정무수석비서관의 잘못된 판단과 행동에 대하여 정치적 책임을 대통령이 직접 져야 하는 부담이 있다. 또한 정무수석비서관은 대통령비서실에 소재하고 있어서 국회와 정당과의 긴밀한 소통의 시간이 부족하여 대통령의 의사를 정치권에 전달하는 기능이 약화될 수 있다.

따라서 국무위원으로서 좀 더 재량적 판단과 행동을 할 수 있는 정무장관이 국회, 정당, 지방정부 관련 정무 업무를 수행하는 것이 오히려 대통령의 운신의 폭을 넓히는 방법이 될 수 있다. 부처가 전문행정주의를 택할 경우, 각 부처 장관은 내부 업무에 대한 관여도가 높아지면서 상대적으로 대국회 업무를 자율적으로 전담할 수 있는 정무장관의 필요성이 높아진다. 새로운 국정과제를 수행하기 위해서는 국회와 다수 정당과의 협력적 관계가 유지·발전되어야 하기 때문에 정무장관을 두는 것이 적절하다. 정무장관은 적극적으로 국회와 정당의 의사를 대통령과 내각에 전달하는 역할을 하고 정무수석비서관은 대통령의 의사를 정치권에 전달하는 메신저 역할을 하면서 두 사람이 상대적으로 역할 비중을 차별화할 수 있다.

무임소장관의 명칭을 정무장관으로 한다. 이명박 정부에서는 무임소장관의 명칭을 특임장관으로 하고, 대통령 특별의제에 대한 기능도 수행하였으나, 신설되는 정무장관은 소관 기능을 국회, 정당, 지방정부, 시민사회단체 등을 상대로 하는 정무로 사전적으로 정한다. 대통령 특별의제에 대한 기능은 대통령비서실의 관련 수석비서관이 수행한다.

3) 부총리·선임장관 제도 검토

박정희 정부 이후 오랫동안 경제부총리 제도를 운영해왔고, 현행「정부

조직법」 제19조에서도 국무총리가 특별히 위임하는 사무를 처리하게 하기 위하여 2인의 부총리를 두는데 각각 경제정책과 교육·사회 및 문화정책에 관하여 부총리는 국무총리의 명을 받아 관계각부를 총괄·조정한다고 규정하였다. 유사한 맥락에서 사회질서안전, 경제산업, 문화복지 등 국정분야를 대분류하여 선임장관(Senior Minister)을 두는 제도에 관한 논의도 있다.[22] 이와 같은 부총리 또는 분야별 선임장관은 유관부처 간 수평적 정책조정의 기회를 가짐으로써, 국무총리를 통한 정책조정업무의 부담을 줄일 수 있는 장점을 기대할 수 있다.

하지만 부총리, 책임장관이 활발하게 운영되었던 노무현 정부의 사례를 살펴보면, 경제·인적자원·과학기술 등 부총리 3인과 사회문화 분야의 책임장관으로 지명된 보건복지부 장관, 외교통일 분야의 책임장관으로 지명된 통일부 장관 등 5인으로 구성된 부총리·책임장관회의가 대통령, 국무총리, 장관 사이의 또 하나의 계층으로 작용하기도 하였다. 현행 경제부총리(기획재정부 장관 겸임), 사회부총리(교육부 장관 겸임) 체제도 마찬가지로 옥상옥으로 작용될 소지가 있다.

선임장관(책임장관) 제도를 통해 사전적으로 정책분야를 정해서 해당 장관들이 정기적으로 만나는 것 역시 국무회의와 차관회의가 이미 운영되고 있는 상태에서 또 하나의 의사결정의 계층으로 작용하고 형식적으로 운영될 소지가 있다. 부처 간 조율이 필요한 안건은 반드시 하나의 정책분야에 한정되지 않고 오히려 정책분야를 넘나드는 경우가 많기 때문에 사안에 따라 수시로 관련된 장관들 간의 협의가 진행되는 분위기가 필요하다. 국무회의, 차관회의 전후에 관계장관회의·관계차관회의가 빈번하

22) 이승종 외 3인의 "차기정부 정부조직개편의 원칙과 방향"(한국행정학회 2012년 하계학술대회 발표논문)에서 안전분야 지방안전부 장관, 경제분야 재정금융부 장관, 복지분야 보건복지부 장관을 선임장관으로 설정하는 방안을 제시하였다.

게 개최되어야 하며 사안에 따라 국무총리, 기획예산부 장관, 또는 사안의 주무장관이 관계장관회의를 주도할 수 있을 것이다. 따라서 정책분야별로 몇 명의 선임장관을 사전적으로 지정하는 것은 적절하지 않다고 본다.

헌법에서도 국무총리와 행정각부 사이에 조정을 위한 별도의 계층을 두지 않고 있기 때문에 부총리 또는 선임장관을 두는 것은 적절하지 않고, 部의 장관이 항상 직접 대통령 및 국무총리와 협의하는 방식이 바람직하다. 따라서 정부조직 개편 후, 별도의 부총리 혹은 선임장관을 두지 않는 것이 마땅하다.[23)]

4) 국무회의와 차관회의

국무회의와 차관회의를 활성화할 경우 기관 간 업무조정이 보다 효과적으로 이루어질 수 있다. 부총리에 의한 정책 조정 방식은 국무총리가 국무회의 진행 전후에 주요 사안에 관련된 장관들과 간담회 형태로 관계장관 간담회를 열어 조율하는 방식으로 대체될 수 있을 것이다. 궁극적으로는 국무회의에서 위원 간의 토의가 활성화되어 국무회의가 의원내각제의 내각회의 수준으로 발전됨으로써 실질적 정책결정 기능을 가져야 할 것이다.

따라서 정부조직 간 정책 조정을 위해 국무조정실이 차관회의를 주관하고 대통령비서실이 국무회의를 주관하는 대안을 제안한다. 현재 차관회의

23) 의원내각제에서의 부총리는 총리의 유고 시 회의를 대신 주제하는 의전적 부총리형과 연립정부에서의 제2여당의 당수가 정당연합의 한 축을 담당하는 정치적 부총리형이 있다. 의전적 부총리의 경우 의원경력이 높은 외무장관, 재무장관 등의 장관이 지명된다. 현재 일본의 재무장관이 부총리 역할을 하고 있고, 독일의 사회민주당(SDP) 소속 내각장관이 부총리로 지정되어 있다. 한국에서 운영되어온 부총리 또는 책임장관은 의전적 부총리형과 정치적 부총리형 그 어느 유형에도 해당되지 않는다.

와 국무회의는 매주 1회 정기회가 개최되고 있는데(차관회의는 매주 목요일 오후, 국무회의는 매주 화요일 오전에 개최된다), 앞으로는 임시회(차관회의는 월요일, 국무회의는 금요일) 개최 빈도를 늘려서 국무위원과 차관들이 더 자주 만날 필요가 있다. 국무회의(의장: 대통령)는 대통령비서실 총무수석비서관과 행정안전부가 준비하고 차관회의(의장: 국무조정실장)는 국무조정실 국무차장과 행정안전부가 준비하게 된다. 국무회의는 대통령의 국무회의 의장으로서의 역할과 국정의제 설정의 중요성 측면에서 국무조정실보다는 대통령비서실(총무수석비서관)에서 주재하는 것이 옳다. 회의가 없는 날은 특정 의제 관련한 국무위원과 대통령 또는 국무총리가 만나서 협의하는 국무위원 간담회를 가질 수 있다.

또한 대통령, 국무총리, 국무위원이 상시적으로 만나 협의하고 회의하기 위해서는 대통령, 국무총리, 국무위원의 집무실은 매우 가깝게 위치할 필요가 있다.[24]

24) 미국 워싱턴 D.C.의 백악관, 의회, 대법원 등 각종의 연방정부는 Federal Triangle 또는 National Mall로 불리는 지역에 몰려있고 영국의 총리관저인 다우닝가 10번지 건물은 페르멜·화이트홀가의 각종 정부건물, 웨스터민스터의 의회, 버킹엄궁과 매우 가까운 곳에 위치하고 있으며, 일본의 중앙정부 청사는 도쿄 중심의 가스미가세키에 밀집되어 있다. 장관들이 세종 청사, 세종로 인근 청사, 과천 청사, 대전 청사로 나누어 있는 것은 바람직하지 않다. 장기적으로는 선진국의 예와 같이 정부거리(Government Street) 또는 정부광장(Government Square)과 같은 정부구역 공간이 확보되어야 한다.

6. 국무총리 소속 위원회

국무조정실의 각종의 위원회와 추진단(기획단)의 경우도 국무조정실 직원이 총괄조정 기능을 담당하고 과제 관련 행정기관 공무원 및 공공기관의 직원이 파견되어 특정 전문 업무를 수행하는 형태로 운영되고 있다.

하지만 일단 사무국 또는 기획단이 설치되면 단기간에 기획조정 방안을 제시하고 해산할 수 있는 유연성을 상실하고 상당 기간 운영기간이 연장되면서 조직운영의 비효율성을 낳고 있다. 그뿐 아니라 2018년 3월 기

〈표 4-2〉 국무총리 소속 위원회 현황 (2018. 3. 31. 기준)

구 분	위원회명
행정위원회 (11개)	6·25전쟁납북피해진상규명및납북피해자명예회복위원회, 거창사건등관련자명예회복심의위원회, 납북피해자보상및지원심의위원회, 노근리사건희생자심사및명예회복위원회, 동의대사건희생자명예회복및보상심의위원회, 동학농민혁명참여자명예회복심의위원회, 민주화운동관련자명예회복및보상심의위원회, 부마민주항쟁진상규명및관련자명예회복심의위원회, 사행산업통합감독위원회, 제주4·3사건진상규명및희생자명예회복위원회, 한센인피해사건진상규명위원회
자문위원회 (47개)	2018년평창동계올림픽대회및동계패럴림픽지원위원회, 4·16세월호참사배상및보상심의위원회, 4·16세월호참사피해자지원및희생자추모위원회, 5·18민주화운동관련자보상지원위원회, 공공데이터전략위원회, 국가과학기술심의회, 국가기록관리위원회, 국가보훈위원회, 국제개발협력위원회, 국제경기대회지원위원회, 국토정책위원회, 군공항이전사업지원위원회, 노후거점산업단지경쟁력강화추진위원회, 녹색성장위원회, 농어업인삶의질향상및농어촌지역개발위원회, 다문화가족정책위원회, 도시재생특별위원회, 독도지속가능이용위원회, 디엔에이신원확인정보데이터베이스관리위원회, 문화다양성위원회, 보육정책조정위원회, 사회보장위원회, 산업융합발전위원회, 새만금위원회, 세종특별자치시지원위원회, 식품안전정책위원회, 아동정책조정위원회, 양성평등위원회, 외국인정책위원회, 원자력진흥위원회, 유아교육보육위원회, 인사혁신추진위원회, 자원봉사진흥위원회, 장애인정책조정위원회, 접경지역정책심의위원회, 정보통신기반보호위원회, 정보통신전략위원회, 정부업무평가위원회, 제주특별자치도지원위원회, 중앙안전관리위원회, 중앙징계위원회, 중저준위방사성폐기물유치지역지원위원회, 지방재정부담심의위원회, 첨단의료복합단지위원회, 콘텐츠산업진흥위원회, 학교폭력대책위원회, 행정협의조정위원회

준 국무총리 소속 위원회는 총 58개로[25) 지나치게 많은 자문·심의 위원회를 두고 있다. 따라서 정부는 조직 개편 이후, 국무총리 소속의 각종 자문·심의 위원회와 기획단·지원단 등 한시적 조직에 대한 정비가 필요하다. 주기적으로 회의빈도, 활동성과 등을 검토하여 불필요하다고 판단되는 위원회는 적극적으로 폐지를 추진해야 하며 성과가 있는 위원회에는 예산과 지원인력을 충분히 배정해야 한다.

7. 규제개혁과 정책평가

1) 규제개혁

규제개혁 기능은 민간부문에 대한 정부의 규제를 완화하거나 폐지하고 신설규제에 대한 정부 자율적 통제를 포함한다. 행정규제기본법에 따라 정부의 규제정책을 심의·조정하고, 규제의 심사·정비 등에 관한 사항을 종합적으로 추진하기 위하여 대통령 소속으로 규제개혁위원회를 설치하고 있으며, 규제개혁위원회의 운영과 정부의 규제 관련 업무를 총괄·관리하는 국무조정실 규제조정실이 운영되고 있다.

현재 국무조정실에서 수행하고 있는 규제개혁 기능을 국무조정실에서 계속 수행하는 방안과 행정안전부로 이관하여 정부개혁 기능과 함께 수행하게 하는 방안을 비교 검토할 수 있다. 규제개혁은 정부의 조직 및 업무

25) 행정기관소속 위원회의 설치 및 운영에 관한 법률 시행에 따라 매년 6월 기준 조사하는 국무총리 소속 위원회는 2017년 6월 기준 59개로 발표되었는데, 2017년 7월 '정부3.0추진위원회'가 폐지되었다.

개혁, 정부 기능의 지방이양과 민영화 기능과 매우 밀접하게 연관되어 있다. 업무의 효율성 측면에서는 행정안전부에서 수행하는 것이 유리할 수 있으나 중앙행정기관에 대한 중요한 통제수단이라는 점과 기관의 이익에서 벗어나 보다 중립적인 입장에서 수행할 수 있다는 점, 그리고 여러 부처에 걸쳐 관련되어 있다는 점에서 국무조정실이 수행하는 것이 바람직하다.

정부조직 개편 후에 규제개혁위원회는 운영 활성화를 통해 정부 전반의 규제개혁의 기획과 조정을 담당한다. 현재와 같이 행정안전부는 행정개혁과 지방이양을 담당한다.

2) 정책평가

현재 정부가 수행하는 정책평가 기능은 대부분 연도별로 사전에 설정한 목표와 일정에 따라 정책 또는 사업이 제대로 진행되었는지를 점검·확인하는 모니터링의 성격이 강하다. 현재 정부업무평가기본법에 따라 국무총리 소속으로 정부업무평가위원회가 설치되어 있으며, 국무조정실 정부업무평가실에서 관련 실무를 담당하고 있다. 중앙정부의 정책이 실질적으로 정책대상 지역이나 집단에 효과 또는 결과를 낳기에는 1년이라는 기간이 너무 짧기 때문에 매년 평가한다는 것은 적절하지 않다. 따라서 정책의 성과·효과·영향을 평가하는 기능은 최소한 2~3년의 시기를 두고 보다 중립적인 기관에서 수행하는 것이 바람직하다.

정책평가를 결과(성과)평가와 과정평가(집행모니터링)로 나누어 볼 때 결과평가는 독립적이고 중립적인 기관에서 객관적으로 수행하는 것이 바람직하고, 과정평가는 정책과정을 이해할 수 있는 기관에서 수행하는 것이 바람직하다. 그래서 결과평가는 예산과 연계된 재정성과관리 중심으로 개편하고, 현재의 다기화된 모니터링 성격의 평가 기능은 대폭적으로 줄일 필요가 있다. 따라서 국회 예산정책처가 예산과 연계될 수 있는 객관적인 재정성과 평가를 강화하고, 국무조정실이 정책집행에 대한 과정평가를 합리적으로 진행할 수 있도록 평가 체계를 개선하는 방안을 제안한다.

8. 정책연구기관

현재 국무총리 산하 경제인문사회연구회에 23개 정부출연 정책연구기관과 3개의 부설 연구기관[26)]이 소속되어 있다. 연구회 제도의 출범 목적은 정부출연 정책연구기관과 특정 정부부처의 연결고리를 차단하여 연구에 대한 부처의 통제와 간섭을 줄임으로써 연구의 자율성과 재정 운영의 독립성을 확보하기 위함이었다.

하지만 연구회 출범 이후 각 연구기관들은 관련 부처와의 외형적 연결고리는 단절되었으나, 대부분의 연구가 관련 부처의 수탁연구로 진행되는 상황에서 해당 부처와의 밀접한 관계가 사실상 지속되고 있다. 동시에 각 정책연구기관은 국무조정실과 경제인문사회연구회의 통제를 받게 되고, 연구기관의 최종 예산을 확정지을 때까지 기획재정부의 간섭에서 자유로울 수 없는 상황에 놓여있다.

이러한 상황에서 연구회 체제를 유지하면서 연구기관 수를 줄이는 방안, 연구회를 해체하고 연구기관을 부처로 환원시키는 방안, 연구회를 해체하고 연구기관을 통합하여 거대 연구기관을 설치하는 방안 등이 제시되

26) 3개 부설기관으로 한국개발연구원 부설 KDI국제정책대학원, 국토연구원 부설 건축도시공간연구소, 한국교육개발원과 한국보건사회연구원의 공동 부설 육아정책연구소가 설치되어 있다.

고 있다. 현행 연구회 체제를 유지하면서 경제인문사회연구회의 연구조정 기능을 강화하는 방안과, 연구회를 해체하고 거대 연구기관으로 통합하는 방안은 미래사회에 대비한 학제간(interdisciplinary) 지식형성의 가능성을 높이는 장점이 있다. 하지만 연구회 혹은 통합연구기관의 규모가 지나치게 확대됨으로써 내부 사무조정기구가 관료화될 우려가 있고, 다양한 연구주제에 신속하게 대응하기 어려운 한계가 있다. 그뿐 아니라 관련 중앙행정기관과의 관계를 차단함으로써 정부출연 정책연구기관의 최대 수요자와의 관계가 인위적으로 단절되는 문제가 발생하게 된다.

따라서 현행 연구회를 해체하여 정책연구기관을 부처 산하로 환원시키고,[27] 국가전략을 위한 학제간 연구는 대통령비서실 '국가전략연구소'에서 수행하도록 하는 대안을 제안한다. 국회의 경우, 2018년 3월 시행된 국회미래연구원법에 따라 미래 환경의 변화를 예측·분석하고 국가 중장기 발전전략을 도출하기 위해 국회미래연구원을 2018년 4월경에 출범시킬 예정이다. 행정부에도 종합적인 미래예측 기능이 약한 한국의 상황을 개선하고, 대통령에게 효과적으로 미래전략에 관한 조언 기능을 수행하기 위한 목적으로 대통령비서실에 국가전략연구소를 두기로 한다. 행정환경이 빠르게 변하고 미래의 불확실성이 높아지는 상황에서 현재의 정책문제를 해결하고 미래의 정책수요를 예측하기 위해서 관련 부처와 연구기관의 협력관계 강화가 필요할 뿐만 아니라, 종합적인 국가전략 연구기관이 필요하기 때문이다.

정책연구기관을 유관 부처 산하로 환원할 경우 한국행정연구원은 행정안전부로, 한국법제연구원은 법제처로, 통일연구원은 통일부로, 형사정책

27) 현재 국방부 산하 한국국방연구원, 문화체육관광부 산하 한국문화관광연구원, 중소벤처기업부 산하 중소기업연구원, 특허청 산하 한국지식재산연구원 등이 경제인문사회연구회 소속이 아니라 개별 부처 산하에서 정책연구 기능을 수행하고 있는 점을 참조할 수 있다.

연구원은 법무부로, 한국교육개발원, 한국교육과정평가원은 교육부로, 과학기술정책연구원은 '과학기술부'로, 한국노동연구원, 한국직업능력개발원은 고용노동부로, 보건사회연구원, 한국여성정책연구원, 한국청소년정책연구원은 '복지가족부'로, 한국개발연구원은 '기획예산부'로, 한국조세재정연구원은 '재정부'로, 정보통신정책연구원은 '정보매체부'로, 대외경제정책연구원, 산업연구원, 에너지경제연구원은 산업통상자원부로, 농촌경제연구원은 농림축산식품부로, 국토연구원, 한국교통연구원은 국토교통부로, 한국환경정책평가연구원은 환경부로, 한국해양수산개발원은 해양수산부로 주무부처를 변경한다.[28] 부처 산하로 환원된 정책연구기관 중에서 정책수요가 사라지거나 민간이 효율적으로 수행할 수 있는 기관들은 장기적으로 민간화하는 것이 타당하다.

9. 정·부통령제와 이원정부제 논의

한국의 대통령제에 대하여 대통령에게 권한을 과도하게 집중하고 있으나 이른바 '제왕적 대통령'에 대한 적절한 견제장치는 미흡하다는 비판이 있다. 이에 현행 헌법의 대통령제를 개선하여 대통령의 권한 분산에 적합한 정부형태에 관한 다양한 논의들이 진행 중이다.[29] 일반적으로 정부형

28) 한국직업능력개발원은 교육부와 고용노동부 공동 산하로 볼 수 있으나 현재의 개발원의 업무 기능은 고용노동부에 더 가깝다고 볼 수 있다. 조직 개편 후 보건부와 복지가족부로 분리될 경우 보건사회연구원은 복지정책연구원과 보건정책연구원으로 분리 개편될 수 있다.

29) 국회에서 '헌법개정 및 정치개혁 특별위원회'를 구성하여 정부형태(권력구조)뿐만 아

태는 크게 대통령제, 의원내각제, 그리고 양 제도의 특성을 혼합한 이원정부제로 분류할 수 있다. 대통령제에서는 대통령·부통령을 두는데, 총리를 추가로 두거나 부통령 대신 총리를 두는 변형된 형태도 있다. 이원정부제에서는 국민이 선출한 대통령과 의회에서 선출된 총리가 권한을 분담하는데, 대통령의 권한이 강한 프랑스식과 대통령의 권한이 제한적인 오스트리아식이 있다.

의원내각제는 의회에서 선출된 총리와 그에 의해 구성된 내각이 행정부를 구성하는 형태로서 대통령은 국가원수로서 국가를 대표하는 존재이지만, 상징적인 국가원수에 머무른다. 대표적인 국가로 독일이 있다. 대통령제와 의원내각제 간에 최고의사결정 조직의 소속이 대통령에게 있는지, 총리에게 있는지의 차이가 있을 뿐, 하위 정부조직의 구성에서는 양자간에 큰 차이가 없다. 따라서 이번 장에서는 대통령과 부통령을 두는 정·부통령제와 대통령과 총리가 모두 고유한 권력을 가지고 있는 이원정부제의 정부조직에 관하여 논의한다.

1) 정·부통령제 논의

정·부통령제 주장은 남북분단의 안보상황에서 대통령제를 유지할 필요가 있다는 전제하에 현재 유일하게 국민선거로 선출된 대통령 1인에게 권한이 집중되기에 대통령·부통령 2인을 국민선거로 선출함으로써 대통령 1인에게 집중된 권한을 분산하는 제도적 장치를 마련하자는 입장에서 나온다. 정·부통령제를 도입할 경우, 국무총리의 존속 여부에 대해 논의할

니라, 지방분권, 재정/경제, 정당선거, 사법부 등 주요 의제에 관해 논의를 진행하고 있다. 2018년 3월 26일 문재인 대통령은 4년 임기 1회 연임 대통령제 골자의 헌법개정안을 발의하였다.

수 있는데, 일반적으로 부통령을 도입하면 국무총리를 폐지한다.[30)]

정·부통령제에서 부통령의 선출은 미국의 경우처럼 대통령과 러닝메이트(running mate)로 함께 선출될 수도 있고, 별도의 직접선거나 국회 선출 등 다양한 방식을 고려할 수 있다. 중요한 것은 대통령의 유고 시 직무를 대행하거나 승계하는 역할로서, 대통령과 독립적인 권한이 있는 국무총리와는 다른 기능을 한다는 것이다.[31)]

이렇게 부통령이 도입되면서 국무총리가 폐지되면, 기존 국무총리 지원조직인 국무조정실을 대통령비서실에 통합하여, 정·부통령을 통합적으로 보좌하는 기구를 설치하게 된다.[32)] 국무총리 소속 위원회 및 처(處) 단위기관 역시 모두 대통령 소속으로 전환되면서 청을 제외한 모든 중앙행정기관이 사실상 대통령 소속이 되면서 소속의 의미가 사라진다.

2) 이원정부제 논의

이원정부제는 국민에 의해 직접 선출된 대통령과 의회가 선출하는 총리가 권한을 적절히 나누어 행정부를 구성하는 형태이다. 프랑스가 대표적이다. 그동안 국회와 정당에서 나온 이원정부제 주장은 주로 대통령이 외교, 안보 등 외치(外治)에 관한 권한을 갖고, 총리는 내치(內治)에 관한

30) 제헌헌법은 부통령과 국무총리를 함께 두었으나, 제2차 개정헌법(1954년)에서 부통령을 유지하며 국무총리를 두지 않았고, 의원내각제를 도입한 제3차 개정헌법(1960년)에서는 국무총리를 두며 부통령을 폐지하였다. 이어 제5차 개정헌법(1962년) 이후 현재까지 대통령제에서 부통령 없이 국무총리를 두고 있다.

31) 미국의 경우, 부통령이 상원의장을 겸하는 역할이 있지만, 내각을 통솔하는 국무총리의 역할과는 명확히 차별된다.

32) 물론 부통령을 보좌하는 부속실이 별도로 존재하게 되지만, 대통령 지원조직의 내부에 위치한다. 미국의 부통령실(Office of the Vice President)도 대통령실(Executive Office of the President) 내부 조직으로 구성되어 있다.

권한을 갖는 형태를 염두하여 진행되고 있다.[33)]

대통령제를 택하면서도 동시에 국무총리를 두는 현재 체제하의 대통령비서실과 국무조정실은 기능의 상당부분이 중첩되고 있다. 대통령비서실의 수석비서관들이 하나의 '작은 내각'을 이루는 것과 같이 국무총리를 지원하는 국무조정실의 국정운영실, 경제조정실, 사회조정실 등도 일반행정, 외교안보, 경제, 사회문화 전반에 걸쳐 기능을 하고 있다.

하지만, 이원정부제하의 대통령비서실과 국무조정실의 중첩된 기능은 각각 대통령과 국무총리의 권한행사에 맞추어 나누어지게 된다. 기존의 대통령비서실과 국무조정실은 분리하여 유지되지만, 대통령과 국무총리의 권한영역이 나뉘는 것과 같이 지원조직의 기능도 이를 반영하여 재구성되는 것이다. 즉, 대통령을 지원하는 대통령비서실은 외교권과 군통수권 등 대통령의 권한 행사에 관한 최고의사결정권한 기능 위주 조직으로 재구성되고, 국무총리를 지원하는 국무조정실은 국무총리의 권한인 내각의 정부활동을 보장하는 기능 위주로 재구성이 된다. 기존 대통령과 국무총리 소속 위원회 등 기관들 역시 대통령과 국무총리의 권한 행사에 맞추어 재구성된다.

10. 소결

정부조직 개편안을 정리한다면, 대통령비서실은 국가안보실을 흡수하

33) 노무현 정부의 이해찬 국무총리가 내치(內治)에 관한 상당한 권한을 가지고 국정운영에 참여했던 형태가 이원정부제에 가깝다고 할 수 있으나, 이는 대통령의 위임에 의해 묵시적으로 인정되는 권한이었을 뿐, 법적으로 보장되는 형태는 아니었다.

면서 국가기획과 안보 기능을 강화한다. 대통령비서실에는 대통령비서실장을 비롯하여, 정책실장과 국가안보실장의 장관급 3인을 둔다. 정무, 법사, 홍보, 인사, 총무, 국가안보, 대외관계, 교육문화, 고용복지, 거시경제, 기술, 사회기반의 12인의 수석비서관과 국가전략연구소장을 차관급으로 둔다. 대통령경호처는 현행과 같이 대통령비서실과 별도의 차관급 기관으로 유지된다.

국무총리는 기관 간 갈등을 조정하는 본연의 역할과 함께 대통령과의 개인적 신임과 전문성을 바탕으로 대통령에 의해 설정된 일정 역할을 수행한다. 국무총리비서실을 흡수한 국무조정실은 중앙행정기관 간 정책조정, 성과관리, 규제개혁, 국무총리 정무·홍보 지원 등을 담당한다.

국회, 정당, 지방정부 관련 정무업무를 담당하는 정무장관을 신설한다. 부총리제도, 선임장관제도, 분야별 관계장관회의 제도는 기대하는 효과보다는 의사결정의 추가적인 계층으로 작용할 가능성이 많아 채택하지 않기로 한다. 대신 국무회의와 차관회의 개최 빈도를 확대하고 회의에서의 실질적 토의를 활성화하고 회의 전후에 관계장관 간의 보다 적극적인 정책조율을 조장하기로 한다.

규제개혁위원회는 운영 활성화를 통해 규제개혁의 기획과 조정을 담당한다. 정책평가를 결과평가와 과정평가로 구분하여 결과평가는 국회 예산정책처가 수행하고, 과정평가는 국무조정실에서 담당하는 대안을 제안한다.

국무총리 산하의 경제인문사회연구회를 폐지하고, 각 정부출연 정책연구기관은 관련 부처 산하로 환원하는 방안을 제안한다. 학제간 연구가 필요한 국가전략 연구는 대통령비서실 국가전략연구소가 수행한다.

개헌 논의와 관련하여, 정·부통령제는 일반적으로 국무총리 폐지를 전제로 하므로 최고의사결정 조직은 현행 대통령비서실과 국무조정실이 통합된 형태가 된다. 이원집정부제는 현재와 같이 대통령과 국무총리의 권한이 중첩되는 것이 아니라, 기능별로 대통령과 국무총리 간에 분리되는 형태가 되므로 대통령 지원조직(대통령비서실)과 국무총리 지원조직(국무조정실)이 각각 대통령과 국무총리의 권한 행사에 맞추어 재구성된다.

〈표 4-3〉 최고의사결정 기능과 조직개편안

구 분	대안 및 내용
대통령비서실	1) 국가안보실을 대통령비서실로 흡수 2) 12인의 차관급 수석비서관 체제로 개편 - 정무, 법사, 홍보, 인사, 총무, 국가안보, 대외관계, 교육문화, 고용복지, 거시경제, 기술, 사회기반 3) 차관급 대통령경호처 유지 4) 차관급 국가전략연구소 설치
국무조정실	1) 책임총리제 부적절 - 현행 헌법 구조 속에서 국무총리 권한 강화는 곤란 2) 국무조정실 유지 - 현행 헌법하 국무총리실을 폐지하고 '국무실'로 통합은 곤란 3) 국무조정실 기능 조정 - 국무총리비서실을 국무조정실로 흡수 - 정무실·공보실 축소, 공직복무관리관을 대통령비서실로 이관
정책조정	1) 정무장관 설치 - 대국회와 대정당 업무 담당 2) 부총리·선임장관 제도 부적절 - 대통령제하에서 대통령실의 조정 역량이 크고, 의사결정의 추가적인 계층으로 작용할 가능성이 크기 때문에 부적절 - 대신, 국무회의 활성화를 통해 정책조정 가능 3) 국무회의와 차관회의 활성화 - 부처 간 정책조정을 위한 국무회의와 차관회의 토의 활성화와 개최 빈도 증가
규제개혁 및 정책평가	1) 규제개혁위원회 운영 활성화 2) 국회 예산정책처가 정책의 결과평가 담당 3) 국무조정실은 정책의 과정평가 담당
정책연구	1) 대통령비서실에 국가전략연구소 신설 2) 정부출연 정책연구기관을 관련 부처 산하로 전환 3) 경제인문사회연구회 폐지
정·부통령제 및 이원정부제 논의	1) 정·부통령제 도입 시 - 대통령비서실과 국무조정실 기능 통합 2) 이원정부제 도입 시 - 대통령과 국무총리 권한 분산에 맞추어 대통령비서실과 국무조정실의 기능 재구성

제5장

지원통제 기능과 조직

"

현행 지원통제 기능을 수행하고 있는 행정기관은 행정안전부, 인사혁신처, 기획재정부(예산 · 결산 · 국고 · 회계), 법제처, 문화체육관광부(국정홍보), 감사원, 국민권익위원회(국민고충처리 · 행정심판), 통계청, 조달청 등으로 볼 수 있다.

"

1. 기획과 예산 기능의 강화

대외적 개방이 가속화되고 있고 국내 경제 상황이 불안정하기 때문에 국가 예산 운영은 보다 전략적인 관점에서 이루어져야 한다. G20 회의, 평창동계올림픽 등 국제행사 개최 이후 글로벌 리더국가로서의 위상이 높아지고, 미국, EU, 중국 등 주요 국가와의 자유무역협정(FTA)으로 대외무역이 확대·증대되고 있다. 하지만 개방경제 구조로 인해 유럽 재정위기, 국제통상 갈등과 같은 대외 위험요인에 크게 영향을 받고 있다. 국내적으로 가계부채의 지속적인 증가, 일자리, 보육, 주거 등의 정책수요 확대, 다양한 복지수요 증대에 따른 재정 건전성 잠식 등이 지속되고 있다. 따라서 국가 내·외부의 위험요인에 선제적으로 대응하기 위해서는 미래예측과 정책기획 역량을 제고하고 기획과 예산의 연계를 강화해야 한다.

1) 기획·예산과 재무 기능의 분리

1961년 경제기획원 설치 이래 예산 기능과 재무 기능은 분리와 통합을 반복했다. 김영삼 정부에서 경제기획원과 재무부를 통합한 재정경제원을 설치하여 양자를 통합하기도 하였으나 김대중 정부와 노무현 정부에서는 기획예산처와 재정경제부로 분리하여 운영하였다. 그리고 이명박 정부에서는 기획재정부로 다시 통합하고, 현재까지 이어지고 있다. 이러한 예산편성 기능을 세입과 결산 기능과 분리한 데에는 정부 재원에 대한 강력한 통제 권한을 일반 재정에서 분리하는 것과 예산의 전략기획적 투자 기능을 활용한다는 의도가 담겨있다고 본다.

현재 기획재정부는 예산·국고·세제 기능을 통합한 조직으로 정부조직 전체의 운영을 지원하기에는 지나치게 무겁고 권한이 집중되어 있으며 재정경제원과 비슷하게 큰 조직의 형태이다. 한편, 예산부처는 재정·금융을 포함한 각 개별부처의 이해관계에서 벗어나 국가의 장기적인 계획과 연계한 중립적인 운용이 필요하다. 과거 경제성장 시기처럼 강력한 권한을 가진 조직이 개별부처의 모든 사업을 이해하고 우선순위를 정하던 때와 다르다는 점도 고려해야 한다. 이러한 관점에서 현재 기획재정부와 같은 형태는 적절하지 않다.

따라서 기획재정부에서 기획·예산 기능을 분리하여 '기획예산부(Ministry of Planning & Budget)'를 설치하고, 세제·국고 기능을 분리하여 '재정부(Ministry of Finance)'를 설치하는 대안을 제안한다. 현재 디지털예산회계시스템(dBrain)[1]에서 세입과 세출 결산의 기능이 하나의 정보시스템으로 통합되어 있으나, 정보시스템 운영은 재무담당 기관(재정부)이 수행하되 예산편성 기능은 기획예산부가 정보시스템을 활용하면서 수행할 수 있다.

조직의 형태와 관련해서 노무현 정부의 '기획예산처'와 같은 장관급 처(處) 형태의 조직으로 설계하는 방안을 고려해 볼 수도 있다. 처는 국무총리 소속으로 설치하는 중앙행정기관으로서 여러 부에 관련되는 기능을 통할하는 참모적 업무를 수행하는 기관이다. 하지만 처의 장이 국무위원인 경우에 한하여 국무회의에 의안제출권이 있을 뿐이며, 통상적으로 소관사무에 관하여 직접적인 법규명령을 제정할 수 없다. 예산 기능을 바탕으로 하는 국가 기획의 효과적인 집행과, 정부와 민간 관계에 관련된 규제개혁과 민영화를 추진하기 위해서는 국무회의 의안제출권, 법규명령제정권, 집행권한이 필요하다. 따라서 部 형태의 '기획예산부'가 타당하다.

---

1) 현재 기획재정부 산하 한국재정정보원이 정보시스템을 운영하고 있다.

기획예산부는 새 정부의 국정기조에 따른 변화와 혁신을 주도하며, 공공부문 전반의 개혁을 추진한다. 예산 편성 권한을 바탕으로 정책 기획 기능을 수행하고, 규제개혁 기능은 국무조정실과 관련 정부기관과 함께 추진한다. 기획예산부는 지방정부 혁신과 지방이양을 행정안전부와 함께 추진하며, 공공기관[2] 혁신과 민영화를 주무 부처와 함께 추진한다. 기획예산부는 장관과 차관을 두고, 정책 기획·예산 편성·공공기관 개혁과 민영화 작업을 추진하기 위해 기획조정실, 예산실, 정책기획실, 공공정책국 등을 둔다.

2) 통계청 소속

국가통계는 국가와 국민의 전략적 의사결정을 지원할 수 있어야 한다. '통계는 많은데 필요한 통계가 부족하다'는 불만이 지속적으로 제기되는 상황에서 경제·사회·복지·환경 등 다양한 통계가 효과적으로 제공되어야 한다. 특히, 최근 증거기반 행정의 중요성이 높아짐에 따라 통계가 경제 분야뿐만 아니라, 사회문화 전반에 요긴하게 쓰이는 경우가 많아졌다. 통계청을 현재와 같이 경제 부처에 속하게 하는 것은 과거 '성장 논리'에서 벗어나지 못했음을 방증한다. 따라서 경제통계와 사회통계가 균형적으로 생산·관리될 수 있도록 경제부처가 아닌 기획·예산 기능을 담당하는 부처에 통계청이 소속될 필요가 있다.

현재 기획재정부 소속의 통계청은 경제 외의 다양한 사회·지역통계를 생산해야 한다는 점에서 기획예산부로 소속을 분류하는 것이 적절하

2) 공공기관의 운영에 관한 법률에 따라 공공기관은 공기업, 준정부기관, 기타공공기관으로 분류되고 2018년 3월 기준 공기업 35개, 준정부기관 88개, 기타공공기관 207개 총 330개 기관이 공공기관으로 지정되어 있다.

다. 신설되는 기획예산부는 단순히 경제성장에 집중하기보다는 국가전체 전략 기능을 총괄하는데, 통계청이 경제부처에 소속되지 않음으로써 경제·사회 통계를 균형 있는 시각에서 접근할 수 있고, 국민의 통계 수요 확대에 효과적으로 대응할 수 있다. 그뿐 아니라 국가통계의 품질을 향상시키고, 스마트기기 등 최신기술을 활용하여 고객의 요구에 신속히 대응하고 민간에게 통계정보 융·복합 서비스를 제공해야 한다.

통계청에서 수행하는 지역통계 등 지방정부가 주도적으로 수행할 수 있는 기능은 과감히 지방정부로 이관할 수 있을 것이고 이에 따라 지방통계청 및 지방사무소 조직과 인력을 축소할 수 있을 것이다. 통계청 내부 조직은 현재와 같이 청장(차관급)하에 차장을 두고, 기획조정관·통계정책국·통계데이터허브국·조사관리국·경제통계국·사회통계국·통계서비스정책관을 둔다. 통계청 소속기관으로 통계교육원, 통계개발원, 지방통계청(5개)을 둔다.[3)]

2. 행정관리 기능의 조정 검토

1) 자치행정 지원 분리 검토

지방자치를 제도적으로 지원하고, 중앙정부의 사무를 과감하게 지방정부로 이관하는 것이 필요하다. 현재 행정안전부를 중심으로 자치행정 지원이 이루어지고 있는데, 별도의 지방자치 전담 部를 신설해야 한다는 의

3) 장기적으로 지역단위의 통계수집 기능의 상당 부분은 광역시·도로 이관할 수 있다.

견이 있다. 행정관리 기능은 크게 중앙 행정기관의 조직·인사에 관한 기능과, 지방자치 지원 기능으로 구분된다. 따라서 분업에 의한 전문화의 관점에서 현재 행정안전부가 담당하는 중앙행정 기능을 '행정지원처'로 분리하고, 지방행정 기능을 '자치부'로 분리하거나 경찰·소방 기능까지 통합하여 '자치안전부'로 전환하는 대안들이 논의되고 있다. 행정지원처는 과거 총무처와 유사한 조직이며, 자치부와 자치안전부는 과거 내무부와 유사한 조직이다. 하지만 지방정부로 이관해야 할 정부 기능에 대한 합의와 조정이 완벽하게 이루어지지 않았고, 지방정부의 재정역량의 차이가 크기 때문에 자치행정 지원은 중앙정부와의 긴밀한 협조 속에서 이루어져야 한다. 그뿐 아니라 행정사무의 지방 이관을 위한 선행조건인 국가 정보의 관리·제공·보안 문제도 지속적으로 해결해야 할 과제로 남아 있다. 따라서 중앙행정 지원 기능과 지방행정 지원 기능의 분리는 신중하게 논의되어야 한다.

지방자치제도 도입 이후 분권화를 위한 많은 노력들이 이루어졌지만 여전히 중앙-지방 정부 간 사무의 배분, 합리적인 관할 범위의 설정 등은 해결해야 할 문제로 남아 있다. 특히 지방의회를 통한 자치사무에 대한 결정은 이루어지고 있으나, 여전히 중앙정부의 위임사무가 차지하는 비율이 높기 때문에 중앙정부와 지방정부의 사이에서 기능조정이 필요하다.

지방자치 전담조직 신설이 항상 중앙과 지방정부 기능조정의 최적 대안이 되는 것은 아니다. 지방자치제도는 그 지역의 특성과 정책수요를 반영한 행정관리를 목표로 하고 있지만, 국가 전체적인 관점에서 본다면 행정의 보편적 서비스(general service)가 어느 정도 균등하게 확보될 필요가 있기 때문이다. 또한 지방자치 지원 전담조직은 상대적으로 소규모의 조직이 될 것이기 때문에 지방자치에 필요한 중앙정부의 재정지원을 확보함에 있어서 기획재정부('기획예산부')를 설득하기에는 어려움이 예상된다. 조직과 직제권을 가진 행정안전부 형태가 자치예산 지원에 유리하다.

권한 이양 측면에서도 '자치안전부' 대안은 효과성이 떨어진다. 과거 정부의 분권화가 중앙 사무의 일부를 지방으로 이관하는 비율적 측면의 분권화였다면, 앞으로의 분권화는 기능과 권한이 동시에 이양되는 실질적인 분권화여야 한다. 자치사무로의 이관을 위해 국토교통부, 해양수산부, 보건복지부, 여성가족부, 식품의약품안전처 등 유관 부처와의 업무 조정을 할 경우 소규모 신설조직인 자치안전부의 권한이양 조정 권한을 기대하기가 쉽지 않다. 따라서 조직·정원·지방재정 권한을 가진 행정안전부의 지위에서 권한 이양을 추진하는 것이 효과적이다.

그뿐 아니라 중앙행정 지원 기능과 지방행정 지원 기능을 분리하는 것은 국가운영 효율성 측면에서 부정적이다. 지방의회에서 정치적 결정이 이루어지고 이에 대한 행정적 지원 기능만 남아 있기 때문에 지방행정 지원을 별도의 部로 분리할 실익이 크지 않고, 또한 분리할 경우 참모 기능 부처 조직이 너무 많아지는 문제가 있다.

따라서 현재와 같이 행정안전부에서 중앙정부의 조직 기능과 전자정부, 지방재정·자치지원 기능, 그리고 경찰·소방방재 등 안전관리 총괄 기능을 수행하는 대안을 제안한다. 이 외에도 이북5도 사무를 담당한다.

행정안전부는 장관과 차관을 두며, 기획조정실·정부혁신국·전자정부국·지방자치분권실·지방재정경제실·안전정책국을 둔다. 현재 재난안전관리본부의 재난관리실 기능은 소방방재청으로, 비상대비정책국은 국방부로 이관하게 된다. 행정안전부 소속 외청으로 경찰청, 해양경찰청, '소방방재청'을 둔다. 소속기관으로 지방자치인재개발원·국가기록원·정부청사관리본부·이북5도위원회·주민등록번호변경위원회·국립과학수사연구원·국가정보자원관리원·국립재난안전연구원을 둔다.

현재 과학기술정보통신부와 행정안전부 공동 산하 공공기관인 한국정보화진흥원을 '정보매체부' 산하 기관으로 재정립하여 국가정보화 기획 기능을 수행하게 하고, 그 대신 행정안전부 산하 공공기관으로 전자정부법에 근거한 '한국전자정부진흥원'을 신설한다. 향후에는 한국전자정부진흥원(신설), 한국승강기안전공단, 민주화운동기념사업회, 일제강제동원피해자지원재단 등이 행정안전부 산하 공공기관이 된다. 한국지방행정연구원과 한국지역정보개발원은 시·도 지방자치단체가 공동으로 출연하였고, 한국지역진흥재단, 한국지방세연구원, 지방공기업평가원은 243개 지방자치단체가 공동으로 출연하였기에 중앙정부의 공공기관 지정에서는 제외되어 있으나 사실상 행정안전부의 산하 공공기관으로 볼 수 있다.

2) 인사·조직관리

김대중 정부는 1999년에 인사정책기획 기능의 중앙인사위원회를 신설하였다. 중앙인사위원회(인사정책기획), 행정자치부(인사집행)로 이원화되어 있던 인사행정 기능을 2004년에 노무현 정부가 중앙인사위원회로 통합 일원화하였다. 2008년 이명박 정부 들어 중앙인사위원회가 폐지되고 행정안전부(인사실) 체제로 유지되다가, 2014년 박근혜 정부가 공무원 인사를 담당하는 인사혁신처를 신설하였다.

현재 인사혁신처는 국무총리 소속 독임제 기관으로 공무원 인사·윤리·복무·연금 사무를 관장하고 있다. 김대중·노무현 정부의 중앙인사위원회는 합의제 행정기관으로서 복수의 위원의 심의·의결로 의사결정이 이루어졌다. 박근혜 정부에서 인사행정 전담부처로 설치된 인사혁신처는 이전과 달리 독임제 행정기관으로 출범하였는데, 이는 의사결정의 효율성과 신속성을 위함이다.[4] 독립된 인사 전담부처의 필요성과 인사 기능의 효과적 지원을 위해 인사혁신처는 현재와 같이 국무총리 소속 독임제 기관으로 유지한다. 단, '혁신'은 기능보다는 추구하는 가치에 초점을 맞춘 이름이기 때문에 기존 인사혁신처의 명칭을 '인사처'로 변경한다.

한편, 공무원 정원관리는 행정안전부(정부혁신조직실)에서 담당하고 있는 형태이다. 그러나 공무원 정원관리는 인사관리의 핵심 부분으로 인사 부처에서 담당하는 것이 인사운영상 효과적이기 때문에 행정안전부의 공무원 정원관리 기능을 '인사처'로 이관하는 안을 제시한다.

인사처는 현재와 같이 차관급 처장하에 차장을 두며, 기획조정관·인사기획국·인재채용국·인사혁신국·인사관리국·윤리복무국을 둔다. 현재와 같이 인사처 소속기관으로 국가공무원인재개발원·공무원소청심사위원회, 산하 공공기관으로 공무원연금관리공단을 둔다.

3) 책임운영기관 제도

김대중 정부는 '작고 효율적인 정부'를 위해 1999년 책임운영기관의 설치·운영에 관한 법률을 제정하고, 2000년부터 본격적으로 책임운영기관 제도를 운영했다. 책임운영기관은 정부가 수행하는 사무 중 공공성을 유지하면서도 경쟁원리에 따라 운영하는 것이 바람직하거나 전문성이 있어 성과관리를 강화할 필요가 있는 사무에 대하여, 기관의 장에게 행정 및 재정상 자율성을 부여하고 성과에 대해 책임을 지도록 하는 행정기관이다. 〈표 5-1〉과 같이 2018년 현재 50개의 책임운영기관이 운영되고 있다.

---

4) 박근혜 정부의 인사혁신처는 세월호 사고를 계기로 재난대응 시스템과 공직사회 복무기강 해이 문제에 대한 대응으로 국민안전처와 함께 2017년 11월 19일 출범하였다. 한편, 인사혁신처의 '혁신'은 공직기강 확립의지를 담은 명명으로 해석할 수 있다.

현재 책임운영기관이 수행하는 기능의 성격상 '공공성'이 상당부분 존재하므로 대부분 기관은 다시 일반적 행정기관으로 환원되는 것이 적절하다. 하지만 개별 책임운영기관의 운영 환경과 경영 성과를 평가하여 동일한 기능을 수행하는 민간기관이 다수 존재하고 운영 자율성 확보를 통한 기관 경쟁력 강화가 시급한 경우에는 전략적으로 민영화를 추진할 수도 있다. 책임운영기관이었던 국립의료원이 2010년 특수법인 형태로 전환되었고, 경찰청 소속 책임운영기관이었던 운전면허시험관리단이 2011년 도로교통공단(경찰청 산하 준정부기관) 소속으로 전환된 것이 대표적인 예이다. 그러므로, 현재의 책임운영기관을 일반행정기관으로 환원하거나 민영화를 완료한 후 책임운영기관 제도를 폐지한다. 특허청이 책임운영기관으로 지정된 주요 이유가 특별회계가 폐지되는 상황에서 특별회계를 유지하기 위한 것이었으므로, 책임운영기관 제도를 폐지할 때 특허청의 특허관리 특별회계를 되살리는 것이 필요하다.

〈표 5-1〉 책임운영기관 유형 및 현황 (2018. 3. 31. 기준)

유형		기관명
조사 연구형 (22)	조사 및 품질 관리형 (11)	국립종자원, 화학물질안전원, 국토지리정보원, 항공교통본부, 국립해양측위정보원, 항공기상청, 지방통계청(5개: 경인, 동북, 호남, 동남, 충청)
	연구형 (11)	국립재난안전연구원, 국립과학수사연구원, 국립생물자원관, 국립수산과학원, 통계개발원, 국립문화재연구소, 국립원예특작과학원, 국립축산과학원, 국립산림과학원, 국립수목원, 국립기상과학원
교육훈련형 (5)		국립국제교육원, 통일교육원, 한국농수산대학, 해양수산인재개발원, 관세국경관리연수원
문화형 (7)		국립중앙과학관, 국립과천과학관, 국방홍보원 국립중앙극장, 국립현대미술관, 한국정책방송원, 국립아시아문화전당
의료형 (9)		국립정신건강센터, 국립병원(6개: 나주, 부곡, 춘천, 공주, 마산, 목포), 국립재활원, 경찰병원
시설관리형 (4)		해양경찰정비창, 국방전산정보원, 국가정보자원관리원, 국립자연휴양림관리소
기타 유형 (2)		고용노동부고객상담센터, 국세상담센터
중앙책임운영기관 (1)		특허청

3. 법제와 국민소통

1) 법제처

새로운 정책 문제에 대한 법제적 대응의 필요성이 지속됨에 따라 법제 역량 강화가 요구되고 있다. 경제질서 재편, 중저소득층 경제안정, 고용 창출, 사회통합, 생활환경안전 등을 위한 다양한 입법 수요가 증가하고 있고, 각종 제도 개선을 위한 하위법령의 정비에 대한 요구도 증가하고 있다. 그뿐 아니라 자치법규 선진화와 공직자의 법제 역량 강화를 위해 정부와 공공부문 종사자를 대상으로 하는 법제 교육 강화도 필요하다.

법제처의 법제 기능을 행정관리 기능에 통합하는 방안이 있다. 대다수의 선진국 정부에서 법제 기능을 별도의 행정기관으로 두지 않고 내각실 또는 총괄 행정기관에서 수행하고 있다.[5] 이 대안은 행정관리를 총괄하는 행정안전부 혹은 국무조정실 내에 '법제실'을 설치하여 총괄지원 기능을 통합적으로 수행한다는 장점이 있다. 법제 기능의 전문성을 감안하여 법제 담당 차관을 두어 업무의 전문성과 차별성을 확보할 수 있다.

하지만 법제가 행정관리(행정안전부) 또는 정책조정(국무조정실)에 통합될 경우 중앙정부 참모 기능 조직 수가 축소되는 양적 효과는 있지만, 법제 기능이 타 기능과 연계될 가능성이 크지 않아 성과는 오히려 부정적일 수 있다. 대통령의 충분한 권한위임과, 행정·법제의 다양한 방면의 경험을 두루 거친 장관 후보자 확보라는 조건이 쉽게 충족되기 어렵기 때문이다. 따라서 법제 기능은 현재와 마찬가지로 법제처에서 수행하는 것이 바람직하다고 본다.

5) 예외적으로 일본이 내각법제국을 내각부와 분리하여 별도로 두고 있다.

법제처는 다양한 국가와의 자유무역협정(FTA) 체결에 따른 법적인 지원을 강화하고, 대통령의 국정기조를 뒷받침하는 입법과 하위법령 정비를 지원할 수 있도록 법제 전문성을 강화해야 한다. 법제처 내부 조직은 현재와 같이 처장(차관급)하에 차장을 두고, 기획조정관·법제정책국·행정법제국·경제법제국·사회문화법제국·법령해석국·법제지원국을 둔다. 공공부문 법제역량 강화의 필요성이 클 경우, 현재의 정부입법지원센터를 확대하여 법제처 소속의 법제교육원을 신설하는 방안도 검토해 볼 수 있다.

2) 국민소통과 국정홍보 조직

김대중·노무현 정부에서는 국정홍보처를 운영하였으나, 이명박 정부에서 국정홍보처를 폐지하고, 그 기능을 문화체육관광부로 통합하였다. 현재 관련 기능은 문화체육관광부 국민소통실에서 수행하며, 정부정책에 대한 홍보와 국민과의 소통을 비교적 충실히 하고 있다고 본다. 문재인 정부에서는 내각 외에 대통령비서실의 국민소통수석비서관을 통해 대통령의 국정의제에 대해 국민과 효과적으로 소통하기 위해 노력하고 있기도 하다.

국정홍보와 국민소통 기능이 문화체육관광부의 업무 범위에 적합한지, 실 단위의 기능으로 효과적인 정책홍보가 가능한지에 대한 비판적 의견도 있다. 하지만, 과거 국정홍보처와 같은 처 단위의 별도 조직 없이 현재와 같은 조직 형태에서도 정부의 비전과 다양한 사업들의 결정과 추진 과정 및 성과를 알리고 국민의 다양한 의견을 수렴하고 있다고 본다. 국정홍보처를 신설한다고 하여도 국정홍보와 구분되는 대외 국가홍보를 역사·문화·관광 등의 정보와 종합적으로 제공할 수 있는 기관은 문화체육관광부이다. 이와 같은 논지에서 현재와 같이 문화체육관광부(국민소통실)에서 국정홍보 기능을 계속 수행하고, 대통령의 국정의제와 관련하여서는 필요에 따라서 국민소통수석비서관(홍보수석비서관)이 담당하는 형태가 바람직하다.

한편, 각 부처의 대변인에 대해서는 변화하는 매체 추세에 유연하게 대응할 수 있는 전문성을 갖춘 인사를 임명하는 것이 옳다. 최근 대변인을 민간 전문가를 적극적으로 수용할 수 있는 개방형 직위로 지정하는 사례가 늘어나고 있는데, 올바른 방향이라고 본다. 문화체육관광부의 홍보 관련 소속기관으로는 해외문화홍보원, 한국정책방송원(K-TV)이 있다.

4. 통제 기능의 독립성과 전문성 강화

1) 감사원

미국의 GAO(Government Accountability Office), 영국의 NAO(National Audit Office), 일본의 회계검사원 등 다수의 선진 국가에서 감사원이 정부 또는 내각에 속하지 않고 국회에 책임을 지는 경우가 많고, 지금까지 논의되고 있는 헌법 개정 대안들이 회계검사 기능의 국회 이관을 포함하고 있는 점을 감안한다면, 감사원의 독립성을 현재 수준보다 강화할 필요가 있다. 현재 감사위원은 감사원장이 제청하고 대통령이 임명하는데(「헌법」 제98조 제3항), 감사원의 독립성 강화를 위해 감사위원 6인 중 3인은 국회의 추천을 받고 감사원장이 제청하는 방안을 제안한다.

감사원은 「헌법」 제97조 규정에 따라 국가의 세입·세출의 결산, 국가 및 법률이 정한 단체의 회계검사와 행정기관 및 공무원의 직무에 관한 감찰을 담당하고 있다. 현재 국무조정실의 정책평가와 감사원의 정책감사의 업무 중복 가능성이 제기되고 있다. 정책평가를 과정평가(집행모니터링)와 결과(성과)평가로 나누어 볼 때 과정평가는 국무조정실이 수행하되 결과평가는 보다 객관적인 입장의 감사원이 수행하는 것이 적절하다는 것이 감사원의 입장이다. 하지만 결과평가는 중립적인 기관에서 수행하는 것이 바람직하다. 또 예산과의 연계를 강화하는 것이 필요하기 때문에 궁극적으로는 감사원보다는 국회 예산정책처가 수행하는 것이 바람직하다고 본다. 헌법 개정 논의와 관련해서는 감사원의 행정기관 및 공무원의 직무에 관한 감찰은 감사원(대통령 소속 '감찰위원회')이 수행하되, 세입·세출의 결산과 회계검사 기능은 국회 소속기관에서 수행하는 대안이 바람직하다고 본다.[6)]

2) 국민권익위원회

국무총리 소속 국민권익위원회는 국민고충을 처리하고, 행정심판을 담당하며, 범사회적 부정부패에 대한 제도적 개선을 도모하고 공직자 부정부패의 감시 및 조사, 그리고 내부고발자 보호 활동을 하고 있다. 노무현 정부의 국민고충처리위원회, 국가청렴위원회, 행정심판위원회가 이명박 정부 출범 이후 국민권익위원회로 통합되어 현재에 이르고 있다.

고충처리와 행정심판은 행정기관 혹은 행정청의 위법·부당한 처분으로 인해 침해받은 국민의 권리와 이익을 구제하는 것으로 행정부 내부의 자체적인 통제 기능으로 볼 수 있다. 또한 제도개선 역시 낡은 제도가 구조

6) 감사원에서는 헌법 개정을 통해 대통령과 행정부에 소속되지 않은 헌법상 독립기구로 개편되는 방안을 선호하고 있으나 실현가능성은 높지 않다고 본다.

적으로 초래하는 국민 불편과 고충을 해소하는 기능이다. 하지만 부패방지는 처분의 위법·부당 측면보다는 공직자 개인의 비리로 인한 국가 자원의 부당한 이용, 공정한 기회의 박탈, 정부 신뢰의 추락 등을 방지하는 기능으로 그 성격상 고충처리 및 행정심판과 차이가 있다. 그뿐 아니라 세계 11위권의 경제규모(2017년 명목GDP 기준)와 세계 3위의 전자정부(2016년 UN전자정부 평가 기준)와 같은 외형적 성장에도 불구하고 한국의 부패 수준은 상당히 높기 때문에 공공부문 부정부패 척결을 위한 보다 강화된 접근이 필요하다.

따라서 국민권익위원회는 부패방지 기능을 분리한 후 행정부의 부당·위법한 처분에 대한 고충처리와 행정심판 기능을 전담하여 국민의 권리와 이익 보호 기능을 담당하는 방안을 제안한다. 현재 국민권익위원회가 수행하고 있는 국민고충처리, 부패방지, 행정심판의 3대 기능 중에서 부패방지 기능을 분리하여 '국가청렴위원회'를 신설할 수 있다(제6장 국가질서유지 기능과 조직에서 상술). 고충처리의 실효성을 제고하기 위하여 국민권익위원회 조사관의 권한을 감사원의 감사관과 유사한 수준으로 격상할 필요가 있다. 행정심판 기능은 법제 전문성 관점에서 법제처로 이관하는 방안이 논의되고 있지만 행정심판 제도가 행정청 내부에서 국민의 권리구제 기회를 부여하는 것이기 때문에 권리구제 실효성 측면에서 국민권익위원회가 행정심판을 담당하는 것이 더욱 효과적이다. 따라서 국민권익위원회는 현행 국무총리 소속 조직을 유지하면서, 부패방지담당 부위원장과 부패방지국에서 담당해왔던 기능을 '국가청렴위원회'로 이관한다. 현재 장관급 위원장으로서 국회 인사청문회 대상이 아닌데 「인사청문회법」(제6조 제3항)과 「국회법」(제65조의2 제2항) 개정을 통해 국민권익위원장과 신설될 국가청렴위원장도 국회 인사청문회를 거쳐야 한다.

5. 소결

행정지원에 필요한 예산편성 기능을 국고·회계와 분리함으로써 정부 재원에 대한 강력한 통제 권한을 분리하고, 예산을 통한 전략적인 정부기관 통제가 가능해진다. 따라서 현행 기획재정부의 기획·예산 기능을 분리하여 '기획예산부'를 설치하고, 소속 외청으로 통계청을 두는 방안을 제안한다. 또한 현행 기획재정부의 세제·국고·회계 기능은 '재정부'에서 담당하도록 한다.

중앙정부와 지방정부의 행정관리 기능은 현재와 같이 행정안전부가 담당한다. 별도의 지방자치 전담 부처를 설치하는 대안이 논의되고는 있으나 보편적 행정서비스의 보장, 자치재원의 안정적 확보, 실질적 분권화의 실현 측면에서 어려움이 존재한다.

공무원 인사·윤리·복무·연금 사무를 관장하는 독임제 행정기관으로 인사혁신처는 인사처로 명칭을 변경하고, 공무원정원관리 기능을 행정안전부에서 이관받는다.

과거 국정홍보처와 같은 별도 기관을 만들자는 논의가 있으나, 현재 대통령비서실과 문화체육관광부(국민소통실)에서도 국정의제에 대한 소통과 정부 사업 홍보 기능을 잘 구현하고 있다고 보고, 관련 기능을 현재와 같이 문화체육관광부에 둔다.

감사원은 일부 감사위원 선임에서 국회의 추천을 부가하고, 법제처는 현재의 국무총리 소속 조직과 기능을 유지한다. 국민권익위원회는 고충처리와 행정심판 기능을 수행하고, 부패방지 기능은 신설 국가청렴위원회로 분리한다.

〈표 5-2〉 지원통제 기능과 조직 개편안

구 분	대안 및 내용
기획과 예산	1) 기획재정부를 기획예산부와 재정부로 분리 - 기획재정부의 기획·예산 기능을 분리하여 기획예산부 설치 - 예산을 통한 국가 기획 수행을 위해 部형태 조직과 국무위원이 타당함 - 통계청은 기획예산부 소속으로 분류
행정관리	1) 행정안전부 체제 유지 2) 별도의 자치부 설치는 부적절 - 중앙-지방 사무 조절 및 자치재원의 효율적 확보를 위해 국가행정관리를 총괄하는 행정안전부가 자치행정 지원을 담당하는 것이 타당 3) 인사혁신처를 인사처로 명칭 변경 - 공무원 정원관리 기능을 행정안전부에서 인사처로 이관 4) 책임운영기관 제도 폐지 - 공공성이 강한 조직은 행정기관으로 환원 - 민간부분과 경쟁하고 자율성 강화가 필요한 조직은 민영화 추신
법제·국정홍보	1) 법제처 기능 유지 2) 국정홍보 기능 별도 조직 설치는 부적절 - 현재와 같이 문화체육관광부(국민소통실) 유지
통제	1) 감사원 독립성 강화 - 감사위원 6인 중 3인은 국회의 추천을 받고 감사원장이 제청 2) 국민권익위원회 기능 조정 - 고충처리와 행정심판 기능 수행 - 부패방지 기능은 국가청렴위원회로 이관(제6장에서 논의)

제6장

국가질서유지 기능과 조직

"

국가 및 사회질서 유지 기능은 대체로 현행 국가정보원, 국가인권위원회, 국민권익위원회(부패방지), 행정안전부(재난안전 · 비상대비), 외교부, 통일부, 국방부, 법무부, 경찰청, 해양경찰청, 소방청 등이 수행하고 있다.

"

1. 외교통일

1) 통일·대북협력 조직

외교부는 외교, 재외국민 보호 등의 기능을 수행하고 있고 통일부는 대북협상, 대북협력 및 지원, 북한이탈주민 지원 등의 기능을 수행하고 있다. 노무현 정부는 통일부의 대북협력 확대 기조가 미국, 중국, 일본 등 주변 강대국과의 외교적 공조 강화 기조에 앞서가고 있는 인상을 주었다. 이와 달리 이명박 정부에서는 천안함 폭침·연평도 도발등을 겪으면서 남북대화·인도적 지원은 위축되었고, G20 정상회담 및 핵안보정상회담 등을 통해서 주변 국가와의 외교적 공조를 강화하는 모습을 보였다. 박근혜 정부는 튼튼한 안보를 바탕으로 남북 간 신뢰를 형성함을 골자로 하는 한반도 신뢰프로세스를 내세우며, 정권 초반 주변 국가와의 공조에 많은 노력을 하였으나, 개성공단 가동 중단과 목함지뢰 도발, 북핵문제 위기 상황 속에 사드(THAAD) 배치 문제로 중국과 대북제제 공조의 어려움을 겪기도 하였다. 앞으로 북핵문제, 사드 문제, 종전선언 문제, 대북협력지원 사업, 북한이탈주민 국내 송환 및 정착 등 대북 관련 기능이 미국, 중국, 일본, 러시아 등 주변 국가와의 긴밀한 협조 관계 속에서 논의되어야 한다.

특히 최근 한반도 주변 정세가 과거에 비해 더욱 복잡해짐으로 인해 주변 국가와의 전략적 유대관계 강화가 더욱 중요해지고 있다. 김정일 위원장 사후 김정은 체제 출범으로 정세가 급변하고 있으며, 신 지도부의 대남·대외 정책방향이 불투명한 상황으로 한반도 정세의 유동성과 불확실성이 한층 증대되고 있기 때문이다. 김정은은 집권 이후, 장성택 등 측근 숙청과 친정체제 구축을 완료하였고, 3~6차에 이르는 핵실험 도발을 통해 위기를 고조시켜 왔다. 이러한 상황에서 통일부와 외교부는 현재의 한반도 정세와 북한 상황을 예의 주시하고 전략적이고 능동적인 정책을 통해 평화와 교류협력의 토대를 마련하는 정책을 추진하고, 미국·중국·일본 등과의 전략적 유대관계를 강화하고 있다.

이와 같이 통일·대북협력이 주변 국가와의 긴밀한 협조를 통한 외교적 관점에서 추진되는 상황에서 통일부의 기능을 축소하거나, 외교부와 통합이 필요하다는 논의가 제기되고 있다. 우선 통일부를 '대북협력처' 형태로 축소 개편하는 대안이 있다. 하지만 분단국가에서 차지하는 통일정책의 중요성과 통일에 대비하기 위한 장기적인 정책적 노력의 필요성을 감안한다면 통일 전담 국무위원을 두고 部 수준에서 통일정책을 추진하는 것이 타당하다.

다음으로 통일부와 외교부를 통합하고 대북협력 및 협상을 '외교통일부'가 담당하는 대안을 검토할 수 있다. 북한이 국제법상으로는 대한민국과 대등한 국가이지만 대한민국 헌법상으로 북한을 포함한 한반도 전역이 대한민국 영토이고 북한주민도 대한민국 국민인 점을 감안한다면 국가간 관계인 외교의 관점에서 대북관계를 보기 어렵다. 통일 전 독일의 경우 '내독부'를 둔 사례도 참조한다면 통일부와 외교부의 통합 대안을 선택하기 어렵다. 그뿐 아니라 통일부와 외교부가 병렬적으로 통합된다고 하더라도 部의 주요 기능이 외교적 차원으로 경도됨으로써 기대와 달리 통일정책과 외교정책의 시너지효과가 크지 않을 우려가 있다.

따라서 현재의 통일·대북협력 체제인 외교부의 주변국 협력 주도와 통일부의 대북 협상과 실무 집행 체계를 유지하는 것이 타당하다. 외교부와 통일부의 현재 기능과 조직을 유지하되 대북협상에서 통일부와 외교부의 적절한 견제와 균형이 작동될 수 있도록 대통령비서실의 주도력을 확립할 필요가 있다.

통일부는 현재와 같이 장관과 차관을 둔다. 내부 조직으로 기획조정실·통일정책실·정세분석국·교류협력국·인도협력국·남북협력지구발전기획단을 둔다. 통일부 소속기관으로 남북회담본부·통일교육원·한반도통일미래센터·남북출입사무소·북한이탈주민정착지원사무소 및 남북교류협력협의사무소·개성공단 남북공동위원회 사무처·북한인권기록센터 등을 둔다. 통일부 산하 공공기관은 남북교류협력지원협회와 북한이탈주민지원재단 등 2개이다.

2) 국제협력 조직

한국은 2010년 OECD 개발원조위원회(DAC)에 가입하여 세계 최초로 '원조를 받는 나라에서 원조하는 나라'로 전환됨에 따라 그 어느 때보다 국제사회에 대한 책임성 확보 요구가 높은 상황이다. 하지만 공적개발원조(Official Development Assistance, ODA)를 유상 ODA(현재 기획재정부 관할하 한국수출입은행이 담당)와 무상 ODA(외교부 관할하 한국국제협력단이 담당)로 나눈 이원화 구조를 형성하고 있는데 이를 통합 관리하는 외교부 외청으로 '국제개발협력청'을 신설하자는 의견이 있다.

하지만, 현재 민간기구인 한국국제협력단(Korea International Cooperation Agency, KOICA)이 효과적으로 ODA 정책을 추진하면서 높은 대외 인지도를 유지하며 관련 기능을 충실히 하고 있어, 새로운 조직을 신설할 필요성이 크지는 않다. 각 부처 및 지자체에 분산 추진되고 있는 ODA를 일관적으로 선정·집행·평가하는 데 어려움을 극복하기 위하여 국무조정실의 국제개발협력위원회를 실질적으로 운영하여야 한다. 국제개발협력위원회가 효과적으로 작동하면 한국의 ODA의 체계적인 관리와 국제적 홍보가 가능해진다.

3) 재외국민 보호 조직

현재 대한민국 재외동포[1]의 규모는 743만 명에 이르고 있는 상황으로, 이들을 보호할 수 있는 전담 기관이 필요하다는 지적이 계속되어 왔다. 또한 2012년 4·11 국회의원선거를 시작으로 재외국민이 등록한 후 투표에 참가하는 등 재외국민 권익 향상에 관심이 높아지고 있다.

따라서 현재 여러 부처에 산재해 있는 재외국민 관련 기능을 하나로 통합하여 외교부 외청으로 '재외국민청'을 신설하는 대안을 논의할 수 있다. 여러 부처에 산재해 있는 재외국민 보호 기능을 한 곳으로 통합할 경우 특정 조직의 하위조직보다는 단독 행정기구가 타당하다. 재외국민 보호·지원의 업무량과 비중이 部 수준으로 하기에는 적절하지 않고, 위원회 조직의 경우 정책의 추진력과 책임성 확보에 상대적으로 어려움이 있다. 또한 재외국민 정책 전담조직은 외교부와 긴밀한 관계를 형성해야 하며, 정책적 기능보다는 집행 기능에 우선순위를 두어야 하기 때문에 청 단위 조직이 타당할 것이다.

하지만 대부분의 재외국민 보호정책이 재외 영사 업무와 중복이 된다. 국내에 재외국민청을 설치하고 국외에 사무소를 개설하거나 주재원을 상주시킬 경우 해당 국가 주재 영사관과 업무 중복 및 혼란이 발생할 우려가 있다. 따라서 재외국민청을 설치하는 것보다 재외 영사 기능을 강화하는 것이 오히려 바람직한 대안이 될 것이다.

외교부는 현재와 같이 장관과 2명의 차관을 둔다. 제1차관은 기획조정실·의전기획관·동북아시아국·남아시아태평양국·북미국·중남미국·유

1) 외국에 거주하는 사람 중 대한민국 국적을 가진 재외국민과 한국계 혈통을 가진 외국국적자를 포함하는 개념이다. 이들이 외국에만 거주하는 것이 아니라 재외국민 중 국내에 일시 거주할 경우 주민등록을 하게 되는데 그 숫자도 2018년 2월 기준 4만 6,832명에 이른다.

럽국·아프리카중동국의 업무를 관할하고, 제2차관은 원자력비확산외교기획관·국제기구국·개발협력국·국제법률국·문화외교국·재외동포영사국·양자경제외교국·기후변화환경외교국의 업무를 관할한다. 한반도평화교섭본부에는 북핵외교기획단과 평화외교기획단을 둔다. 외교부 소속기관으로 국립외교원과 대한민국재외공관을 둔다. 외교부 산하 공공기관은 한국국제협력단, 재외동포재단, 한국국제교류재단 등 3개이다.

2. 국가안전정보

북한의 김정은 체제 출범, 중동국가의 체제불안과 내전, 동아시아 해양영토분쟁 등 대외정세는 앞으로 더욱 불확실해질 전망이다. 이명박 정부 시기에 천안함 폭침, 연평도 포격, 국가 주요 기관에 대한 사이버 테러공격 등 크고 작은 도발을 계속하였던 북한은 박근혜 정부 시기에도 한수원 해킹사건, DMZ 목함지뢰 사건과 최근에는 6차 핵실험까지 도발을 이어왔기 때문에 국내·외적으로 국가안전을 위한 효율적인 첩보활동의 중요성은 여전히 크다.

국가정보원은 국가안보에 관련된 정보의 수집 분석 및 첩보 활동을 하고 있다. 대외, 대북, 국내 부문으로 나누어져 있는데 향후 국내에 비해 대외와 대북 정보 기능이 대폭적으로 강화될 필요가 있다.

2018년 1월 14일 청와대에서 발표한 권력행정기관 개편방안에 따르면, 국가정보원은 명칭을 '대외안보정보원'으로 변경하고, 대외, 대북 분야 업무만 담당하게 된다. 기존 대공수사권은 경찰로 이관하여 기존 경찰 대공

수사 기능이 포함된 경찰청 내에 설치될 '안보수사처'가 대신한다. 이에 앞서 2017년 11월 29일 국가정보원이 자체적으로 마련한 국가정보원법 개정안에서도 기관 명칭을 '대외안보정보원'으로 변경하고, 직무 범위에서 국내 보안정보를 삭제하며, 대공수사권을 포함한 모든 수사권을 다른 기관에 이관하거나 폐지하는 내용이 담긴 바 있다.

하지만, 이와 같이 대외, 대북 정보 기능 위주로 조직 개편을 하더라도, 이와 연계되는 국내 정보 기능의 중요성을 생각할 때, 명칭은 '국가안전정보처(National Security Intelligence Service)'로 하는 것이 적절하다고 본다. 개편되는 조직은 대외, 대북 정보 기능을 대폭 강화하면서, 동시에 세계적 수준의 한국 기술의 국외유출 가능성이 현실화됨에 따른 한국 기술보안을 위한 공작, 수사, 홍보 등의 국가안전정보 기능을 강화한다.

개편되는 '국가안전정보처'는 대통령과 국무총리 등 최고의사결정자를 지원하는 기관으로서의 위상을 재정립하는 것이 필요하다. 또한, 비밀정보기관의 성격상 막강한 권한을 가진 기관으로서 기관장의 직급을 지나치게 높게 설정하는 것은 바람직하지 않다. 현재 국가정보원장은 장관급이나 실질적으로는 총리와 장관의 중간 위상을 가지고 있다. 향후에 국가안전정보처장은 명실공히 장관급 위상과 예우를 받는 것이 적절하다. 현재 4인의 차관급 체제(3명의 차장과 기조실장)를 국제, 대북, 기획조정 사무를 담당하는 3인의 차관급 차장 체제로 개편한다.

3. 국방

국방부는 자주국방 및 현대화 비전하에서 장기 거대 개혁과제를 수행하고 있다. 국방부는 현재의 합동참모본부 중심으로 육·해·공군 3군의 통합성을 강화하고 있으며, 군 병력자원의 감소에 대응하여 부사관 증원 등 전투력 보강 계획을 수립하고 추진 중에 있다. 전시작전통제권 환수에 대비하고, 북한의 불안정한 위기상황에 신속하고 효과적으로 대응할 뿐만 아니라 남북한 통일 이후의 한반도 전체의 국방을 책임지는 군과 국방행정 체제를 마련하여야 한다.

특히 북한 김정은 체제 내부 불안정사태 발생 가능성과 대남 도발 가능성이 상존하고 있는 상황에서 국내 비상대비 기능을 공고하게 유지하는 것이 필요하다. 독도에 대한 일본의 영토 주장과 중국의 영해·영공에 대한 위협이 지속되고 있어 국지적 군사충돌에 대한 대비도 필요한 시기라 할 수 있다. 따라서 현재 행정안전부 재난안전관리본부의 비상대비정책국이 담당하고 있는 정부 및 공공기관의 전시비상훈련과 민간자원동원계획 기능을 국방부로 이관하는 대안을 제안한다. 국방부의 문민화가 상당히 진행되었기 때문에 민간인을 상대하는 비상대비 기능을 국방부가 수행하는 데 큰 문제가 없다. 국방부 내부에서 비상대비 기능을 수행함으로써 실제 전쟁 발생 시점에서 부처 간 조정의 비효율을 줄일 수 있다고 판단된다. 국방부 내부에 별도의 위원회 형태로 비상기획위원회를 설치할 수도 있지만, 신속하고 효과적인 비상대비를 위해 현행 행정안전부 내에서 운영되는 형태와 같이 '비상대비정책국' 수준에서 비상대비 기능을 수행하는 것이 타당할 것이다.

국방부는 현재와 같이 장관과 차관을 둔다. 내부 조직으로 기획조정실·국방정책실·인사복지실·전력자원관리실·비상대비정책국 등을 두며, 소속기관으로 국방전산정보원·국방홍보원을 둔다. 소속 외청으로 병무청과 방위사업청이 있다. 국방부 산하 공공기관은 한국국방연구원, 국방과학연구소(ADD), 전쟁기념사업회, 호국장학재단 등이다. 국립서울현충원은 국가보훈처 소속기관으로 변경한다.

국방부 소속의 병무청과 방위사업청은 현행을 유지하는 것이 적절하다. 병무 업무와 향토예비군 업무의 지방이양을 검토할 수 있으나, 업무의 국가표준적 성격과 병무 업무의 투명성을 고려할 때 국가사무로 유지하는 것이 적절하다고 본다. 방위사업청의 무기획득 기능은 군 전력과 예산규모 면에서 매우 중요한 비중을 갖고 있기 때문에 전문성과 함께 투명성을 확보할 수 있는 방안을 모색하여야 한다. 방위사업청을 국방부 내부 조직으로 전환하자는 논의가 있으나 개편의 비용이 크고 전문성이 약화될 것이므로 현행 외청 형태를 유지한다. 방위사업청의 감사 기능을 강화하기 위한 대안으로 외부인이 참여하는 감사위원회 운영을 제안한다. 또한 방위사업청이 일반직 공무원과 군인으로 구성된 이원적 신분구조에서 발생하는 문제를 해결하기 위해, 점진적으로 군인 신분을 일반직 공무원으로 전환하는 방안을 고려해 볼 수 있다.

4. 국가보훈

국가보훈은 국가체제 유지에 공헌한 자를 기리고 그 가족 후손을 지원하는 기능이다. 업무량과 예산규모로 보면 部로 설치하기 어려우나, 국가존립의 상징성을 감안한다면 독립유공자, 민주화유공자, 군경찰유공자 등에 대한 예우적 성격의 지원기능을 별도의 행정기관에서 수행하는 것이 요구된다. 외청(예: 보건복지부 소속의 국가보훈청)의 형태는 상징성을 확보하는 데 어려움이 있으므로 현재와 같이 처 형태를 유지하는 것이 바람직하다. 국가보훈처장의 예우는 장관과 차관의 중간 수준의 예우를 받는 차관급이었으나, 문재인 정부 출범 후 장관급으로 격상되었다. 하지만, 유공자 등의 예우적 성격의 지원 기능의 중요성을 감안하더라도, 部의 장관과 동일한 위상을 가지는 장관급의 직위는 적절하지 않으며, 보훈처장의 예우는 장관과 차관의 중간 수준의 예우를 받는 차관급으로 하는 것이 적절하다.

현재 국방부 소속 국립서울현충원을 국가보훈처 소속으로 변경하여 현충원(서울, 대전)과 호국원(이천, 영천, 임실, 산청, 괴산, 제주)을 국가보훈처가 통합적으로 관리하는 것이 적절하다.

5. 법무

1) 법무부

민주주의에 의한 선거가 자리 잡는 한편 서민·사회적 약자 보호 요구가 증대되고 소셜미디어·온라인 서비스가 급속도로 전파되는 등 법무부와 관련된 환경들도 변화하고 있다. 법무부는 이러한 환경에 효율적으로 대응하기 위해 선진 법치국가를 비전으로 형사법무, 검찰감독, 출입국관리, 교정, 인권보호 등의 기능을 수행하고 있다.

법무부가 수행하고 있는 검찰·국가송무·교정·보호관찰·인권보호·출입국 관리 업무 중에서 국민생활과 밀접한 관계를 가지는 교정·보호관찰 기능의 전문성과 효과성에 대한 사회적 요구에 대응하여 두 기능을 통합한 '교정청'을 법무부 외청으로 분리하자는 논의가 진행되고 있다. 과거 교정이나 보호관찰의 기능이 범죄자의 처벌과 격리·감시에 중점을 두었던 것에 반하여, 최근 수용자의 인권보호나 재사회화를 중시하는 법무행정으로 변화하기 위하여 기능의 분리와 전문화가 강조되는 것이다.

법무부도 이러한 교도·보호관찰 기능에 대한 사회적·시대적 요구를 반영하여 교도행정에 대한 내부적 전문성을 강화하기 위해 기존의 교정국을 교정본부(1부 2정책관 9과로 출범하여, 현재 2정책단 8과로 개편)로 확대 개편하면서 교도 행정의 전문성과 기능적 독립성을 강화하였다. 또한 재소자의 인권과 출소자의 재범이 사회적 문제로 대두됨에 따라 교정·보호관찰을 별도의 조직에서 전담하기보다는 법무부 인권국과 범죄예방정책국 등 내부 조직과 긴밀하게 연계하는 것이 중요하다. 따라서 교도, 보호관찰 분야를 단순한 집행적 성격을 강조하는 외청으로 즉시 독립하기

보다는 당분간은 현재의 본부 조직을 유지하면서 전문성 강화와 형사법무와 검찰 기능과의 연계성을 강화하는 것이 바람직할 것이다.

법무부는 현재와 같이 장관과 차관을 둔다. 내부 조직으로 기획조정실·법무실·검찰국·범죄예방정책국·인권국·교정본부를 두며, 소속기관으로 법무연수원·치료감호소·지방교정청·소년원·소년분류심사원·보호관찰심사위원회·보호관찰소·위치추적관제센터·외국인보호소를 두며, 지방교정청 소속하에 교도소 및 구치소를 둔다. 정부조직 개편을 할 경우 법무부 소속 외청으로 기존 검찰청과 출입국외국인정책본부가 확대·개편될 출입국이민청을 두게 된다. 법무부 산하 공공기관으로 대한법률구조공단, 정부법무공단, 한국법무보호복지공단을 둔다.

2) 출입국·이민 조직

통상의 확대와 함께 외국인 근로자와 유학생이 증가하면서 2018년 현재 국내체류 외국인이 200만 명을 넘어섰다. 이에 따라 출입국관리 기능이 강화되고 조직이 확대될 필요성이 있다. 또한 국내에 거주하는 외국인과 외국출신자들의 안정적인 정착을 지원하고 개별 부처에서 산발적으로 추진 중인 다문화 관련 정책을 효과적으로 통합하는 것이 필요하다.

따라서 법무부 소속 외청으로 '출입국이민청'을 신설하는 대안을 제안한다. 출입국이민청은 법무부의 출입국외국인정책본부를 확대·개편하고, 출입국관리사무소를 관장하게 된다. 그리고 보건복지부, 여성가족부, 법무부, 교육부, 행정안전부, 문화체육관광부, 고용노동부, 농림축산식품부 등 유관기관의 다문화가정 지원정책을 통합한다. 출입국이민청은 청장(차관급)하에 차장을 두고, 기획조정관·출입국정책국·이민정책국·체류자정책국·사회통합국을 두고, 소속기관으로 출입국관리사무소를 둔다. 출입국이민청 산하기관으로 IOM이민정책연구원을 둔다.

3) 검찰청

검찰은 사정기관이자 권력행정기관으로 자리매김해 왔으나 검찰에 대한 불신 극복, 법 적용의 투명성 제고의 과제를 여전히 안고 있다. 검찰은 국민에게 신뢰받는 공정한 법집행, 온-오프라인을 총괄하는 법질서 확립, 범죄 예방, 급변하는 현실에 적응하기 위한 선진 법무행정을 추구해야 한다.

법무부 소속 검찰청의 조직은 대법원-대검찰청, 고등법원-고등검찰청, 지방법원-지방검찰청으로 법원과의 업무 대응 체계를 갖추고 있다. 법관의 직급상 예우가 행정부 공무원에 비해 높은 실정에서 검사의 예우도 이에 상응하여 높인 점은 인정할 수 있다. 그러나 검찰청 간부직 공무원의 직급 예우가 행정부의 타 권력행정기관이나 교육기관 공무원에 비해 상대적으로 높은 점은 범정부조직 진단 과정에서 매번 지적되고 있는 사항이었다. 권력행정기관의 하나인 검찰청 간부의 직급이 높은 것은 바람직하지 않다. 고등검사장급(대검 차장, 법무연수원장과 서울, 부산, 대구, 대전, 광주의 5개 지방 고등검사장)을 차관급으로 예우하고 검사장은 1급(고위공무원단 가급) 상당으로 예우하는 것이 적절하다.

한편, 2018년 1월 청와대에서 제시한 권력행정기관 개혁 방향에 따르면, 수사권의 일부가 경찰로 이관된다. 구체적으로 경찰이 1차적으로 수사를 개시하고 수사를 완료하면, 검찰은 공소제기 및 유지기관으로서 부족한 부분만 보충 수사하는 방향으로 조정되는 방식이다. 경찰 수사권 독립이 실현된다고 하여도 검찰의 수사권 독점으로 인한 문제가 모두 해결된다고는 볼 수 없으며, 검사장 예우 직급 조정, 특별감찰관 제도 확대와 국민권익위원회에서 분리·신설되는 '국가청렴위원회' 등의 보완이 필요하다.

4) 고위공직자비리수사처 설치 논의

2018년 2월 국제투명성기구(Transparency International, TI)에서 발표한 2017년 부패인식지수(Corruption Perceptions Index, CPI)에서 한국은 180개국 중에서 51위를 차지했다. OECD 회원국가 35개국 중에서는 29위에 해당한다.[2] 2017년 IMD 국가경쟁력 순위 29위, WEF 국가경쟁력 순위 26위, 2016년 UN 전자정부 순위 3위와 같은 외형적 국가 역량과 비교하면 한국의 부패 문제 해결은 시급한 과제이다. 특히 대통령 친인척·측근 비리, 고위공직자 비리와 같은 권력형 비리는 정부에 대한 국민의 신뢰를 악화시키고 국정운영을 마비시키는 결과를 초래하기 때문에 엄정한 수사가 이루어져야 한다.

이러한 관점에서 '고위공직자비리수사처' 설치가 논의되었고 2018년 1월 14일 청와대에서 발표한 권력행정기관 개혁 방안에 포함되어 있다. 기소권을 독점하고 있는 검찰이 권력형 비리사건에 대해 중립적이고 엄정한 수사를 하지 않을 개연성이 존재하기 때문에 주요 공직자와 그 가족·친인척의 부패만을 별도로 수사·기소할 수 있는 중립성과 독립성이 보장되는 특별수사기관이 필요하다는 관점이다.

하지만 현재 수사 체계에서 검찰로부터 독립된 별도의 수사기관을 신설하는 것이 현실적으로 쉽지 않다. '고위공직자비리수사처' 설치가 이른바 정치검찰에 대한 견제장치로 논의되고 있다는 점을 감안한다면 별도의 기관 설치 이전에 검찰 내부의 쇄신 노력과 특별검사제도 운영을 통해 보완해 나가는 것이 타당할 수 있다. 또한 공직자의 비리와 부패를 개인의 문제로 볼 경우 해당 공직자를 처벌하는 것으로 문제를 해결할 수 있지만, 한국 공공부문에 내재하고 있는 문화의 문제로 볼 경우 공공부문 내부에

2) 국민권익위원회 보도자료. (2018). 국제투명성기구(TI)의 '17년 부패인식지수(CPI)발표'에 대한 국민권익위원회의 입장, 2월 22일.

반부패 의식 확산이 선행되어야 한다.

고위공직자비리수사처를 신설하는 대신 현재 설치되어 있는 특별감찰관[3] 기능을 확대하는 대안을 제시한다. 특별감찰관은 특별감찰관법에 따라 설립된 기구로서 대통령의 친인척 등 대통령과 특수한 관계에 있는 사람의 비위행위에 대한 상시적 감찰을 담당한다. 대통령 소속이지만 직무에 관하여는 독립된 지위를 가진다. 현재 특별감찰관법에 따른 감찰대상자는 대통령의 배우자 및 4촌 이내 친족과 대통령비서실의 수석비서관 이상의 공무원이다. 특별감찰관은 감찰대상자에 대한 출석·답변 및 각종 자료 제출권과 함께 일정한 요건하에 검찰총장에게 고발 혹은 수사의뢰를 할 수 있다. 이와 같은 감찰대상자를 대통령 소속기관[4]의 정무직 공무원과 대통령비서실(국가안보실 포함)의 비서관 이상으로 확대하고, 현재 감찰과 수사의뢰 수준에 머무르고 있는 권한을 1차적인 수사권을 포함하는 방향으로 특별감찰관 제도를 확대하는 대안을 제시한다. 현재 국회가 3명의 후보자를 추천하면 대통령이 인사청문회를 거쳐 특별감찰관을 임명하는데, 국회 추천을 2명으로 줄일 필요가 있다.

5) 부패방지 조직

아시아 주요 국가 중에서 싱가포르와 홍콩은 투명하고 부패와 거리가 먼 청렴 국가로서 명성을 이어가고 있다.[5] 이러한 반부패 국가로의 위

3) 특별감찰관법 제정(2014. 3. 18.)에 따라 시행

4) 대통령비서실, 국가안보실, 대통령경호처, 국가정보원, 감사원 등이 포함된다. 현재 대통령소속 방송통신위원회는 정부조직 개편을 통해 '정보매체부' 내부 위원회로 개편될 필요가 있다.

5) 국제투명성기구(TI)에서 발표한 2017년 부패인식지수(CPI)에서 한국은 100점 만점에 54점을 받았지만, 싱가포르는 84점, 홍콩은 77점을 받았다.

상 유지는 반부패를 책임지는 강력한 독립 기구의 존재를 바탕으로 한다. 1952년 검찰청 산하기구로 설치된 싱가포르의 반부패 조사기관인 '탐오조사국(Corrupt Practices Investigation Bureau, CPIB)'은 1960년 부패방지법의 제정과 함께 강력한 수사권과 사법권을 가진 기관으로 확대되어 오늘날 싱가포르를 아시아에서 가장 청렴한 국가로 만들고 있다. 탐오조사국은 총리 직속기관으로 공직자의 부정행위뿐만 아니라 민간부문의 부정행위까지도 조사 범위로 하고 있다. 부패방지법이 규정한 범죄에 관련된 정보가 접수되거나, 상당한 혐의가 있을 경우에는 영장 없이 체포할 수 있는 권한도 있다. 이 밖에도 은행계좌, 주식지분, 동산구입, 지출상태를 조사할 권한, 관련 기록, 물품의 제출을 요구할 권한이 있다. 더욱이 수사에 필요하다고 판단되면 혐의자의 재산과 서류를 압수, 수색할 수 있는 권한이 있다.

홍콩의 반부패 조사기관인 '염정공서(廉政公署, Independent Commission Against Corruption, ICAC)'는 1974년 2월 염정공서법의 제정에 따라 독립 감사 담당 기구로 설치되었다. 염정공서는 부패 조사 및 방지를 전담하는 독립기구로서 홍콩 정부의 어떠한 기관으로부터도 간섭을 받지 않으며, 책임자인 위원장은 행정수반이 직접 지휘 감독하고 있다. 염정공서는 부정부패 사건 신고 접수 및 수사와 함께 집행 기능도 가지고 있다. 증거물에 대한 압수 및 수색을 할 수 있으며, 체포영장 없이 48시간 내 혐의자를 억류할 수 있다. 부정부패의 소지가 있는 법령과 제도의 연구 및 개선을 통한 예방 기능도 수행하고 있다. 또한 공공에 대한 반부패 교육 및 홍보에 따른 교육·홍보 기능도 담당하고 있다.

이와 같은 맥락에서 국민권익위원회가 수행하고 있는 부패방지 기능을 분리하여 국무총리 소속 '국가청렴위원회'를 설치하는 방안을 제안한다. 국가청렴위원회는 주요 공직자와 공공기관의 부정부패를 조사·심의하고,

부패행위를 적발할 경우 검찰에 고발하여 수사를 개시할 수 있다. 이를 통해 국가지도층의 투명성을 제고할 수 있으며, 공공부문 전반에 반부패 의식을 확산시킬 수 있다. 또한, 부정청탁 및 금품등 수수의 금지에 관한 법률(약칭: 청탁금지법) 운영과 같이 사회 전반에 대한 부패 정책을 다루는 역할을 한다. 국가청렴위원회는 위원장(장관급)과 부위원장(차관급)과 7인의 비상임위원으로 구성하며 6인의 비상임위원은 행정부에 대한 독립성을 강화하기 위해 국회의 추천을 받도록 한다.[6] 국가청렴위원회 위원장은 국회 인사청문회를 거쳐 대통령이 임명한다.

6) 국가인권위원회

국가인권위원회는 인권보호, 인권침해조사, 인권보호권고 기능을 수행하는 무소속 독립기구이다. 검찰청, 경찰청, 국가정보원, 관세청, 해양경찰청, 군(軍) 등 물리적 권력으로부터의 인권침해 사례가 지속적으로 보고되고 있는 상황에서 인권침해 신고와 조사 기능 조직은 정부로부터 독립성을 확보하는 것이 매우 중요하다.

권고적 성격을 갖는 국가인권위원회의 처분이 행정처분의 성격을 갖고 있지 못한 상태에서, 처분의 실효성을 제고하기 위해서는 법무부 내의 기구로 전환하는 대안이 논의되고 있다. 하지만 국가인권기구가 국가권력의

6) 부패방지위원회는 2001년 7월 제정된 부패방지법을 바탕으로 2002년 1월 설치되었다. 그 이후 2005년 국가청렴위원회로 명칭이 변경되었다가 2008년 2월 국민권익위원회로 기능이 통합되었다. 대통령 소속하에 설치된 국가청렴위원회는 위원장 1인(장관급)과 상임위원 2인(차관급)을 포함한 9인의 위원으로 구성되며, 위원장과 상임위원은 대통령이 임명하고, 비상임위원은 대통령이 임명 또는 위촉하는데 위원 중 대법원장이 3인, 국회가 3인을 추천하였다. 위원회의 사무를 처리하기 위하여 위원회에 사무처를 두며, 사무처에 사무처장 1인과 그 밖의 필요한 직원을 두었다.

남용을 견제할 수 있으려면 입법·사법·행정 등 모든 국가기관으로부터 지위·권한·업무 및 재정적 측면에서 독립성을 확보하는 것이 필수적이다. 이러한 내용은 「국가인권기구의 지위에 관한 원칙(파리원칙, UN GA Resolution 48/134)」에도 천명되어 있다. 따라서 국가인권위원회의 투명하고 독립적인 운영을 위해 현재의 무소속 독립기구 체제를 유지하는 것이 바람직하다고 본다.

6. 경찰

경찰과 검찰의 수사권 문제가 지속적으로 제기되고 있다. 장기적으로 경찰의 수사권 독립 방향으로 간다고 할 때, 당분간 검찰과 경찰은 국민의 인권 보호를 위한 민주적 수사체제를 강화하고, 경찰은 자체적으로 공정성·투명성·전문성을 강화해야 한다. 수사권을 가진 경찰 권한을 견제하는 차원에서 자치경찰제가 조기 실시될 필요가 있다.

한국의 국제적 위상 향상과 함께 다양한 국제행사 개최가 늘어남에 따라 한국은 국제적 테러활동의 대상이 될 수 있다. 국가 위협 행위자들이 해로를 통한 밀입국을 시도하고 있고, 최근 중국 어선의 불법 어업 행위가 증가함에 따라 해양경찰 조직 역시 국가 치안의 틀 속에서 전략적으로 그 기능을 강화할 필요가 있다. 또한 성범죄와 같은 사회문제가 증가함에 따라 경찰은 치안 단속·수사뿐만 아니라 건전한 사회 형성을 위한 사전 예방적 활동도 강화해야 한다.

1) 경찰의 수사권 독립 논의

검찰과 경찰의 수사 구조에 대해서 민주적인 수사구조 기틀 마련, 수사권 분권 등을 내용으로 하는, 검찰로부터의 경찰 수사권 독립에 관한 논의가 정부가 바뀔 때마다 계속되어 왔다. 현재 경찰은 「형사소송법」 제196조에 따라 경찰 본연의 업무인 수사에 관하여 검사의 지휘를 받는다. 「검사의 사법경찰관리에 대한 수사지휘 및 사법경찰관리의 수사준칙에 관한 규정」에서 검사의 지휘 내용을 구체적으로 정하고 있다. 수사 도중에 검사의 수사지휘권을 통해 검찰에 사건을 이송하게 될 경우 경찰은 수사 및 사건의 결과를 마무리 짓지 못하게 된다.

이처럼 검찰이 수사권과 기소권을 모두 갖고 있어 검찰의 권한이 비대해지고, 검찰을 견제하거나 통제할 수 있는 기관이 없는 상황에서 검찰이 수사 책임을 불분명하게 할 경우에는 국민 인권침해에 가까운 권리 박탈의 문제를 갖게 된다. 경찰에서 조사를 받은 것을 검찰에서 다시 그대로 받게 됨으로써 국민들에게 이중의 불편을 갖게 하며, 반복되는 조사와 더불어 검찰의 상당기간의 수사 지연은 인권침해의 소지가 있다고 볼 수 있다.

2018년 1월 14일 청와대가 발표한 권력행정기관 개혁 방안에 수사권 조정 관련 논의가 포함되어 있다. 경찰이 1차적으로 수사를 개시하고 수사를 완료하면, 검찰은 공소제기 및 유지기관으로서 부족한 부분만 보충 수사하는 방안이다. 여기에 경찰은 국가정보원의 대공수사 기능까지 이관받는다. 비대해진 경찰 권한의 오남용 방지를 위해 수사경찰과 행정경찰을 분리하고, 자치경찰제를 전국으로 확대하며, 외부적으로 경찰위원회를 실질화 하는 방안이 함께 제시되었다.

미국과 일본의 경우에 부분적으로는 검찰이 경찰을 지휘 또는 지시할 수 있지만 경찰은 독자적인 수사권을 인정받고 있다. 하지만 자치경찰제도를 시행하고 있고 주민투표로 통제하는 등 경찰 수사권에 대한 다양한 통제수단이 존재한다. 수사권의 본질은 강제적 처분이 뒤따르는 것이기 때문에 이에 대한 제도적 통제 시스템이 마련되어야 한다. 정보, 보안, 교통, 방범 등 다양한 활동을 하고 있는 경찰이 독립적인 수사권마저 갖게 된다고 할 경우 검찰 권력화에 대한 비판에 편승하여 외부통제가 어려운 거대한 경찰 조직이 될 우려가 있다. 특히 경찰 조직의 비리 및 부패 등의 문제로 인해 국민의 신뢰가 낮은 상황에서 성급한 수사권 이관은 정치적 부담으로 작용할 수도 있다.

따라서 본격적인 수사권 독립에 대비해서 경찰은 전반적인 제도 정비를 통하여 경찰 조직 자체의 공정성, 투명성 확보에 노력해야 한다. 국민 인권 보호를 위한 문제는 수사권이 현재 비대한 권력기구인 검찰에서 경찰 조직으로 넘어간다고 하여 단순히 해결될 문제가 아니다. 국민을 위한 민주적인 수사체계를 위해서는 경찰과 검찰 모두 적절한 통제 제도를 마련하고, 법치주의하에서 국민의 인권보장을 위해 엄격한 절차 준수와 책임감으로 수사에 임해야 할 것이다. 현재 경찰위원회와 국립과학수사연구원을 행정안전부 소속으로 둔 것은 경찰청에 대한 통제를 위한 것이다. 현재 형식적으로 운영되고 있는 경찰위원회가 경찰 통제를 실질적으로 하게 하고, 자치경찰제도 조속히 도입되어야 한다. 경찰은 수사전문가 양성, 전문적이고 종합적인 수사교육, 수사지식공유 데이터베이스 등 전문가형 수사체계를 구축하여 수사 역량을 철저히 갖추는 것이 필요하다.

2) 자치경찰제도

김대중 정부 출범 이래 자치경찰제도의 도입 논의는 지속적으로 되고 있으나 경찰청의 저항과 관련 중앙부처와 국회의 방조 속에서 표류하고 있다. 지방자치의 실효성을 담보하기 위해서 주민생활 밀착형이면서 현장 서비스적 성격이 강한 교통관리, 방범, 행사 안전통제 등의 기능은 자치경찰 기능으로 지방정부에 이양하는 것이 필요하다. 자치경찰제는 지역 특수성을 반영하고, 치안서비스의 효율성을 제고함으로써 주민 만족도를 높일 수 있다는 기대효과를 가진다. 2018년 1월 14일 청와대가 발표한 권력 행정기관 개혁 방안에 자치경찰제 관련 논의가 포함되어 있다.

자치경찰제 도입과 관련하여 제주특별자치도에서 2006년부터 「제주특별자치도 설치 및 국제자유도시조성을 위한 특별법」 제7장 자치경찰(제87조~제119조)에 근거하여 시행되고 있는 자치경칠제도를 참조힐 수 있다. 현재 제주특별자치도에 한해 자치경찰제가 시행되고 있다. 자치경찰제도의 도입을 전제로 하면 현재의 경찰청은 자치경찰과 국가경찰로 나누어진다.

자치경찰은 설치 초기에는 교통관리, 방범, 대형행사 안전관리 기능을 수행하면서 제도가 정착된 후에 점차 식품접객업소 불법행위 단속, 오염 자연훼손 단속, 단순 폭행 수사 등으로 기능을 확대할 수 있다. 현재 시·도 소속의 소방본부 모형을 참조한다면 시·도 자치경찰위원회 소속으로 자치경찰청을 설치하는 것이 적절하다고 본다.[7] 자치경찰위원회 위원은 광역의회의 추천을 받아 광역단체장이 임명하는 것이 바람직하다.

국회에서 경찰개혁과 관련해서 자치경찰제 도입보다 검찰과 경찰의 수사권 문제가 우선적으로 다루어질 것으로 보인다. 하지만, 자치경찰제 도입에 대한 문재인 대통령의 의지가 강하고, 경찰청 내·외부로 관련 논의

---

7) 자치경찰의 운영형태에 관하여 기초(시·군·구)단위 '자치경찰대'로 선택적으로 도입하여야 한다는 견해, 광역(시·도)단위 '자치경찰본부' – 기초(시·군·구) 단위 '자치경찰대'로 의무적으로 도입하여야 한다는 견해 등 다양한 의견이 제시되어 있다(최철호, 2014).

가 활발히 진행되고 있는 만큼 자치경찰제 도입에 관한 구체적인 계획이 수립될 것으로 기대한다.

3) 해양경찰

국제통상과 교류의 확대에 따라 국경을 오가는 영역이 급속히 증대되고 이에 따른 사고 및 불법행위가 늘어나고 있다. 특히 북한, 중국, 일본과의 교류가 확대되면서 해양경찰 활동의 범위도 국내에서 점차 동북아시아로 외연이 확대될 수밖에 없다. 해양경찰의 특성상 선박을 주 장비로 하고 주된 행정 대상도 선박이고 해상으로 북한, 중국, 일본, 러시아 등과 가깝게 연결된 환경에서 해양경찰은 본질적으로 국제 경찰 성격을 갖게 된다.

현재 해양경찰청은 해양수산부의 외청으로 해상안전, 해상경찰, 불법출입국방지, 해양오염방제 등의 업무를 수행하고 있다. 지속적으로 해상으로의 불법 출입국 및 거래 방지 활동의 중요성이 높아지고 있는 현실을 감안한다면 국가질서와 안전관리의 관점에서 경찰과 해양경찰이 대등한 관계 속에서 상호 협력할 수 있도록 해양경찰청을 행정안전부 소속으로 이관하는 대안을 제안한다. 기존에 해양경찰이 수행하던 해양오염방제 기능은 해양수산부와 환경부가 수행하도록 조정되어야 한다.

4) 경찰 소속기관 개편 논의

경찰 기능에 대한 개방성을 확대하는 차원에서 각 군 사관학교와 유사한 형태의 경찰대학의 운영에 대한 재검토가 필요하다. 경찰의 신규 중간간부는 대학졸업자 특채와 5급 공무원고시 합격자 충원 방식으로 확보할 수 있으며, 현재 중앙소방학교에서 소방직 중간간부후보생을 선발 교육하는 제도를 참고할 수 있다. 따라서 관련 법률 개정을 통해 경찰대학과 중앙경찰학교를 통합하는 방안을 검토할 수 있다. 경찰교육원과 경찰수사연수원은 현행 유지한다.

경찰대학과 유사한 형태로 세무공무원 양성을 위한 세무대학이 1981년 첫 입학생이 입학하였으나, 설립 당시와 달리 국내 4년제 대학에 관련 학과가 개설되고, 양질의 교육을 받은 다수의 전문 인력이 관련 공무원 입직을 희망하는 현실을 고려하여 2001년 폐지되었다. 경찰대학의 경우도 세무대학과 같은 해인 1981년 처음으로 학생을 받고 출범하였다. 국내 다수 대학의 경찰학과, 경찰행정학과, 경찰법학과에 능력 있는 전문 인력이 양성되고 있어, 설립 취지가 부색해졌다. 또한 수사권 독립 등 경찰 권력의 비대화와 관련하여, 특정 그룹이 권력을 독점할 수 있다는 우려와 함께 경찰대학 폐지 주장이 탄력을 받고 있다.

2018년 1월 14일 청와대가 발표한 권력행정기관 개혁 방안에서도 경찰대를 개혁하여 수사권 조정 후 특정입직그룹이 경찰권을 독점하지 않도록 조치하겠다는 내용이 포함되어 있다.

7. 재난관리

1) 국민안전부 신설 검토

기후변화(지구온난화)로 인해 자연재해의 피해가 커지고 테러와 같은 사회적 위험이 증가함에 따라 행정안전부의 안전관리 기능, 경찰청, 해양경찰청, 소방청의 정책 기능을 통합하여 '국민안전부'를 신설하자는 논의가 있었다. 이미 박근혜 정부에서 세월호 참사에 따른 대응으로 해양경찰청과 소방방재청 조직을 흡수한 국민안전처를 신설하여 운영한 바 있다. 박근혜 정부의 국민안전처는 處 형태의 부처이나, 처장은 국무위원인 장관으로 사실상 部 형태와 같이 운영되었다.

한편, 재해와 위험은 전쟁과 같이 국가 전체를 대상으로 나타나기보다는 특정 지역에 한정되어 나타난다는 측면에서 자치행정 지원과 안전관리를 통합한 '자치안전부' 신설논의도 있다. 미국은 9·11테러 이후 대테러를 포함한 포괄적인 안보(Security)를 확립하고 내각장관급 기관인 국토안보부(Department of Homeland Security)를 신설하여 대테러, 연방수사, 출입국 및 국경관리, 재난관리, 해양경비 기능을 통합적으로 수행하게 하였다. 영국의 내무부(Home Office)는 출입국 및 국경관리, 치안을 통합적으로 수행하고 있고, 일본의 국가공안위원회는 경찰청을 관장하고 있다. 캐나다의 공공안전부(Public Safety Canada)는 재난관리, 긴급대응, 경찰, 밀입국통제, 통신망침해보안 등을 담당하고 있다.

국민안전부 혹은 자치안전부를 설치하였을 때 현재 경찰청, 해양경찰청, 소방청이 수행하고 있는 안전에 관한 정책 기능을 部로 이관하여야 하는데, 이들 청에서 部로 이관해야 할 정책 기능이 많지 않기 때문에 국민안전부가 部의 입장에서 처리해야 할 사무가 크지 않다. 또한 部와 외청 간의 역할이 나누어지면 현재 청이 수행하고 있는 정책결정과 일선집행의 연결고리가 단절되는 비효율이 나타날 수 있다. 박근혜 정부에서 국민안전처 형태로 운영한 바 있으나, 효율성에 대한 지적과 함께 해양경찰공무원과 소방공무원의 사기 저하 문제도 나타났다. 이에 문재인 정부 출범 후, 국민안전처를 해체하고, 다시 재난안전관리 기능을 행정안전부로 이관하며, 해양경찰청과 소방청 조직을 설치한 바 있다.

따라서 현재와 같이 국가 안전에 관한 기능은 청을 중심으로 수행하는 것이 바람직할 것이다. 部 단위에서는 최소한의 개입을 하고 대규모 재난 상황에서 경찰청, 해양경찰청, '소방방재청', 그리고 해당 지방정부 간의 업무를 연계·조정하는 역할을 수행하는 것이 타당하다. 국가정보원이 상당 수준의 대테러 첩보 및 대응 기능을 수행하고 있다는 점을 감안한다면, 현재와 같이 행정안전부에서 재난안전정책을 총괄하고 소속 외청인 경찰청·해양경찰청·'소방방재청'에서 일선 집행을 담당하는 것이 타당하다.

2) 소방과 방재

소방청은 행정안전부 소속으로 육상재난의 총괄대응 기관이다. 과거 소방방재청 시절에는 단순한 소방업무를 넘어 재난 관리 및 대비·예측을 폭넓게 담당하기도 하였다.[8] 최근 기후변화로 인해 자연재해의 예측이 더 어려워지고 그 규모도 커가고 있는 상황을 고려한다면, 보다 전략적이고 종합적인 대응을 통해 재난관리 총괄 기관으로서의 시스템 구축 및 위상 확보 노력이 필요하다.

---

8) 미국은 국토안보부 소속의 연방재난관리청(FEMA), 독일은 시민보호재난대응청, 노르웨이는 시민보호비상기획청, 스웨덴은 비상관리청을 설치·운영하고 있다.

소방청은 2004년 당시 행정자치부 민방위재난통제본부에서 외청인 소방방재청으로 승격된 이후, 2014년 국민안전처 하부조직인 중앙소방본부로 개편될 때까지 자연재해에 대한 대비와 복구의 방재 기능을 포함하여, 단순한 소방업무를 넘어 재난 관리 및 대비·예측을 폭넓게 담당하였다. 2017년 문재인 정부 출범 후, 국민안전처를 폐지하면서, 과거 소방방재청을 되살릴지에 대한 논의가 있었으나, 소방공무원들의 요구에 따라 방재 기능은 행정안전부가 담당하고, 육상재난 총괄대응을 담당하는 소방청을 신설하게 되었다. 소방청의 핵심 기능을 소방으로 보는 관점에서는 현재와 같이 소방업무를 전담하고, 자연재해에 대한 대비와 복구는 행정안전부에 유지하는 방안이 효과적이라고 보고 있으나, 소방이 담당하고 있는 긴급구조구급 기능은 화재뿐만 아니라 자연재해의 경우에도 공통적으로 적용되는 것이므로, 소방업무와 자연재해 업무를 구분할 실익이 크지 않다. 따라서 과거와 같이 방재 기능을 포함한 '소방방재청'으로 확대하는 것이 타당하다.

또한 대피와 복구에 민간이 참여하는 개념의 민방위업무는 전자전과 대규모 테러전으로 전개되는 시점에서 더 이상 적절한 개념이 아니라고 판단된다. 민방위 기능은 상시 대규모 안전사고 대응 교육 및 홍보 기능으로 전환될 필요가 있다. 따라서 민방위 기능은 소방과 구조구급 위주로 개편되어야 한다. 지역 현장에서 소방, 구조구급, 재난계획 경험이 풍부한 인력들을 소방방재청 본부 인력으로 대규모 충원함으로써 청 본부 조직과 시·도 소방방재본부 간의 협력을 강화하는 안도 함께 제시한다. 소방방재청장(차관급)을 소방총감 또는 방재전문가로 보임하게 하며, 청장이 소방직이 아닐 경우 차장은 소방정감으로 보임하여 특정직인 소방직의 전문성을 확보한다. 소방방재청 소속기관으로 중앙소방학교와 중앙119구조본부를 두며, 산하기관으로 한국소방산업기술원을 둔다.

8. 소결

대북 협력과 협상에서 외교부는 대외정책 차원에서 큰 방향을 설정하고, 통일부는 협력 사업과 협상을 구체적으로 집행하는 역할을 정립한다. 외교부는 재외국민 지원 기능을 강화하고, 국제개발협력 기능을 강화하기 위해 국무총리 소속 국제개발협력위원회 운영을 실질화한다.

국가정보원은 '국가안전정보처'로 개편되고, 대북 및 국제 첩보 기능에 집중한다. 국가보훈처장을 차관급으로 조정한다. 현재 행정안전부가 담당하고 있는 전시 비상대비 기능은 국방부로 이관한다. 방위사업청을 국방부 내부 조직으로 전환하자는 논의가 있으나 개편의 비용이 클 것이므로 현행을 유지한다. 병무청을 지방으로 이양하자는 논의가 있으나 병무행정의 전국적 통일성 차원에서 현행 유지한다.

외국인 노동자와 국내 유학생, 결혼 이민자 등 국내에 거주하는 외국인이 증가하면서 출입국 관리 기능을 강화하고, 이들의 안정적 정착을 지원하기 위해 법무부 출입국외국인정책본부를 확대·개편하여 출입국이민청을 제안한다. 검찰에 대한 견제로 고위공직자비리수사처를 신설하는 대신 특별감찰관 제도를 확대 운영하면서 보완해 나갈 필요가 있다. 공직자 부패방지 기능을 강화하기 위해 국민권익위원회의 부패방지 기능을 분리하여 장관급 국무총리소속의 국가청렴위원회를 설치한다. 국민권익위원회는 현재의 국무총리 소속 기관을 유지하고, 국가인권위원회는 무소속 독립기구로 유지한다.

경찰청은 본격적인 수사권 독립에 대비해서 경찰의 공정성, 투명성, 수사역량을 강화하고, 자치경찰제 도입을 추진한다. 해양경찰청은 국가질서와 안전관리의 관점에서 행정안전부로 소속을 변경한다. 소방청은 종합적인 재난관리 기능을 포함한 소방방재청으로 확대한다.

〈표 6-1〉 국가질서유지 기능과 조직 개편안

구 분	대안 및 내용
외교통일	1) 통일부 체제 유지 - 통일정책의 중요성 감안하여 단독 部 조직 타당 - '대북협력처', '외교통일부' 부적절 2) 외교부 체제 유지 - 별도의 '국제개발협력청' 설치보다 국무총리 소속 국제개발협력위원회를 실질적으로 운영 - 별도의 '재외국민청' 설치보다 재외 영사 기능 강화가 바람직
국가안전정보와 국방	1) 국가정보원을 국가안전정보처로 전환 - 장관급 처장하 3명의 차관급 차장 - 대북, 대외정보 기능 위주로 개편 2) 국방부 체제 유지 - 단, 행정안전부 소관 정부 및 공공기관의 전시비상훈련과 민간자원동원계획은 국방부로 통합 3) 병무청 체제 유지 4) 방위사업청 전문성 강화 - 국방획득 전문성 제고를 위해 국방부 외청 조직 유지 - 외부인이 참여하는 감사위원회 운영 - 군인 신분을 점진적으로 일반직 공무원으로 전환
국가보훈	1) 국가보훈처 체제 유지 - 처장은 장관과 차관의 중간수준의 예우를 받는 차관급으로 조정
법무	1) 교정·보호관찰 기능 강화 - 법무부 내부 교정·보호관찰 역량 강화 - 당분간 별도의 '교정청' 설치의 타당성 낮음 2) 출입국이민청 설치 - 출입국 관리 기능 강화를 위해 법무부 외청으로 설치 3) 검찰 예우 하향 조정 4) 고위공직자비리수사처 설치보다는 특별감찰관 제도 확대운영 5) 국가청렴위원회 설치 - 국민권익위의 부패방지 기능을 분리하여 국가청렴위원회 설치 6) 국가인권위원회 체제 유지 - 무소속 독립기구 체제 유지
경찰과 재난관리	1) 경찰의 자체 역량 강화 - 수사권 독립에 대비해서 경찰의 공정성, 투명성, 수사역량 강화 - 시·도 자치경찰위원회 소속으로 자치경찰청을 설치 - 장기적으로 경찰대학과 중앙경찰학교 통합 고려 2) 해양경찰청의 행정안전부로 소속변경 - 국가질서유지 관점에서 해양수산부 소속 해양경찰청을 행정안전부 소속으로 변경 3) 소방청을 방재 기능 포함한 소방방재청으로 확대 - 경찰·재난관리는 일선 청에서 수행하는 업무가 대부분이기 때문에 경찰청, 해양경찰청, 소방방재청을 통합한 '국민안전부' 혹은 '자치안전부'는 부적절

제7장

교육문화복지 기능과 조직

"

교육문화복지 기능은 현재 교육부, 과학기술정보통신부(과학기술), 문화체육관광부, 고용노동부, 보건복지부, 여성가족부, 식품의약품안전처, 문화재청 등이 수행하고 있다.

"

1. 교육

1) 유아·초중등 교육과 교원 신분체계 개편

교육자치와 자유학기제 시행, 참여와 토론 위주의 수업 확산 등 교육풍토가 변화하고 있다. 또한 저출산으로 학생 수가 지속적으로 감소하고, 다문화 가정의 자녀가 증가하는 상황에 대비하기 위해 정부의 적극적인 역할이 필요하다. 따라서 유아와 초중등 교육에 대해서는 창의적이고 전략적인 정책을 추진할 필요가 있다.

지방교육자치에 관한 법률에 따라 2010년부터 시·도 교육감을 주민들이 직접 선출하고 시·도 의회 내 상임위원회의 일종으로 교육위원회가 설치되면서 교육자치가 본격적으로 실시되었다. 주민이 직접 선출하는 교육감이 시·도 교육행정의 집행을 책임짐에 따라 정치적 위상도 가지게 되었다. 따라서 지방교육자치를 강화하기 위해 초중등 교육의 지방이양에 대한 요구는 자연스러운 현상으로 볼 수 있다. 다만, 이 과정에서 중앙정부는 유아·초중등 교육에 대한 법제를 정비하고 재정 지원에 대한 기준을 마련하는 등 유아·초중등 교육에 관한 표준 체계를 만드는 것이 중요하다. 초중등 교육의 기본 방향은 교육자치를 통해 지역 사정에 맞고 주민이 원하는 형태로 교육이 이루어지는 것이겠지만, 한편으로는 유아·초중등 교육을 받을 권리는 국민의 보편적 권리이기 때문에 정부의 역할이 필요하다. 때문에 중앙정부는 지방정부에서 수행하는 유아·초중등 교육에 대하여 국가차원의 표준 체계를 만들고 제시해야 한다.

유아·초중등 교육의 지방이양이 이루어진다면 교육을 담당하는 교원들의 신분체계 개편 또한 필요하다. 박정수(2002)에 따르면, 교육은 실질적으로 교사들에 의해 주도되어야 하나, 중앙 통제하의 획일적인 교원시스템은 교육환경 및 수요가 다른 지역에 획일적인 교육을 시행할 수밖에 없는 한계가 있다. 교육다양성 측면에서도, 초중등 교육에 대한 지방이양과 함께 이에 따른 교원의 지방공무원으로의 신분 전환 또한 자연스러운 수순일 것이다. 다만 지방공무원으로 신분이 전환되더라도 헌법에서 규정하고 있는 '교원지위 법률주의'의 정신을 반영하여 타 시·도 교원들에 비해 신분 및 사회경제적 지위에 있어 불리한 대우를 받아서는 안 될 것이다(황준성, 2010). 각 지방 간 교원들에 대한 차별적 대우는 지방의 재정자립도 문제와 밀접하게 관련되므로 지방재정교부금을 통해 중앙정부가 일정 부분 보조함으로써 해결할 수 있을 것이다.

그러나 현실적으로 유아·초중등 교육에 대한 지방이양과 교원의 신분 전환은 단시일 내에 이루어지기 어렵기 때문에 중장기적으로 추진하는 것이 바람직하다.

2) 대학교육과 국립대학 법인화

유아·초중등 교육 기능의 점진적인 지방 이양과 동시에, 대학교육 기능 강화도 중요한 사안이다. 한국이 정치·경제·사회적으로 급속히 발전할 수 있었던 원동력 중 하나로 수준 높은 교육을 꼽을 수 있다. 고등교육기관으로서 대학의 양적 확대는 한국 사회가 필요로 했던 고급 인력을 공급해주는 역할을 하였다.[1] 그러나 이러한 양적 성장에 비해 교육의 질적인 내용과 여건은 상대적으로 저조한 수준이라는 것이 일반적인 평가이

1) 한국의 4년제 대학 수는 매우 빠른 속도로 증가하여 왔다. 1970년 당시 71개 였던 4년제 대학 수는 1980년에는 85개 교, 1990년에는 107개 교로 증가하였다. 그 후 2000년까지 10년 동안 54개 교가 증가하여 161개 교가 되었으며, 2009년에는 177개 교, 2011년에는 194개 교(교육대, 산업대 제외한 일반대)에 이르렀다.

다. 또한 고등학교 졸업생 규모가 급속히 감소하면서[2] 입학생 미충원 현상과 이로 인한 재정부실의 위기에 직면한 대학이 나타났다. 박근혜 정부는 2015년 4월부터 전국의 모든 대학들을 대상으로 대학구조개혁평가를 실시하였다. 강도 높은 구조조정으로 2016년에 하위 등급을 받은 27개 대학(일반대 15곳, 전문대 12곳)은 2017년에 정부재정지원 제한조치를 받게 되었고 몇몇 대학들은 폐쇄절차에 들어가거나 자진폐교절차에 돌입하였다.[3]

한편, 대학의 연구역량 및 국제경쟁력 제고를 위한 방안으로서 국립대학을 법인화하려는 노력들도 있었다.[4] 국립대학은 국가기관으로서 각종 법령상 규제의 대상이 되기 때문에, 그 운영의 자율성에 제한이 따르게 되며 그 결과 대학이 외부 환경에 유연하게 대처하지 못한다는 비판을 받아왔다. 이에 따라 국립대학을 법인화하고자 하는 노력들이 있었고, 그 결과 2011년에는 국립 서울대학교가, 2013년에는 시립 인천대학교가 각각 국립대학법인으로 전환되었다.

국립대학 법인화는 다음과 같은 긍정적 측면을 갖는다.[5] 먼저, 국립대학의 재정·회계구조의 일원화를 통해, 재정운영상의 효율성과 투명성을 확보할 수 있다. 기존의 재정·회계구조는 국고회계와 비국고회계로 이원

---

2) 2018학년도 고교 1학년생은 약 45만 명으로, 고교 3학년생 57만여 명보다 약 12만 명 적을 것으로 예측되었는데, 2019학년도 대학입학 정원은 일반대 34만 8천여 명, 전문대 20만 6천여 명 등 55만여 명이다.(뉴데일리. "3년 후 대학 몇 곳이 살아남을까… 高 신입생 45만 명 vs 大 정원 55만 명". 2018. 1. 23.)

3) 4년제 대학 중 한중대, 대구외대는 정부에 의해 폐교 결정되었으며(교육부 보도자료, 2017. 10. 27.), 대구미래대는 자진폐교절차에 돌입하였고 2018년 2월 28일 서남대학교가 폐교되었다.

4) 이시원·명성준. (2010). 국립대학 법인화 정책의 형성과정에 대한 연구. 「한국정책학회보」, 19(3): 381-409.

5) 한국교육개발원. (2010). 「국립대학 법인화 정책연구」를 참고하였다.

화되어 있어 재정효율성이 낮고, 합산재무제표 파악이 어려워 재정운영의 투명성 역시 낮았다. 또한, 국립대학 법인화를 통해 대학의 조직·인사운영의 자율성을 확보할 수 있다. 국립대학의 조직·인사 운영 방식은 국가기관에 준하기 때문에 자율성이 다소 제한되어 있다고 볼 수 있다. 조직·인사의 탄력적 운영을 통해 대학은 급변하는 환경에 유연하게 대응할 수 있다.

그럼에도 불구하고 해당 대학의 재정 기반이 취약하거나 자립 준비가 충분하지 않은 경우, 국립대학 법인화의 부작용이 클 뿐만 아니라 내부 구성원들의 반발 역시 클 것으로 예상된다. 따라서 안정적 기반을 이미 갖춘 국립대학들을 대상으로 우선적으로 법인화를 검토함으로써 점진적으로 탈공무원화하는 것이 바람직하다.

그뿐 아니라 최근 청년실업 문제가 심화되면서 대학 체제의 변화에 대한 공감대가 형성되고 있다. 대학교육과 일자리를 연계한 교육체계를 정립하고 대학 운영의 경쟁력을 강화해야 한다. 평생교육과 직업교육훈련의 연계성을 감안한다면 고등교육 기능을 '고용노동부'에 통합하는 방안도 검토할 수 있다. 하지만 한국사회에서 대학 입시제도 등과 같은 대학 운영이 유·초중등 교육에 상당한 영향을 미치기 때문에 대학교육은 유·초중등 교육과 유기적인 관계하에서 체계적으로 관리되어야 하므로 현행과 같이 교육부에서 평생교육과 직업교육을 담당하는 것이 적절할 것이다.

이에 따라 교육부는 장관과 차관하에 기획조정실(정책기획관·국제협력관)·고등교육정책실(고등교육정책관·대학학술정책관·직업교육정책관)·학교혁신지원실(학교혁신정책관·교육과정정책관)·운영지원과·교육복지정책국·학생지원국·평생미래교육국·교육안전정보국 등 현행 체제를 유지한다. 정부조직을 개편할 때 교육부 장관이 겸임하는 사회부총리제는 폐지한다.

2. 과학기술

1) 과학기술정책 조직

국가 혁신역량을 강화하기 위해 창의적 과학기술 인재의 중요성이 높아지고 있다. 또한 국제과학비즈니스벨트가 대전시와 세종시를 중심으로 조성되고 있고, R&D 투자 확대에 따른 가시적 연구 성과를 요구하면서 과학기술분야의 정책 환경도 달리지고 있다. 따라서 과학기술분야의 발전을 위해 융합과 창조의 선진 연구개발체제 구축이 필요하다.

문재인 정부에서 과학기술 기능을 담당하고 있는 과학기술정보통신부는 제1차관(2실 1과 7관), 제2차관(1실 4관 3국), 과학기술혁신본부장(차관급, 3국)으로 구성되어 사실상 차관 3인 체제로 운영되고 있다.

과학기술 기능은 제1차관 소속의 연구개발정책실(기초원천연구정책관·거대공공연구정책관·연구성과정책관)과 미래인재정책국에서 중점적으로 담당하고 있다. 문재인 정부 출범 이후 설치된 과학기술혁신본부는 범정부적인 과학기술정책의 기획과 연구개발투자 심의, 성과평가 등의 기능을 수행하고 국가과학기술자문회의와 국가과학기술심의회를 지원하는 사무국 역할도 하고 있다. 과학기술혁신본부는 과학기술정책국·연구개발투자심의국·성과평가정책국으로 구성되어 있다.

과학기술정보통신부의 제2차관 소속 조직은 정보통신정책실(인터넷융합정책관·정보통신산업정책관·소프트웨어정책관·정보보호정책관)·방송진흥정책국·통신정책국·전파정책국으로 이루어져 있다.

여러 과학기술들이 서로 융합되고 새로운 기술의 등장과 과학기술의 발전과 활용에 대한 예측가능성이 높지 않는 상황이기에 정부와 공공부문의 연구개발투자는 기초과학에 대한 지속적 연구와 과학기술 연구 인력의 양성 등에 중점을 둘 필요가 있다. 현재의 과학기술정보통신부는 과학기술 진흥 및 연구개발에 역점을 두기에는 그 부처의 규모와 기능이 거대하다. 따라서 현재의 과학기술정보통신부에서 과학기술 진흥 기능을 전담하는 '과학기술부'를 신설하는 방안을 제안한다. 과학기술혁신본부 기능은 과학기술부의 과학기술정책실로 흡수한다.

신설되는 '과학기술부'에는 장관과 차관을 두고, 기획조정실·과학기술정책실·연구개발정책실·미래인재개발국·국제협력국 등의 부서를 둔다. 소속기관으로 국립중앙과학관·국립과천과학관 등을 두고 한국연구재단과 한국과학기술기획평가원을 과학기술부 산하로 둔다.

개정된 국가과학기술자문회의법과 과학기술기본법이 2018년 4월 17일 시행되면서 국가과학기술자문회의와 국가과학기술심의회가 통합됨에 따라 부처상위 종합조정기구가 일원화된다. 이에 따라 대통령자문과 범정부적 과학기술정책 기획과 조정, 연구개발 심의 등의 기능이 통합적으로 수행될 것이다. 새로운 기능의 국가과학기술자문회의에서 대통령비서실의 과학기술보좌관이 간사 역할을 하고 기존의 국가과학기술심의회의 사무국 역할을 하였던 과학기술혁신본부가 사무국 역할을 하게 된다. 정부조직이 개편되면 과학기술혁신본부는 '과학기술부'의 과학기술정책실로 개편된다.

2) 원자력 안전관리 조직

원자력안전위원회는 원자로 관련 시설과 방사능 물질·폐기물 등의 검사와 규제는 물론, 국내외 원자력 사고에 대비한 안전규제 업무를 담당하기 위해 2011년 10월 26일 대통령 소속 장관급 위원회로 설치되었다. 원자력안전위원회는 2011년 3월 일본 후쿠시마 원자력발전소 사고 이후 원자력 안전관리의 필요성이 고조되었고, 원자력 진흥과 규제를 분리하라는 국제사회의 지적을 수용한 조치라고 볼 수 있다. 또한 국내 전력생산에서 차지하는 원자력 발전의 비중이 높고, 원자력발전 시설이 노후해지는 상황이기 때문에 원자력 진흥정책과 독립적으로 엄격한 안전관리정책을 추진하는 것이 중요하다. 그뿐 아니라 원자력 안전관리의 독립성과 전문성 확보를 통해 한국 원자력 기술의 안정성에 대한 국제적 신뢰도를 높이고, 원전 수출의 증진과 장기적으로는 핵 재처리 권한 확보에도 유리한 상황을 조성할 수 있게 된다.

2013년 박근혜 정부는 원자력안전위원회를 국무총리 소속 차관급 조직으로 개편하였다. 위원회는 현재 차관급 위원장을 포함하여 9명의 위원으로 구성되어 있으며, 사무처(사무처장은 상임위원이 겸임)에 기획조정관·안전정책국·방사선방재국이 있다.

원자력 안전관리 외에 원자력진흥과 연구개발은 과학기술정보통신부가 담당하고 있으며 원자력발전 운영과 원전폐기물 처리, 원전수출 지원은 산업통상자원부가 담당하고 있다. 원자력 안전관리문제는 국가적 재난으로 직결되므로 안전관리의 중요성은 매우 크다. 따라서 현행과 같이 국무총리 소속 원자력안전위원회가 담당하는 것이 타당하다. 마찬가지로 한국원자력안전기술원, 한국원자력안전재단, 한국원자력통제기술원은 계속 원자력안전위원회 산하 공공기관으로 남는다.

3) 우주개발 조직

한국 최초의 우주발사체 나로호(KSLV-Ⅰ)는 2013년 1월 30일 소형 위성을 지구 저궤도에 투입하는 데 성공하며 국내 발사체 기술 자립의 디딤

돌이 되었다. 이후 지속적인 개발이 이루어져, 현재 한국형 발사체(KSLV-Ⅱ)는 2019년 10월 시험발사를 목표로 개발 중에 있다.

우주개발은 소재·항공·로켓·컴퓨터 등 국가 과학기술 전반의 수준을 한 단계 높여줄 수 있을 뿐만 아니라, 국방·항공·통신 등 관련 산업 영역의 확대에도 크게 기여할 수 있다는 점에서 국가전략적으로 지속적인 연구개발이 요구된다. 이에 따라 이를 담당할 전담조직으로서 '우주개발청'을 설치하자는 주장이 제기되고 있다. 하지만 현재 한국 상황에서 우주발사체 개발 역량을 강화하기 위해 미국 국립항공우주청(NASA)과 같은 독립기관을 신설하기보다는, 우주개발을 담당하고 있는 각 기관의 전문성을 강화함과 동시에 상호 협력할 수 있는 여건을 조성하는 것이 더 좋은 방안이다.

현재 우주개발 기획 및 기술개발정책은 과학기술정보통신부가 담당하고, 우주 발사체 개발과 제작은 한국항공우주연구원(KARI)이 주도하며 로켓은 국방과학연구소(ADD)가 주관하고 있다. 따라서 정부조직 개편을 통해 신설될 '과학기술부'가 우주개발 기획과 R&D 정책을 주관하는 것이 바람직하다. 또한 현행과 마찬가지로 한국항공우주연구원이 우주 발사체의 개발과 제작을 담당하고, 국방과학연구소와 민간기업인 한국항공우주산업주식회사(KAI) 등 관련 기관과의 적극적인 기술 교류를 추진하는 것이 바람직하다.

4) 연구관리전문기관

연구관리전문기관은 국가연구개발사업의 기획·평가·성과관리를 담당하는 기관이다. 1990년대 후반부터 국가연구개발의 중요성이 범부처적으로 널리 인식됨에 따라 각 부처가 별도의 연구개발사업을 추진하기 시작하였고, 이에 연구관리의 전문화와 효율화를 위해 연구관리전문기관이 설립되었다. 2000년대에는 과학기술에 대한 관심도가 더욱 증가하여 부처별 연구관리전문기관이 더욱 많이 설립되었으나, 이명박 정부 출범 이후 '공공기관 선진화 계획'에 따라 일부 연구관리전문기관들이 통폐합되었다.

그럼에도 불구하고 현재 국내 연구관리전문기관은 한국연구재단, 한국과학기술기획평가원, 정보통신기술진흥센터, 정보통신산업진흥원, 한국인터넷진흥원, 한국정보화진흥원(이상 과학기술정보통신부 산하), 농림수산식품기술기획평가원(농림축산식품부 산하), 농업기술실용화재단(농촌진흥청 산하), 한국산업기술진흥원, 한국산업기술평가관리원, 한국에너지기술평가원(이상 산업통상자원부 산하), 한국보건산업진흥원(보건복지부 산하), 한국콘텐츠진흥원(문화체육관광부 산하), 한국환경산업기술원(환경부 산하), 국토교통과학기술진흥원(국토교통부 산하), 한국해양과학기술진흥원(해양수산부 산하), 국방과학기술품질원(방위사업청 산하), 중소기업기술정보진흥원(중소벤처기업부 산하), 한국기상산업진흥원(기상청 산하) 총 19개 기관이 존재하고 있다.

연구관리전문기관은 2000년대 R&D에 대한 관심 증가로 각 부처 소관 R&D 사업의 규모나 타 부처와의 관련성 등을 고려하지 않고 각 정부부처가 경쟁적으로 설립한 경향이 존재한다(황석원, 2017). 이에 따라 일부 부처에서는 복수의 연구관리전문기관을 두고 있어 재정적으로 비효율적일 뿐 아니라, 사업 간 연계효과도 미흡하다는 비판이 존재한다(황석원, 2017).

과학기술정책이나 R&D 사업의 본격적 성장의 시점이 다른 선진국에 비해 늦어졌다는 점, 연구개발 행정 및 과학기술정책 전문 인력의 수준이 질적으로 낮다는 점 등을 감안한다면 연구관리 역량을 분산하기보다는 결집하여 그 전문성을 성장시키는 것이 필요하다.

연구관리전문기관의 양적 팽창 및 분산으로 인한 비효율성과 전문성의 저하를 고려할 때 이들의 역량을 집중시키고 역할을 재분배하기 위한 연구관리전문기관의 통합 개편이 필요하다. 이를 위해 동일 부처하에 있는 복수 연구관리전문기관의 통합을 검토할 수 있을 것이다. 정보통신산업진흥원과 그 부설 정보통신기술진흥센터, 한국산업기술진흥원과 한국산업기술평가관리원 등 유사한 기능을 가진 두 기관에 대해 통합을 추진할 수 있을 것이다. 다만 이와 같은 연구관리전문기관 개편은 상위 부처개편과 연동될 수밖에 없으므로 정부조직 개편 이후에 시행되는 것이 적절할 것이다.

과학기술정보통신부가 '과학기술부'와 '정보매체부'로 분리 개편된다면, 과학기술정보통신부 산하에 있는 연구관리전문기관들 중에서 한국연구재단과 한국과학기술기획평가원은 '과학기술부' 산하로, 정보통신기술진흥센터, 한국정보통신산업진흥원, 한국인터넷진흥원, 한국정보화진흥원은 '정보매체부' 산하로 분류된다.

5) 과학기술계 출연 연구기관 개편

김대중 정부 이후 연구회 중심 정부출연연구기관 체제를 유지해오고 있다. 1999년 정부출연연구기관 등의 설립 및 육성에 관한 법률에 따라 연구회 체제가 도입되었으며, 이후 기초기술연구회, 공공기술연구회, 산업기술연구회에 출연연구기관이 소속되었다. 이후 이명박 정부 조직 개편에 이어서 교육과학기술부 산하 기초기술연구회와 지식경제부 산하 산업기술연구회로 재편되었다가, 박근혜 정부 출범 이후 2개의 연구회는 국가과학기술연구회로 통합되었다.

국가과학기술연구회는 과학기술분야 정부출연연구기관 등의 설립 및 육성에 관한 법률에 따라 2018년 3월 현재 25개의 출연연구기관을 소관하고 있다.[6] 단일 연구회로 개편된 이후, 정부 부처의 개별 연구기관에 대한 간섭과 통제는 줄어들었으나, 연구회 차원의 간섭이라는 문제가 제기되고 있다. 즉, 기존의 개별 연구기관에 설치되었던 이사회가 사라지고, 연구회 차원으로 통제기제가 이동함에 따라 연구회의 연구기관에 대한 경영평가 사업 등이 개별 연구기관의 독립성과 창의성에 대한 침해로 여겨지기도 한다는 것이다(강성진·정태용, 2017). 또한, 현행 연구회 체제하에서는 출연연구기관이 연구회 산하에 있음에도 실제로 정부부처와 연구회 모두의 간섭을 받고 있어 연구 독립성과 자율성을 확보하지 못한다는 비판에 직면해있다(강성진·정태용, 2017). 따라서 출연연구기관의 독립성을 형식적으로만 보장하는 현행 연구회 체제를 유지할 실익이 과연 존재하는지에 대한 근본적인 의문이 든다.

이에 출연연구기관의 독립성과 자율성을 저하시키는 국가과학기술연구회를 폐지하고, 출연 및 개별 연구기관들을 기능별·부문별로 묶어 통합하는 개편방안을 제안한다. 즉, 현재 한국과학기술연구원(KIST), 기초과학연구원(IBS), 한국기초과학지원연구원(KBSI), 과학기술연합대학원대학교를 새로운 한국과학기술연구원으로 통합하고, 기계·소재, 의료·바

---

6) 국가과학기술연구회 산하 25개 출연연구기관은 19개 분원과 6개 부설 연구소인데, 한국과학기술연구원(KIST)과 부설 녹색기술센터, 한국전자통신연구원(ETRI)과 부설 국가보안기술연구소, 한국기계연구원(KIMM)과 부설 재료연구소, 한국기초과학지원연구원(KBSI)과 부설 국가핵융합연구소, 한국건설기술연구원(KICT), 한국항공우주연구원(KARI), 한국철도기술연구원(KRRI), 한국에너지기술연구원(KIER), 한국천문연구원(KASI), 한국표준과학연구원(KRISS), 한국전기연구원(KERI), 한국생명공학연구원(KRIBB), 한국식품연구원(KFRI)과 부설 세계김치연구소, 한국화학연구원(KRICT)과 안전성평가연구소, 한국과학기술정보연구원(KISTI), 한국한의학연구원(KIOM), 한국지질자원연구원(KIGAM), 한국원자력연구원(KAERI), 한국생산기술연구원(KITECH)이다. 또한 해양수산부 산하 한국해양과학기술원도 과학기술계 정부출연연구기관과 유사한 기관으로 볼 수 있다.

이오, 전기·전자, 에너지·환경 등 4개 분야로[7] 출연연구기관을 통합하여 총 5개 연구기관으로 재편하는 방안을 제안한다. 통합개편 이후 연구기관 역할의 내실화와 전문화를 추구한다. 한국항공우주연구원 등 일부 출연연구기관은 국방과학연구소(ADD)와 같이 독립적으로 국가 발주 전략연구를 수행하면서 재정적 독립이 가능할 것이다.

장기적으로는 출연연구기관의 순수 기초연구 기능은 국립대학으로, 상업적 응용연구 기능은 민간 기업으로 이전 또는 민관공동 출자 연구소로의 스핀오프 등을 통해 정부출연연구기관 – 대학 – 민간의 연계체계를 도입하는 방안도 추진될 수 있을 것이다.

3. 문화·예술·홍보

현재 문화체육관광부는 전통문화예술 및 창작, 신문·출판·음악·영상·광고·영화·공연 등 문화산업, 체육, 관광, 도서관, 박물관 등의 진흥 기능을 담당하고 있으며 영상물, 게임물 등의 윤리심의와 저작권, 종무(宗務)·국어·역사 기능을 수행하고 있다. 상업성과 거리를 둔 문화 창달과 함께 새로운 매체·콘텐트 산업 진흥 기능도 담당하고 있다.

---

7) 예시적으로 분류한다면 기계·소재 계통(한국기계연구원, 한국항공우주연구원, 한국철도기술연구원, 한국생산기술연구원), 의료·바이오 계통(한국생명공학연구원, 한국한의학연구원), 전기·전자 계통(한국전자통신연구원, 한국과학기술정보연구원, 한국전기연구원), 에너지·환경 계통(한국에너지기술연구원, 한국원자력연구원, 한국지질연구원, 한국화학연구원, 한국해양과학기술원)으로 재편할 수 있다.

1) 문화예술 진흥

국민 소득수준이 높아지고 여가에 대한 인식이 증가함에 따라 신성장 동력으로서 문화·체육·관광산업 육성 필요성이 높아지고 있다. 또한 수많은 TV채널, 인터넷 동영상서비스, UHD TV 등 새로운 미디어 환경에 따라 다양한 콘텐트 수요와 공급이 급증하고 있다. 하지만 문화체육관광부가 성격이 서로 다른 원천 콘텐트와 디지털 콘텐트 진흥을 동시에 담당함으로써 정책 추진의 효율성이 저하되는 문제가 발생하게 된다. 특히 디지털 콘텐트는 C-P-N-D로 구성된 정보통신(ICT) 생태계와 동시에 진흥이 이루어져야 하는데, 이 기능은 문화체육관광부가 주도하기보다는 새로운 형태의 ICT 전담부처가 수행하는 것이 효과적이다.[8)]

따라서 문화예술적 가치를 가진 콘텐트와 문화산업은 문화체육관광부가 수행하고, 산업적 활용성이 높고 신속한 개발이 필요한 디지털·온라인 콘텐트는 신설되는 '정보매체부'로 이관하는 방안을 제안한다. 온라인 유통 및 사업자 규제는 정보매체부 소속 방송규제위원회에서 담당하게 된다(제8장 경제산업공간 기능과 조직에서 다루기로 한다).

체험 콘텐트 산업의 육성 차원에서 '관광청' 설치에 관한 논의가 있다. 하지만 별도의 전담 청을 신설할 만큼 시급한 사안은 아니며, 문화재, 역사유적, 예술과 관광의 시너지를 고려하면 문화체육관광부 내부에서 추진하는 것이 오히려 타당하다고 본다. 현재 문화체육관광부 관광산업국에서 관광정책을 추진하고 있다.

현재 문화체육관광부 소속기관인 국립중앙박물관과 외청인 문화재청은

8) 효율성을 강조하는 소프트웨어, 네트워크, 기기 영역에 비해 콘텐트 영역은 제작에서의 창의성, 다양성을 추구하기에 차별적으로 다루어야 한다는 주장도 있으나, 최근 콘텐트 산업에서도 영리성과 국외진출을 적극적으로 도모하고 있고, 인터넷 기반의 확산과 유통 플랫폼을 활용하자는 입장이 대두되고 있다.

한국의 문화유산 보존 및 가치창출을 통해 민족문화 발전에 기여하는 것을 목적으로 한다. 다만 문화재청은 보존관리정책을 담당하고, 박물관은 문화재 연구·보존 및 전시·관람 등 대국민 서비스 업무를 주로 다룬다는 점에서 차이가 있다. 문화재청과 국립중앙박물관은 문화재 관리를 일원화하려는 취지로 2008년 이명박 대통령직인수위원회 활동 당시에도 통합 논의가 있었다. 그러나 정책 수립 기관과 대국민 서비스 기관은 성격이 다르다는 논리와 문화유산계의 반대, 세계적인 추세 등을 고려할 때 현재의 조직 구조를 유지하는 것이 타당하다고 판단하였다.

문화체육관광부는 장관과 차관을 둔다. 매체·콘텐트·저작권 기능을 '정보매체부'로 이관하기 때문에 복수차관을 둘 필요가 없다. 내부 조직으로는 기획조정실·종무실·국민소통실·문화산업국·문화예술국·관광산업국·체육국·아시아문화중심도시추진단 등을 둔다. 문화체육관광부 소속기관으로 한국예술종합학교·국악고등학교·국악중학교·전통예술고등학교·전통예술중학교·국립중앙박물관·국립국어원·국립중앙도서관·재외한국문화원(해외문화홍보원 명칭 변경)·국립국악원·국립민속박물관·대한민국역사박물관·국립중앙극장·국립현대미술관·한국정책방송원·예술원사무국 등을 둔다. 문화체육관광부 소속 외청으로 문화재청을 둔다. 문화체육관광부 산하 공공기관으로 한국관광공사, 그랜드코리아레저(주), 국민체육진흥공단, 정동극장, 예술의 전당, 예술경영지원센터, 한국문화예술교육진흥원, 한국문화예술위원회, 아시아문화원, 한국문학번역원, 한국공예디자인문화진흥원, 국립박물관문화재단, 국악방송, 국제방송교류재단, 한국문화정보원, 한국문화진흥(주), 대한체육회, 대한장애인체육회, 태권도진흥재단, 한국체육산업개발(주), 세종학당재단, 한국도박문제관리센터, 한국문화관광연구원, 한국예술인복지재단 등이 있다.

2) 관광·레저·체육

주 5일 근무·수업제 확대 실시, 대체휴일제 도입 등에 따라 국민들의 여가시간이 확대되었다. 또한 국민들의 소득 수준이 점차 향상됨에 따라 풍요로운 생활에 대한 욕구가 증가하고 핵가족화가 심화되면서 더 많은 여가 및 레저활동이 가능해지게 되었다. 사회적 변화뿐 아니라 경제적 측면에 있어서도 전 세계적으로 제조업 부문의 성장이 둔화되고 있고, 이에 따라 내수 시장 육성을 위한 서비스 산업이 대안으로 제시되고 있다. 특히 고용, 부가가치, 외화획득능력이 높은 관광·레저산업의 중요성이 부각되고 있다.[9)]

국내 관광·레저 산업은 주요 관광 선진국과 비교해볼 때 국민경제에 차지하는 경제적 비중이 GDP의 약 5%를 차지하는 수준으로 그 비중이 다소 낮다고 볼 수 있지만 전 세계 관광·레저 산업 규모가 지속적으로 성장 중임을 감안하면, 그 중요성은 작다고 볼 수 없다. 한국의 관광산업은 과도하게 중국시장에 의존해왔고, 2017년 사드배치로 인한 중국관광객 급감은 국내 경제에 악영향을 미칠 정도였다. 이에 국내 관광·레저 산업의 지속가능성을 제고하기 위해 관광시장의 다변화를 지속적으로 추진할 필요가 있다.[10)] 또한, 한국민들의 국내 여행을 촉진하여 내수를 더욱 활성화시킬 필요도 존재한다.

국내 스포츠산업 또한 국민들의 여가시간의 증가로 더욱 성장하고 있다. 국내 스포츠 서비스업 매출액은 2017년 기준 약 68조 원 수준이며, 전년 대비 5% 정도 증가하였다. 최근에는 ICT의 발달로 스포츠에 최첨단 기술이 융합된 융합형 스포츠[11)] 또한 인기를 끌고 있고 새로운 형태의 스포

9) 현대경제연구원. (2013). 최근 관광·레저산업의 주요 특징 및 시사점.

10) 장병권. (2017). 혁신성장을 통한 관광산업 발전방안. 한국관광정책.

11) 풋골프, VR접목스포츠, 드론레이싱 등.

츠로 진화를 거듭하고 있다. 국내 스포츠산업은 선진국에 비해 아직 걸음마단계 수준이나 매년 지속적으로 성장하고[12] 국민들의 수요가 증가하고 있는 점을 감안하면 스포츠산업의 체계적인 전문인력 양성노력, 스포츠산업 진흥 등이 필요하다. 또한 2018년 평창동계올림픽을 계기로 국내 관광산업과 스포츠산업을 연계하여 외국 관광객들을 유치하는 정책도 요구되고 있다.

3) 국가 및 국정 홍보

한국에 대한 국제적 관심이 증가하면서 한국의 문화·콘텐트·관광산업을 더욱 국제적으로 홍보할 필요가 있다. 한류를 통해 한국 문화 저변이 확대되고 있으며, 2018년 평창동계올림픽 개최 등으로 인해 높아진 국가 브랜드 가치를 적극적으로 활용해야 한다. 현재 문화체육관광부 소속 해외문화홍보원은 국제문화교류업무와 재외 한국문화원(32개소)과 문화홍보관(9개소) 업무를 총괄하고 있다.[13] 하지만 외국 주재 외교공관도 문화체육관광부의 재외 한국문화원 및 문화홍보관과 거의 동일한 국가홍보 업무를 수행하고 있어 조속히 그 기능을 통합할 필요가 있다. 외국 주재 문화원이 대한민국의 역사, 정치, 경제, 사회, 문화 등을 포괄적으로 주재국가 국민들에게 홍보한다는 점에서 문화원으로 국가홍보 기능을 통합하는 것이 적절하다. 명칭은 재외한국문화원(Korean Cultural Center)으로

12) 문화체육관광부. (2018). 2017 스포츠산업실태조사.

13) 재외한국문화원은 27개국 32개 소로서, 일본(2), 중국(3), 태국(1), 인도(1), 베트남(1), 인도네시아(1), 필리핀(1), 호주(1), 영국(1), 프랑스(1), 독일(1), 러시아(1), 스페인(1), 폴란드(1), 벨기에(1), 헝가리(1), 카자흐스탄(1), 터키(1), 이탈리아(1), 미국(3), 멕시코(1), 브라질(1), 아르헨티나(1), 캐나다(1), 나이지리아(1), 이집트(1), 아랍에미리트(1)이다. 문화홍보관의 경우, 8개국 9개 소로서 일본(1), 중국(1), 싱가포르(1), 영국(1), 스웨덴(1), 미국(2), 남아공(1), 이란(1)이다.

통일한다.

현재 국정홍보 기능은 문화체육관광부 제2차관 소속 국민소통실에서 담당하고 있으며, 국민소통실은 2관 9국으로 구성되어 있다. 만약, 현재 차관 2인 체제로 운영되는 문화체육관광부가 매체·콘텐트·저작권의 기능을 신설되는 '정보매체부'로 분리하여 이관한다면, 문화체육관광부의 차관 1인 체제하에서 현행과 같이 국민소통실을 유지하기로 한다.

4. 고용·노사관계

유럽 재정위기, 국제통상 갈등 등으로 인해 세계경제의 불확실성이 가중되고 국민의 소비심리가 위축됨에 따라 각 기업이 고용을 축소하고 있다. 고용은 개인의 소비와 저축을 위한 수입원일 뿐만 아니라, 개인의 자아성취와 가족의 형성, 나아가 아동과 고령자 복지와도 긴밀하게 연결되어 있다. 따라서 고용노동부는 전통적인 노동자 권익과 노사관계에 초점을 두었던 '노동' 조직에서 고졸자, 대졸자, 청년, 노년 등 다양한 사회 구성원별 맞춤형 취업 지원을 추진할 수 있는 '고용' 중심의 조직으로 변화가 필요하다.

일본은 2001년 1월 보건복지를 담당하는 후생성과 노동관계를 담당하는 노동성을 합하여 후생노동성을 설치하였다. 하지만 우리의 경우 노동자에 대한 권익보호 차원에서 당분간은 노동관계 部와 장관의 기능이 존치될 필요가 있다. 참고로 미국은 노동부(Department of Labor), 영국은 노동연금부(Department for Work and Pension), 독일은 노동사회부

(Ministry of Labor and Social Affairs), 프랑스는 노동부(Ministry of Labour)를 두고 있다.

현재 고령자에 대한 취업알선 기능에 있어서 보건복지부(65세 이상)와 고용노동부(55세 이상)가 연령을 기준으로 그 역할을 분담하고 있고, 시·도 및 시·군·구에서도 취업알선서비스를 제공하고 있다. 취업알선은 고용노동부 한국고용정보원의 고용전산망(Work-Net)으로 일원화하고 시·도 및 시·군·구도 고용담당 부서로 일원화할 필요가 있다. 노인복지 관련 고용지원도 고용전산망과 연계하여 운영할 필요가 있다.

세계화 속에서 경쟁력 갖춘 기업들은 글로벌 아웃소싱을 통해 성장하기 때문에,[14] 국내 고용증대 효과가 미약한 이른바 고용 없는 성장(jobless growth) 현상이 나타나고 있으며 이에 따라 정부의 고용증대 노력은 배가 되어야 한다. 2017년 4분기 고용률은 66.65%로서 OCED 회원국 35개국 중에서 24위에 그치고 있다.[15]

한국의 근로현장에서 아직 선진국 수준의 안정적인 노사관계가 확립되지 못한 상황에서 여전히 근로감독과 노사관계 안정의 기능이 중요하지만, 취업지원, 취업·전직훈련 지원 등 고용 기능을 대폭적으로 확충할 필요가 있다. 대통령비서실의 일자리수석비서관이 신설되었듯이 고용노동부도 고용 중심의 조직으로 전환되어야 할 것이다. 고용노동부는 현재 장관과 차관하에 기획조정실(정책기획관·국제협력관)·고용정책실(노동시

---

14) 최근 삼성전자의 휴대폰 완성품, 삼성디스플레이의 휴대폰 디스플레이, 삼성전기의 휴대폰 부품 등 휴대폰 관련 생산공장들이 베트남에 집중 건설되고 투자도 집중되면서, 베트남이 삼성 휴대폰의 주 생산국이 되었다. LG전자의 가전제품, LG디스플레이의 OLED패널을 생산하는 베트남 생산공장들도 지속적으로 확장되고 있다. SK하이닉스는 중국 우시 D램 공장 확장에 대규모 투자를 하고 있다.

15) OECD 35개국 평균은 67.77%이고 최고는 아이슬란드 84.9%, 최저는 터키 51.83%이다.

장담당관 · 청년여성고용정책관 · 고령사회인력정책관) · 노동정책실(노사협력정책관 · 근로기준정책관 · 공공노사정책관) · 직업능력정책국 · 산재보상정책국 등을 두고 있고, 소속기관으로 고객상담센터 · 지방고용노동청(서울, 중부, 부산, 대구, 광주 등 6개) 및 40개 지청, 1개 출장소 그리고 중앙노동위원회와 11개 지방노동위원회 · 최저임금위원회 · 산업재해보상보험재심사위원회 · 고용보험심사위원회 등 15개 위원회를 두고 있다. 고용노동부 산하기관으로는 근로복지공단, 한국고용정보원, 한국산업안전보건공단, 한국산업인력공단, 한국장애인고용공단, 건설근로자공제회, 노사발전재단, 사단법인 한국기술자격검정원, 학교법인한국폴리텍, 한국기술교육대학교, 한국사회적기업진흥원, 한국잡월드가 있다.

5. 복지 · 가족 · 보건

지난 30여 년 동안 사회전반에 걸쳐서 민주화와 지방화, 여성지위의 향상과 고령화, 개방에 따른 윤리가치의 다양화 등이 급속히 진행되었고, 경제성장기 동안 상대적으로 억제되었던 사회 분야 공공투자를 대폭적으로 늘리는 요구가 증대되었다. 지방화가 진행되면서 현장과 주민의 요구에 효율적으로 대응할 수 있도록 복지 기능을 지방으로 이양해야 한다는 요구가 점차 강해지고 있다. 서비스 측면에서는 대폭적인 지방이양과 민간협력을 도모하는 방향으로 정부조직 개편의 필요성이 제기되고 있다.

1) 복지와 여성가족 정책 조직

일자리가 늘지 않고 고용불안이 지속되면서 중간계층이 감소하고 소득 격차가 확대되면서 저소득층 생활의 어려움이 지속되고 있으며 가계부채가 늘어나면서 취약계층도 빠르게 증가하고 있다. 또한 베이비붐 세대 은퇴 본격화로 고령인구의 증가, 출산율 감소로 인한 인구 증가율 정체와 생산가능인구의 감소 등이 사회적 난제가 되고 있다. 저출산·고령화 등으로 인해 내수시장 위축과 경제성장 둔화와 삶의 질 악화가 우려되고 있다. 이에 따라 체감도 높은 복지전달 체계를 마련하고, 공공-민간의 복지자원 활용을 고도화하여 맞춤형 복지체계로 복지사각지대를 해소시키는 것이 중요하다. 보육지원 시스템의 내실화, 아동보호 패러다임의 전환, 노후생활의 사전 준비 정책 등으로 저출산 고령사회에 대응한 사회보장 기반을 확충해야 한다.

유아·아동·청소년 기능을 가족정책(family policy) 전반의 관점에서 복지정책과 결합하는 것이 바람직하다. 과거에는 보건·교육·문화 관점에서 유아·아동·청소년 기능이 수행되었으나, 현재는 가족정책의 관점에서 여성가족부의 청소년가족정책실에서 수행되고 있다. 1997년 설치된 '청소년보호위원회'가 1998년 국무총리 소속으로 개편된 후, 2005년에는 문화관광부 청소년국과 통합되어 '청소년위원회'가 되었다. 그 이후 2008년 보건복지가족부 산하 청소년보호위원회로 개편되었고, 2010년 정부조직법 개정으로 유아·아동·청소년 기능이 여성가족부로 이관되어 현재까지 유지되고 있다.

앞으로 청소년에 대한 보호지원사업 집행 기능은 상당수 지방정부가 수행하기를 원하고 있기 때문에 점진적으로 지방으로 이양하는 것을 고려할 수 있다. 또한 청소년의 복지를 증진하고 보호하는 정책을 교육·문화 등의 관점에서 접근하기도 하지만, 가족정책의 관점에서 접근하는 것이 보다 효과적이라고 본다. 학교교육과 문화 정책은 청소년 자체를 직접적인 정책의 대상으로 삼는 것이 아니라, 청소년이 배워야 할 교육과 향유해야 할 문화를 정책 대상으로 삼고 있기 때문에 궁극적으로 청소년의 복리증진을 달성하는 데 어려움이 있다. 따라서 청소년정책은 가족정책 전담 部에서 수행하는 것이 유리하다. 단, 청소년 보호 관련 콘텐트 심의 기능은 신설되는 '정보매체부'로 일원화한다.

지난 20여 년 동안 여성운동의 확산과 성차별 금지 제도화, 여성고등교육인구와 고급전문직 여성인구의 증대 등으로 양성평등에 대한 사회적 인식은 급속도로 개선되었다. 따라서 '여성위원회'와 같은 별도의 중앙행정기관 설치에 관한 논의가 있지만, 여성의 신분향상에 관한 사회적 분위기가 이미 형성되어 있는 사정을 감안한다면 별도의 행정위원회 조직을 신설할 타당성은 낮다. 대신 여성정책을 주관하는 '복지가족부'가 양성평등정책 기능을 담당하고 현재의 '양성평등위원회'를 유지하는 것이 적절하다고 본다.[16)]

향후 유아·아동·청소년·노인 등에 대한 복지정책은 가족을 중심으로 통합하여 이루어지는 것이 바람직하다. 또한 여성의 권익증진과 양성평등은 외형적 성과를 거두었다고 볼 수 있고, 진흥의 관점이 아니라 불평등처우에 대한 규제적 관점에서 접근하는 것이 타당하다. 따라서 대부분의 OECD 국가들이 보건·복지 조직에서 여성가족정책을 수행하는 것을 참고한다면,[17)] 여성·양성평등 정책을 가족·복지 정책과 통합할 필요가 있다. 그리고 정책수요가 급증하는 복지 기능과 보건 기능을 분리할 필요도

16) 현재 양성평등기본법에 따라 심의기구로 국무총리 소속 양성평등위원회를 두고 있다. 위원장은 국무총리이고, 부위원장은 여성가족부 장관이다.

17) 뉴질랜드는 여성부(Ministry of Women's Affairs)를 두고 있다.

있다. 따라서 여성가족부의 기능과 보건복지부의 복지 기능을 통합하여 '복지가족부'를 신설하는 대안을 제안한다.

'복지가족부'는 장관과 2명의 차관을 둔다. 제1차관은 정책 총괄과 복지를 담당하는 기획조정실·복지정책실·장애인정책실 등의 소관 업무를 관장하고, 제2차관은 가족정책국·고령인정책국·청소년정책국·여성정책국 등의 소관 업무를 관장하며, 국무총리 소속 양성평등위원회 지원 역할을 한다. 보건복지부 산하 공공기관 중에서 복지 관련 기능을 수행하는 국민연금공단, 한국노인인력개발원, (재)한국보육진흥원, (재)한국장애인개발원, 한국사회복지협의회와 여성가족부 산하 공공기관인 한국청소년상담원과 한국청소년활동진흥원 등을 복지가족부 산하로 둔다.

2) 복지와 보건의 분리

현재 많은 국가들이 보건과 복지를 동일한 부처 조직에서 수행하고 있으나, 독일(Ministry of Health), 캐나다(Health Canada) 등 일부 국가는 보건부를 두고 있다. 한국이 별도의 보건 전담 部를 신설하는 것은 보건의 전문성에 대한 요구가 높기 때문이다. 우선 한국은 주요 국가들과 비교했을 때 인구밀집도가 높기 때문에 전염병에 대한 우려가 높고, 국제적 교류가 급속하게 확산됨으로써 외국 병원균의 침입 가능성이 높다. 또한 고령인구가 급증하면서 국가적 의료 기능 강화가 요구되고 있다.

고령화가 급속히 진행되면서 다수의 국민이 복지정책과 보건정책의 동시적인 수혜대상일 경우가 많고 건강증진과 복지지원 사업들이 복합적으로 수행될 경우가 많다. 따라서 당분간은 '보건부'와 '복지가족부'로 분리되었을 때 나타날 정책결정과 추진에서 내부적인 정책조정이 필요할 것이다. 하지만 서비스 수혜 대상자들의 입장에서 본다면 보건과 복지 조직을 분리하더라도 복지서비스 수혜(지역 복지센터 등) 경로와 보건서비스 수혜 경로(민간병원, 지역 보건소 등)가 달라지지 않는다. 따라서 복지와 보건을 분리하여 두 기능의 전문성을 강화하는 것이 타당할 것이다.

3) 보건정책 조직

인구고령화, 만성질환 증가, 외국을 통한 새로운 질병의 등장 등으로 보건의료지출비가 증가하고 있다. 세계화가 진전되면서 국가 간 물자와 인적 교류는 급증하고 있으며 전 세계의 다양한 병원체가 국내로 유입되고 있다. 화학, 약품, 식품 기술이 발달하여 새로운 약품과 물질이 창조되면서 보건·위생·안전에 대한 잠재적 위험도가 함께 증대하고 있다.

2015년 발생하였던 메르스(MERS) 유행은 총 38명의 사망자, 186명의 감염자를 발생시킨 국내 보건 역사상 중대한 사건이었다. 이에 대한 후속 대책으로 1급이었던 본부장이 2015년 12월 차관급으로 격상되어 질병관리본부가 감염병 통제총괄 조직으로 위상을 높인 바 있다. 이처럼 외국에서 유입되는 병원체가 일으키는 대규모 보건 위험은 더욱 거세지고 있으며 정부의 발 빠른 대처와 기관 간 신속하고 유기적인 거버넌스 체계를 요구한다.

급속한 고령화와 세계화에 대응하고 공중보건에 대한 국제협력, 조기경보, 대국민 홍보 등의 기능을 강화하기 위해 현재의 보건복지부에서 보건·의료 기능을 분리하여 현재 국무총리 소속의 식품의약품안전처와 통합한 '보건부'를 설치하는 대안을 제안한다.

장기적으로 식품산업과 식품안전 전반에 대해 관장하는 식품부가 발족된다면, 보건부는 보건·의료·의약품 안전과 관련되는 부문만을 관장하며 전문성을 강화하는 것이 바람직하다. 그러나 식품부를 발족하기 위해서는 농림축산식품부, 해양수산부의 전면적인 개편이 전제되어야 하기에 실현 가능성이 거의 없다. '보건부'가 현재 식품의약품안전처의 모든 기능을 담당하는 것이 적절할 것이다.

보건복지부가 분리 개편되면 복지 기능은 '복지가족부'로 이관되고, '보건부'는 보건·의료·식의약품 안전 기능에 집중할 수 있다. 보건복지부 소속 질병관리본부는 '보건부' 소속이 된다. '보건부'가 국가 전체적인 보건정책, 의료정책 등을 관장한다면 질병관리본부는 현재와 같이 국가질병관리, 감염병 예방, 희귀질환 관리를 현장에서 담당하게 된다. 실제 각종의 보건 위기 시 질병관리본부는 실행조직으로서 그 위상이 제고되어 2015년 차관급 조직으로 격상되었고, 국내 감염병 발생 시 방역대책본부장의 역할을 수행한다.

정부조직 개편 논의에서 보건정책 기능과 체육정책 기능을 결합하여 '보건체육부'를 설치하는 대안도 제시될 수 있다. 체육정책을 생활체육의 관점에서 본다면 보건정책 기능과 효과적으로 결합할 수 있다. 하지만 정부의 입장에서 본다면 체육은 일종의 산업, 문화, 그리고 국가 이미지 관점으로 접근할 수 있다. 체육이 보건과 건강이라는 관점에서 활용되기도 하지만, 현재 한국의 직업(professional) 스포츠 산업이 확산되고 있고, 소수의 직업체육선수들이 세계에 한국을 알리는 역할을 하고 있다는 점을 감안할 때 체육정책은 산업·문화·여가의 관점으로 볼 수 있다. 따라서 체육 기능은 문화체육관광부가 수행하는 것이 바람직하다.

보건부는 장관과 차관을 두며, 기획조정실·보건의료정책실·보건산업정책국·건강정책국·의약품안전국·의료기기안전국·식품안전국을 두며, 소속기관으로 질병관리본부(차관급)·국립소록도병원·오송생명과학단지지원센터·국립병원(서울, 나주, 부곡, 춘천, 공주, 마산, 목포)·국립재활원을 둔다. 현재 보건복지부 산하 공공기관 중에서 보건 기능을 수행하고 있는 국립암센터, 국립중앙의료원, 건강보험심사평가원, 국민건강보험공단, 한국보건산업진흥원 등과 식품의약품안전처 산하 의료기기정보기술지원센터, 한국식품안전관리인증원 등을 보건부 산하로 둔다.

4) 식품안전정책 조직

자유무역협정(FTA) 확대, 교역량 증가, 출입국자의 증가, 식단의 세계화로 인해 식품 등 먹을거리 수입이 증가하고 있다. 2015년 기준으로 사료용을 포함한 곡물자급률은 23.8%, 사료용을 제외한 식량(식용곡물)자급률은 50.2%,[18] 2013년 기준 육류의 자급률은 71.6%, 2015년 기준 칼로리 자급률은 42.5%로 한국의 식탁은 이미 국제화되어 있다. 수입 식의약품 증가에 비례하여 신종 유해물질이 등장함으로써 안전 사각지대에 대한 지속적인 관리 필요성이 제기되고 있다. 하지만 안전한 식품 소비에 대한 높은 국민적 요구에도 불구하고 식품사고 예방 등에 대한 대처는 선진국에 비해 상대적으로 미흡한 실정이다. 따라서 식품안전 기능 강화를 위해 한정된 예산·인력으로 위험도가 높은 분야에 역량을 집중하여 국민의 안전 체감도를 높이는 것이 중요하다. 정책적으로 위험도에 따른 사전예방 노력 강화, 생활 속 식품안전 관리 강화, 현장 중심 유통제품 관리 강화가 필요하다.

하지만 현재 식품안전행정은 다원화되어 있다. 가공식품 안전관리는 국무총리 소속 식품의약품안전처가 담당하고 농축산물은 농림축산식품부 농림축산검역본부와 농산물품질관리원, 수산물은 해양수산부 수산물품질관리원이 담당하고 있다. 식중독 사고가 발생하였을 때 대부분의 환자는

18) 농림축산식품부 보도자료. (2016). 양곡자급률 현황. 2015년 기준, 4월 21일.

가공식품, 농축산물, 수산물이 모두 포함된 식사를 한 후이기 때문에 원인인자에 따라 식품의약품안전처, 농림축산식품부, 해양수산부가 원인추적과 위해식품 폐기 등의 대응을 하게 되는데, 신속한 대응은 원천적으로 어렵다.

따라서 지금까지 농산물, 축산물, 수산물, 가공식품 생산 및 유통 사업자 위주의 행정체계를 소비자 위주의 행정체계로 전환하면서 장기적으로 '식품부'를 발족하여 식품의 품질과 안전성에 관한 정책 비중을 높이는 것이 적절할 것이다. 이러한 소비자 위주의 행정체제는 농축산물 시장 개방과 관련하여 미국·오스트레일리아·EU·중국 등 관련 국가와의 국제협상에서도 국가이익에 유리하게 작용할 것으로 기대된다. 그리고 품질과 안정성이 강조되면서 국내 농축수산업과 식품산업도 고품질 식품산업으로 전환되고 생산, 유통, 소비의 전 과정이 투명하게 관리될 수 있는 계기를 마련할 수 있다.

장기적으로 식품부가 신설된다면, 식품의 안전과 품질을 강조함에 따라 식품부가 현재 식품의약품안전처(또는 조직 개편 후 보건부)의 식품안전 기능을 이관받을 수 있다. 이를 통해 농산물, 축산물, 수산물, 가공식품의 생산에서 소비에 이르는 전 과정(Farm to Table)을 식품부가 관할하게 된다.

식품행정을 일원화하는 '식품부'가 출범하기 위해서는 농림축산식품부, 해양수산부, 식품의약품안전처의 전면적인 개편이 필요하고, 이에 따라 국토교통부, 산업통상자원부 등 추가적인 개편 수요가 발생하므로 당분간은 식품부 신설의 실현가능성이 없다고 볼 수 있다. 따라서 문재인 정부에서는 '보건부'를 출범하여 식품안전정책을 총괄하되 농림축산식품부와 해양수산부와의 식품 원재료의 안전과 품질관리에 대한 협력체계를 강화하는 노력을 경주해야 한다.

6. 소결

유아·초중등 교육에서의 전면적인 지방자치가 시행되고 있는 점을 감안하여 교육부의 유아·초중등 교육 기능을 시·도 교육청으로 점진적으로 이관하되 국가차원의 유아·초중등 교육의 표준 체계는 교육부가 담당한다. 또한 재정운영의 효율성과 투명성을 확보하고, 급변하는 연구 환경에 유연하게 대응하고자 안정적 운영기반을 갖춘 국립대학교를 단계적으로 법인화하는 방안을 검토한다.

현재 과학기술정보통신부에서 '과학기술부'를 분리 신설하여 기초개발연구·과학기술진흥·연구개발에 역점을 두도록 한다. 동일 부처하에 있는 유사 기능의 복수 연구관리전문기관의 통합을 검토한다. 국가과학기술연구회를 폐지하고, 출연연구기관들의 기능별·부문별 그룹화를 통한 개편방안을 제안한다. 출연연구기관들을 기초종합 분야와 기계·소재, 의료·바이오, 전기·전자, 에너지·환경 등 4개 전문분야 등 총 5개 연구기관으로 통합하여 재편한다.

문화체육관광부는 예술·문화·국어·체육·종교·역사·박물관·도서관·관광 등 문화 진흥 기능과 대외 국가 홍보 기능을 수행하며, 신문·영상·광고·출판과 같은 매체·콘텐트와 저작권 기능은 '정보매체부'에 이관한다.

고용노동부는 노사관계 중심에서 고용 중심으로 전환하며, 취업지원·고용안정화 등의 기능을 강화한다. 여성가족부의 기능과 보건복지부의 복지 기능을 통합하여 복지가족부(차관 2인)를 설치하고, 양성평등, 여성참여, 가족 정책을 통합적으로 추진한다. 그리고 보건복지부의 보건기능과 식품의약품안전처의 기능을 통합하여 '보건부'를 설치한다.

〈표 7-1〉 교육문화복지 기능과 조직 개편안

구 분	대안 및 내용
교육	1) 유아·초중등 교육 기능의 점진적 지방이양 - 교육부의 유아·초중등 교육 기능을 시·도 교육청으로 점진적으로 이관 - 장기적으로 교육공무원들의 신분체계 개편 2) 국립대학 법인화 - 안정적 운영기반을 갖춘 국립대학의 우선적 법인화 추진
과학기술	1) 과학기술부 설치 - 과학기술정보통신부에서 과학기술부 분리 신설 - 기초과학 연구, 과학기술인력 육성, 연구개발 기능 담당 2) 연구관리전문기관, 출연연구기관 개편 - 동일 부처하 유사 기능의 연구관리전문기관을 통합 개편 - 국가과학기술연구회를 폐지하고 출연연구기관들은 기능별·부문별로 재그룹화하여 5개 연구기관으로 개편 3) 원자력안전위원회 현행 유지 4) 우주개발 기능 강화 - '우주개발청' 신설의 타당성은 낮음
문화예술	1) 문화체육관광부 기능 조정 - 매체·콘텐트, 저작권 기능은 정보매체부로 이관 - 관광산업 진흥은 별도의 '관광청' 신설의 타당성은 낮으며, 대신 문화체육관광부 관광산업국 기능 강화 필요 - 국립중앙박물관과 문화재청의 조직 통합은 타당성 낮음
고용	1) 고용정책의 패러다임 변화 필요 - '노동' 중심에서 '고용' 중심으로 정책 중점 전환
복지가족	1) 복지가족부 설치 - 가족정책 중심으로 복지정책 전환 - 여성가족부의 기능과 보건복지부의 복지 기능을 통합 - 제1차관 복지정책 담당, 제2차관 가족·여성 정책 담당 - 현행 국무총리소속 심의기구인 양성평등위원회 유지
보건	1) 보건부 설치 - 보건복지부의 보건 기능과 식품의약품안전처의 기능을 통합하여 보건부 설치 - 보건과 체육 기능을 통합한 '보건체육부'가 논의되지만, 스포츠의 산업성과 국가홍보적 측면을 감안하여 문화체육관광부가 체육정책을 수행하는 것이 타당함

제8장

경제산업공간 기능과 조직

"

경제·산업·공간 정책 기능은 기획재정부(거시경제, 세제, 국고, 국제금융), 금융위원회, 산업통상자원부, 과학기술정보통신부(정보통신), 중소벤처기업부, 농림축산식품부, 환경부, 국토교통부, 해양수산부, 공정거래위원회, 방송통신위원회와 국세청, 관세청, 조달청, 특허청, 농촌진흥청 등 외청에서 수행하고 있다.

"

1. 거시경제와 통계

1960년대 이래 산업화 과정에서 한국 경제는 정부 주도의 고도성장을 이루었고 그 성공의 유산이 고스란히 현재 정부조직에 남아 있다. 산업을 육성하고 기업을 지원하는 다양한 행정기관과 공공기관이 설치·운영되면서 기관 상호 간의 중복적 투자와 지원이 발생하고 있다. 특히 1997년 IMF 구제금융 체제 이후 분절적 정부조직 구조는 이러한 중복 지원에 따른 낭비적 요소를 심화시켰다고 볼 수 있다. 단기적이고 가시적 성과를 확보해야 하는 공직자들은 정부 지원을 이미 시장기제에서 안정적으로 자리 잡고 있는 기업에 집중하게 되고 결과적으로는 지원이 필요한 시장진입 전 또는 직후의 신생기업(start-up)과 벤처기업에 대한 지원은 늘 부족하였다. 이미 세계화(globalization) 환경 속에서 경쟁력을 확보한 기업에게는 정부의 지원만큼 기업의 투자를 줄이는 구축효과(crowding out effect)를 가져왔고 사회적으로 정부의 지원 효과는 미미하였다고 볼 수 있다.

산업에 대한 정부 규제는 지나칠 정도로 복잡하여 규제에 적응하고 있는 기존 기업에 비해 새로운 기술과 서비스를 가진 신생·벤처 기업들은 규제의 덫에서 헤매다 시장 진입의 기회를 놓치게 된다. 따라서 새로운 기술과 서비스 도입을 촉발하는 정교한 규제제도(regulatory system)를 확보하는 것이 절실하다.

세계경제에서 2016년 기준으로 11위의 GDP(IMF, 2017년 4월 발표)와 29위의 1인당 국민소득(IMF, 2017년 4월 발표)이라는 선진국 초입에 위치한 한국경제가 소득 4만 달러 시대를 열기 위해서는 대기업과 중소기업 구분 없이 국제경쟁력을 갖춘 기업들은 글로벌 시장 진출을 적극적으로 추구하면서 수요기반을 넓히고 부가가치를 높여야 한다. 또한 신생·벤처기업들이 혁신적 아이디어와 기술, 서비스와 사업모형(business model)을 끊임없이 시도하고 실패해도 계속 도전할 수 있는 창업생태계가 조성되어야 한다. 경제정책의 방향이나 운영방식을 정부주도에서 민간주도로 과감히 전환해야 할 시점이다. 민간주도 경제에 맞는 규제의 재설계 작업을 진행하여야 하며, 국민의 생활 현장에서 실질적인 도움을 줄 수 있도록 정부의 기업·산업 지원 기능도 지방정부와 함께 수행하는 체제로 전환해야 한다.

문재인 정부는 조직 개편에서 경제민주화와 규제완화, 개방과 공정경쟁 제고를 위해서 선진국의 경제·산업·공간 행정기관들의 운영 체계를 참조할 필요가 있다. 나아가 수출증대와 고도성장을 추구하기 위해 선택된 정부조직 체계를 글로벌 생태계 경쟁과 상생발전을 추구하기 적합한 조직으로 정비할 필요가 있다.

거시경제 지표로서 국민소득(GDP)과 성장률, 물가, 이자율, 환율, 국제수지, 수출입과 증가율, 고용과 실업률, 외환보유규모, 주식시세(KOSPI, 코스닥지수), 국가신용도 등을 꼽을 수 있다. 최근의 거시경제지표에 대한 예측이나 동향 정보를 수집하고 분석하는 업무는 한국은행, 한국개발연구원(KDI) 등의 국내 공공기관이나 연구기관에서 수행하며, 한국의 거시경제 지표에 대해서 세계은행이나 IMF 등의 국제기구와 JP Morgan, BoA 메릴린치 등 민간기관도 정기적으로 자료를 발간하고 있다. 따라서 기획재정부가 별도로 경기와 거시경제 지표에 대한 예측치를 발표하는 것은 적절하지 않다. 정부는 통계청, 한국은행이나 주요 공공기관의 발표치를 인용하고 이에 대응한 정책 방안들을 모색하는 역할을 수행하면 되고, 거시경제정책 기능은 대통령비서실의 '거시경제수석비서관'이 담당하는 것이 적절하다.

2. 재정 운영

고령화가 급속히 진행되고 있고 소득격차가 심화되면서 사회보장적 지출이 증대되고 있는 추세이다. 주요 국가와 비교할 경우 현재 한국의 재정건전성은 상대적으로 양호한 편이다. 하지만 고령화가 급속히 진행되고 있으며 복지에 대한 요구가 크게 증가하고 있고, 교육·일자리·보육·주거 등에 대한 정책수요가 확대됨에 따라 향후 재정 건전성이 악화될 우려가 있다. 세계화 속에서 각국은 법인세, 소득세 인하를 통해 외국인 투자와 기업유치 경쟁을 하고 있는 상황이다. 한국은 개방형 경제 구조를 가지고 있어 대외 경제 여건 변화에 대해 거의 실시간으로 반응하고 있으므로 유럽 재정위기와 미국발 국제통상 갈등 등에 대한 추가적인 대비가 필요하다. 재정지출 수요가 증대하고 있으나 세율 인상을 통한 세수 증대를 도모하기가 어려운 상황이므로 재정운영의 효율성이 매우 중요한 과제가 된다.

이러한 상황을 극복하기 위해 현재 기획재정부의 기능을 기획·예산 기능과 세제·국고·회계 기능으로 분리하여 '기획예산부'와 '재정부'를 설치하기로 한다. 재정부에서 세제, 국고회계 관리 기능을 전문적으로 수행하여 재정운영의 효율성을 높인다. 기획예산부는 복지 등 사회투자 예산의 급증 추세에 대한 통제 기능을 효과적으로 수행할 수 있다는 장점이 있다.

'재정부'는 장관과 차관하에, 기획조정실·세제실·국고국·재정관리국·국제개발금융국을 두며, 소속기관으로 복권위원회 사무처를 둔다. 현재 기획재정부 소속 외청인 국세청, 관세청, 조달청은 징세와 회계적 성격을 감안하여 재정부 소속 외청으로 둔다. 현재 기획재정부 산하 공공기관인 한국조폐공사, 한국수출입은행, 한국투자공사를 '재정부' 산하로 둔다.

3. 금융정책과 감독

1) 금융정책과 감독 기능 통합

유럽 재정위기가 지속되고 중국의 경제성장률이 낮아짐으로써 세계 경제 성장세가 둔화되고, 국제 금융시장 변동이 확대될 것으로 예상된다. 국내적으로도 실물경제의 성장세가 둔화되고 금융 부문의 변동성과 불확실성이 확대될 가능성이 있다. 이러한 상황에서 위기에 강한 금융을 구축하기 위해서 유럽 재정위기, 북한 핵위협 등 시장 상황에 영향을 줄 수 있는 사안에 대하여 선제적으로 대응할 수 있도록 금융시스템 선진화를 추진해야 한다.

선진국의 경우 민간부문에서 금융거래와 기법이 빠르게 발전하고 거래 관행이 정착되면서 제도화와 규제의 틀은 사후적으로 만들어진다. 금융거래의 국제적 성격에 따라 한 국가에서 별도의 법령을 마련하기가 쉽지 않다. 따라서 금융정책 기능은 미약할 수밖에 없으며 대체로 정부 기능은 금융감독 기능 위주로 이루어지고 있다. 많은 국가에서 재무부(Treasury), 금융감독기구, 중앙은행의 3두 체제로 금융정책 및 감독 기능이 수행되고 있다. 상시적으로 금융기관에 대한 불법, 부실, 위험에 대한 모니터링과 시정조치를 금융감독기구가 수행하고, 중앙은행은 통화량과 이자율 등 통화금융 정책수단을 조율하면서 금융시장의 안정을 도모한다. 재무부는 대규모 금융사고로 긴급 재원이 필요할 때 중앙은행의 요청을 받아 긴급 공적자금 지원을 하게 된다. 선진국에서는 대체로 재무부와 금융감독기구는 정부기구이고 중앙은행은 민간특수기구인 체제를 채택하고 있다.

이명박 정부는 기획예산처와 재정경제부를 통합해 기획재정부를 설치하여 경제정책의 총괄역할을 담당하게 하였다. 이와 함께 금융정책에 있어 국제금융정책(외국환거래, 외환시장 및 외환자금에 관한 정책)은 기획재정부가 담당하되 국내 금융정책 기능은 금융위원회에 두는 것으로 역할분담하였다. 하지만, 개방경제 시대에 금융 분야에 국내정책과 국제정책을 엄격히 분리하는 것이 쉽지 않을뿐더러 경제정책 총괄부처인 기획재정부가 국내금융정책에 관여함으로써 양 기관 간의 보이지 않는 갈등이 지속되었다. 글로벌 금융위기 당시 기획재정부와 금융위원회의 국내 은행권에 대한 관여, 통화옵션상품 키코사태, 한국은행법 개정안을 둘러싼 갈등이 지속적으로 반복되었다. 이러한 갈등 상황은 박근혜 정부, 문재인 정부에서도 비슷한 양상으로 나타나고 있다.

또한 금융위원회와 금융감독원을 분리한 결과로 애초에 예상한 균형과 견제의 원리에 따른 양 기관의 유기적인 관계보다는 조율 기능 없는 상호간의 대립을 일으킨 측면이 있다. 금융산업에 대한 정책과 감독 기능은 상시 엄격하게 이루어져야 하는데, 현재의 기획재정부의 국제금융정책, 금융위원회의 국내금융정책, 금융감독원의 금융감독 규제집행의 다기화된 체제는 금융위기 상황에 효과적으로 대응하기 어렵다. 금융정책 기능은 금융시장에 대한 상시적인 정보를 바탕으로 수행되어야 하는데, 금융감독 기능과 분리되어 수행되면 효과성과 적시성에 문제가 발생할 수 있기 때문이다. 따라서 금융정책과 금융감독 기능은 통합적으로 수행되는 것이 바람직하다.

2) 금융정책·감독 전담 조직

세제·국고·회계·금융 기능을 통합한 경제 부처인 '재정금융부'를 설치하고, 소속 외청으로 '금융감독청'을 두는 방안이 논의되고 있다.[1] 하지만

1) 재정금융부를 설치할 경우 예산과 기획을 담당하는 '기획예산부'가 별도로 설치된다.

금융감독청은 재정금융부의 외청이기 때문에 금융감독 기능에 필요한 법률과 시행령 제·개정은 재정금융부가 주관하고 시행규칙 제·개정 권한만 갖는 형태로 운영되어 금융감독 기능의 자율성이 떨어진다. 또한 일반적인 부-청 관계에서 볼 수 있듯이 재정금융부와 금융감독청 사이에 필연적으로 기능중첩이 발생하여 책임소재의 문제가 발생할 우려가 있고, 재정금융부가 금융감독청에 지나치게 강한 권한을 행사할 우려가 있다. 2008년 이후 지금까지 진행 중인 국제금융위기에 효율적으로 대응하고, 미국 트럼프 정부의 보호무역주의와 미국과 중국의 통상갈등에 따른 불확실성에 대응하기 위해서 국제금융과 국내금융 정책을 통합하고, 금융정책 기능과 금융감독 기능을 통합적으로 운영하는 것이 필요하다. 따라서 금융정책의 전문성 확보를 위해 '금융부'를 신설하여 기존 기획재정부의 국제금융정책, 금융위원회의 국내금융정책, 금융감독원의 금융감독 기능을 통합적으로 수행하게 한다.[2)]

금융부는 현행 기획재정부의 국제금융정책 기능(외국환 거래, 외환시장 및 외화자금 시장에 관한 정책 등)과 금융위원회의 국내금융 기능(국내 금융시장 선진화, 국민 금융의 편리성 확보 등), 금융감독원의 금융감독 기능(건전한 신용질서 확립, 공정한 금융거래 관행 확립 등)을 통합한다.[3)] 금융감독원을 금융부 내부 부서 조직으로 통합함에 따라 현재 민간인인 금융감독원 직원의 신분을 공무원으로 전환하게 되는데, 금융감독 직렬을 만들어 금융감독원 직원을 금융부 공무원으로 전환한다. 2001년 1월 일본에서 성·청개혁 때 금융감독청을 내각부 소속 금융청으로 개편

2) 2008년 국제금융위기 발생 이후 주요 국가에서는 금융정책과 금융감독 기능에 대한 개편에서 통합성과 책임성을 강조하고 있다.

3) 금융부가 국제금융정책 기능을 이관받아도 국제개발금융과 이에 따른 세계은행, 아시아개발은행 등과의 협력 기능은 기획재정부('재정부')가 담당한다.

하여[4] 금융정책과 감독기능을 통합한 사례도 참조가 된다. 또한 한국의 행정법과 규제법 체계상 국민의 권리를 제약하거나 의무를 부과하는 기관은 공무원 조직으로 구성하는 것이 바람직하다. 미국의 증권거래위원회(Securities and Exchange Commission)와 일본의 금융청(Financial Service Agency)은 국가공무원 기관이며, 영국의 금융서비스위원회(Financial Services Authority)는 국가공무원 조직과 공공기관의 중간 정도의 성격인 것을 참조할 수 있다.[5]

금융부는 장관과 차관을 둔다. 내부 조직으로 기획조정실·국제금융정책국·국내금융정책국·은행감독실·투자감독실·보험감독실·소비자보호실 등을 두며, 금융부 소속기관으로 금융정보분석원·공적자금관리위원회사무국을 둔다. 신용보증기금, 예금보험공사, 한국자산관리공사, 한국주택금융공사, 한국산업은행, 중소기업은행, 한국예탁결제원 등 현재 금융위원회 산하 공공기관을 금융부 산하로 변경한다.

3) 한국은행

한국은행은 한국은행법에 따라 정부에 대해서 독립성과 중립성을 확보한다. '기획예산부', '재정부', '금융부'가 국가 경제성장을 위한 정책을 추진한다면, 한국은행은 통화신용정책을 바탕으로 금융안전과 물가안정에

4) 2000년 7월 총리 소속의 금융개혁위원회를 설치하여 금융정책의 이관을 준비하였다.

5) 영국 정부 조직체계에서 독립규제기관을 정부기관과 공공기관의 중간적 성격으로 설정하는 경우가 있는데 FSA 외에도 통신방송 규제기구인 Office of Communications(Ofcom)도 비정부 특수기관의 성격을 갖는다. FSA는 금융서비스와 시장법(2000)에 의해 설치된 독립규제기구이며 금융산업에서 재정지원을 받는 회사형태의 조직이다. 재무부(Treasury)가 FSA 이사회를 임명하며 이사회는 이사장, 대표이사(CEO)와 9명의 비상임이사(그중 한 명이 부이사장)로 구성된다. 이사회는 전반적인 정책을 결정하며 일상적인 의사결정과 직원 임용은 이사장과 대표이사의 몫이다.

초점을 둔다. 중국의 중국인민은행과 같이 중앙은행이 정부조직에 포함되는 예외적인 사례가 존재하지만, 대부분의 국가에서 재무부와 금융감독기구는 정부기구이고 중앙은행은 민간 특수법인이며, 재무부-금융감독기구-중앙은행의 3두 체제로 금융정책 및 감독 기능이 견제와 균형을 이루고 있다.

따라서 한국은행은 현재와 같이 중앙정부에 독립적으로 통화신용정책을 추진하는 것이 타당하다. 한국은행은 통화량과 이자율 등 통화금융 정책수단을 조율하면서 금융시장의 안정을 도모하고, 정부정책 수립에 필요한 거시경제 지표에 대한 예측치를 발표한다. 또한 세계경제의 불확실성으로 인해 저성장·고물가(스태그플레이션)의 우려가 있기 때문에 효과적인 물가안정을 위해 금융통화위원회 구성원의 전문성과 운영의 독립성이 보다 강화되어야 할 것이다.

한국은행은 집행간부로서 대통령이 임명하는 총재 및 부총재 각 1인을 두고 있고, 정책결정기구로서 금융통화위원회를 두고 있다. 현재 금융통화위원회는 한국은행 총재, 부총재, 기획재정부 장관 추천 1인, 한국은행 총재 추천 1인, 금융위원회 위원장 추천 1인, 대한상공회의소 회장 추천 1인, 사단법인 전국은행연합회 회장 추천 1인 등 7인의 위원으로 구성되며, 한국은행 총재는 금융통화위원회 의장을 겸임한다.

4. 소비자 보호와 공정거래

현재 소비자보호정책은 공정거래위원회가 총괄하고 있고 소비자 권익 제고와 분쟁조정 등 소비자 구제 업무는 공정거래위원회 산하 준정부기관인 한국소비자원이 수행하고 있다. 공정거래위원회가 기존 소비자 보호 관련 법령과 함께 소비자기본법을 관장하면서 기본정책과 분야별·기능별 정책을 통합함으로써 시너지효과를 얻을 수 있다.

중저소득층과 중소기업 보호에 대한 국민적 요구가 증대됨에 따라 각종 정책적 대안마련의 중요성이 부각되고, 한·미, 한·EU FTA 등 대외개방이 가속화되면서 국내시장의 경쟁 환경 및 공정위원회의 법집행 환경에도 상당한 변화가 예상되고 있다. 이에 따라 공정거래위원회는 대기업과 중소기업이 공정거래, 동반성장 할 수 있도록 하는 동반성장 문화를 지속적으로 확산시키고 하도급 거래 질서가 바로 설 수 있도록 한다.

공정거래위원회와는 별도로 전통적으로 공익성이 강하고 과거 공기업 형태로 운영되었거나 공기업 형태가 유지되고 있는 금융, 통신, 방송, 전기 등의 부문에서 산업별 규제기구가 운영되고 있다. 현재 방송통신위원회, 산업통상자원부 내 전기위원회, 금융위원회와 금융감독원 등이 산업별 규제기구라고 볼 수 있다. 이들 산업별 규제기구와 시장경쟁과 공정거래를 담당하는 공정거래위원회 간에 관할권 경쟁이 발생하고 있으므로 양 규제기구 간의 적절한 역할분담 방안이 마련되어야 한다.

따라서 공정거래위원회가 소비자 보호 및 공정거래 정책을 총괄하고, 산업별 규제기구가 병렬적으로 산업별 규제를 시행하는 대안을 제안한다. 당분간은 산업별 규제기구와 공정거래위원회 중에서 어느 한 기구에 배타적 권한을 부여하거나, 한 기구의 권한을 다른 기구의 권한에 우선 적용하는 방식을 적용하는 방안은 합의되기 어렵다고 본다. 따라서 '금융부', '정보매체부' 등 개별 규제기관이 병렬적으로 산업별 규제를 수행하고, 규제기관 간 사안별로 상세한 사전적 조정규정을 기관 간 양해각서(MOU) 형태로 마련하고 규제집행 단계에서 기관 간에 사안 처리 정보를 공유함으로써 중복규제의 폐해를 줄여야 한다.[6)]

5. 산업진흥과 기업지원

1) 전문기술인력 양성 지원

산업진흥을 위해 전문기술인력 양성이 중요하다. 전문기술인력 양성기능은 교육부 인정 전문대학과 대학교, 과학기술정보통신부 산하의 한국과학기술원(KAIST), 광주과학기술원(GIST), 대구경북과학기술원(DGIST), 울산과학기술원(UNIST), 농림축산식품부 소속의 한국농수산대학, 고용노동부 산하의 한국기술교육대학교와 11개 한국폴리텍대학 등 다양한 기관을 통해 수행하고 있다.[7)] 각 部가 산하에 대학교를 설치·운영하고 있는

6) 통신·방송·우편·철도·고속도로·전기·가스·상수도 등 공기업의 민영화 이후 네트워크 성격의 산업 규제를 통합적으로 관장하는 기반사업규제위원회(network services regulatory commission)로 발전시키는 대안을 고려할 수도 있다. 독일의 경제기술부 소속 외청인 네트워크청(Federal Network Agency, FNA)에서 전기, 가스, 통신, 우편, 철도 산업을 규제하고 있다. 하지만 이 대안은 한국 상황에서는 현실성이 낮다. 한국의 경우 공기업이 민영화되었다고 해도 완벽하게 시장체제에 흡수되는 것이 아니라 여전히 소관 부처의 방계조직(extended arm of government)으로 존재하기 때문에 하나의 규제조직이 네트워크 산업 전체를 통합 관장하는 것은 어렵기 때문이다.

7) 한국산업기술대학교, ICT폴리텍대학은 사립학교 법인 형태를 취하고 있으나 각각 산업

형태는 일반 대학교에 대해서 불공정 경쟁을 하는 것이고 퇴직 후 고위 공무원이 산하 대학교의 자리로 옮긴다는 비판에서 자유롭지 못하다. 따라서 4년제 대학교는 고등교육법의 적용을 받는 법인으로 통일적으로 관리되는 것이 바람직하다.[8)]

고용노동부는 한국폴리텍대학을 통해 현장 기술인력을 양성하는 역할을 담당하되 한국폴리텍대학이 전문대학과 불공정 경쟁을 하지 않도록 유의하여야 한다. 즉 한국폴리텍대학은 공립·사립 전문대학이 배출하지 못하는 분야의 현장투입 기술인력 위주로 교육 프로그램을 운영할 필요가 있다. 농림축산식품부 소속기관인 한국농수산대학도 장기적으로 한국폴리텍대학의 '농업수산업 기술 및 경영' 특성화대학으로[9)] 통합 운영되는 것이 바람직하다. 고용노동부는 현장 기술인력 양성과 함께 실업자 취업훈련과 전직훈련도 담당하되, 지방자치단체의 다양한 교육훈련기관과의 협력적 관계를 적극적으로 활용하여야 한다.

2) 산업기술 진흥

산업통상자원부는 과학기술정보통신부 못지않은 연구개발 예산을 지출하고 산업기술혁신법을 소관하고 있다. 산하에 한국산업기술진흥원과 한국산업기술평가관리원을 두고 응용기술과 제품개발 단계의 연구개발을 지

통상자원부, 과학기술정보통신부의 직·간접적인 재정 지원이 대학 운영비의 절반 이상을 차지하고 있으며 당연직 이사로서 정부고위공무원 및 유관 공공기관의 장이 참여하고 있다. 따라서 실질적으로는 산업통상자원부, 과학기술정보통신부의 산하 교육기관으로 볼 수 있다.

8) 육군·해군·공군 사관학교, 국방대학교 등은 특수성을 인정할 수 있으나 경찰대학은 인정하기 어렵다.

9) 한국폴리텍대학은 7개의 지역대학과 3개 특성화대학(섬유패션, 항공, 바이오), 총 34개 캠퍼스로 구성되어 있다.

원하고 있다.[10] 그리고 산업통상자원부는 「산업기술혁신법」 제42조에 따라 전문생산기술연구소의 설립을 허가하고 있다. 전문생산기술연구소는 중소·중견 기업을 위한 주요 사업으로 시험·평가·장비 및 공정기술 등의 개발 및 상담·교육지원, 소속연구원의 파견 등 인력지원 및 기술지원, 시험연구시설·설비 및 전문기술정보의 제공, 국제산업기술협력을 통한 외국 우수기술의 습득 및 이전, 기술개발성과의 기술이전 및 기술지도 등이다(「산업기술혁신법」 제42조 제3항). 현재 전문생산기술연구소는 전자부품연구원, 자동차부품연구원, 한국정보기술연구원 등 15개 기관[11]으로 운영되고 있다.

전문생산기술연구소는 공공연구기관으로서 국가연구개발사업에 참여하고 있으나, 연구기관으로서 정체성이 약화된 모순적인 조직 위상을 가지고 있다. 공공부문의 의존도가 높음에도 공공기관은 아닌 모호한 조직적 위상을 가지고 있어, 관리감독의 사각지대에 존재하며 이에 따라 불투명한 기관 운영, 정부출연연구기관과의 기능중복 문제가 제기되고 있다(엄수홍·김태진, 2015). 또한, 중소기업 지원에 있어서는 민간부문과의 역할 및 기능이 중복된다는 논의가 제기되고 있다(엄수홍·김태진, 2015). 이처럼, 전문생산기술연구소는 과학기술분야 정부출연연구기관과 민간부문 연구소와 그 역할과 기능이 중첩되어 있고, 그 중첩된 기능의 부정적 측면이 부각된다는 점에서 전문생산기술연구소의 기능을 재편하는 것을 제안한다. 장기적으로는 이들을 유관 산업협회 소속의 민간설립 연구소로 전환하는 방안을 추진할 수 있다.

10) 연구관리전문기관 통합 차원에서 한국산업기술평가관리원과 한국산업기술진흥원의 통합을 고려할 수 있다.

11) 15개 전문생산기술연구소는 전자부품연구원, 자동차부품연구원, 한국광기술원, 한국조선해양기자재연구원, 중소조선연구원, 한국섬유개발연구원, 다이텍연구원, 건설기계부품연구원, 한국패션산업연구원, 한국니트산업연구원, 한국실크연구원, 한국섬유기계연구원, 한국신발피혁연구원, 한국로봇융합연구원, 한국정보기술연구원 등이다.

3) 투자유치 지원

1980년대 후반부터 2007년까지 고도 경제성장을 지속했던 아일랜드의 경우 산업개발청(Industrial Development Agency, IDA)이 외국투자유치에 관한 강력한 권한을 발휘하여 세계 유수 기업들을 유치하는 데 성공한 것이 고도 경제성장의 주요한 요인이라고 평가받고 있다. 현재 산업통상자원부와 대한무역투자진흥공사(KOTRA)가 외국인 투자유치를 주관하고 있다. 기업유치를 위한 세제 혜택, 인허가, 기술인력 확보 등 다양한 여건을 통합적으로 수행하기 위해 산업통상자원부는 '기획예산부', '재정부', 고용노동부, 행정안전부, 환경부, 국토교통부 등 관련 부처와 적극적인 협력관계를 유지해야 한다.

현재 외국기업 투자 유치를 위한 경제자유구역은 인천(송도·청라·영종지구), 부산·진해(신항만·명지·지사·두동·웅동지구), 광양만권(광양·율촌·신덕·화양·하동지구), 황해(송악·인주·포승지구), 대구·경북(구미디지털산업·대구테크노폴리스지구), 새만금·군산(새만금산업·관광지구), 동해안권(북평·망상·옥계지구), 충북(오송·청주지구) 등 8개가 지정되어 있다. 산업통상자원부가 경제자유구역, 자유무역지역, 산업단지, 산업혁신클러스터 업무를 통합적으로 수행하고 있다.

산업통상자원부는 장관, 차관, 통상교섭본부장을 두고 있다. 차관하에 기획조정실(정책기획관·비상안전기획관)·산업혁신성장실(시스템산업정책관·중견기업정책관)·산업정책실(산업정책관·지역경제정책관·산업기술정책관)·에너지자원실(에너지자원정책관·에너지산업정책관·원전산업정책관·신재생에너지정책단)을 두고 있고, 통상교섭본부장하에 통상차관보·통상정책국·통상교섭실(자유무역협정정책관·자유무역협정교섭관·동아시아자유무역협정추진기획단)·무역투자실(무역정책관·투자정책관·통상국내정책관)을 두고 있다. 산업통상자원부 소속기관으로 국가기술표준원·무역위원회·광업등록사무소·광산안전사무소(동부, 중부, 서부, 남부)·전기위원회·경제자유구역기획단·자유무역지역관리원(마산, 군산, 대불, 동해, 율촌, 김제, 울산) 등이 있다. 산업통상자원부 산하 공공기관은 한국가스공사, 한국광물자원공사, 한국남동발전(주), 한국남부발전(주). 한국동서발전(주), 한국서부발전(주), 한국석유공사, 한국수력원자력(주), 한국전력공사, 한국중부발전(주), 한국지역난방공사, 주식회사 강원랜드, (주)한국가스기술공사, 대한석탄공사, 한국전력기술(주), 한전KDN(주), 한전KPS(주) 등 17개 공기업, 한국무역보험공사, 한국원자력환경공단, 대한무역투자진흥공사, 한국가스안전공사, 한국광해관리공단, 한국디자인진흥원, 한국산업기술진흥원, 한국산업기술평가관리원, 한국산업단지공단, 한국석유관리원, 한국세라믹기술원, 한국에너지공단, 한국에너지기술평가원, 한국전기안전공사, 한국전력거래소 등 15개 준정부기관과 (재)한국스마트그리드사업단, 전략물자관리원, 한국로봇산업진흥원, 한국산업기술시험원, 재단법인 한국에너지정보문화재단, 한전원자력연료(주), 의료법인 한전의료재단 한일병원, 한국전력 국제원자력대학원대학교, 재단법인 한국에너지재단 등 9개 기타 공공기관 등이 있다.

4) 중소기업 지원

대외적으로는 세계경제의 불확실성과 변동성 확대로 인하여 글로벌 리스크가 확대될 우려가 있다. 글로벌 경제 위기는 국내 실물경제에 전이 가능성이 있으며, 특히 경제활동 여건이 불리한 중소기업의 체감경기에 더욱 부정적으로 영향을 미치게 된다. 여러 국가와 추진되고 있는 FTA가 한국 경제에 새로운 희망으로 작용하기 위해서는 FTA를 통한 중소기업의 시장 확대 효과가 반드시 필요하다. 삼성전자, LG전자, 현대·기아자동차 등 국내 주요 대기업은 수출과 외국 현지 투자를 통해 글로벌 기업의 위상을 확보하고 독자적인 경쟁력을 확보하고 있다. 따라서 대기업에 대해서는 공정경쟁의 질서를 형성하도록 하고, 주요 산업지원정책은 중소기업을 대상으로 추진하는 것이 바람직하다.

문재인 정부에서 신설된 중소벤처기업부가 범정부적인 중소기업정책을 총괄 조정하고, 기업지원 사업을 총괄하고 있다. 기업지원의 집행은 지방중소기업청과 산하 준정부기관인 중소기업진흥공단이 수행하고 있다. 중소벤처기업부는 중소·벤처기업 중심의 경제구조로의 전환이라는 비전을 가지고 중소·벤처기업의 성장환경 조성, 소상공인·자영업자 역량강화, 대·중소기업 간 격차해소, 공정거래 질서 확립 등을 목표로 설치되었다.

현재 각 부처가 관련 업체에 대한 지원업무를 수행하고 있는 실정에서 제조업, 전기전자업, 서비스업, 유통업뿐만 아니라 건설업, 정보통신방송업, 농수산물유통, 식품업, 약품업 등 모든 산업분야의 중소기업을 중소벤처기업부가 총괄하는 것은 어렵다. 따라서 출범 초기에는 중소벤처기업부는 타 부처와의 수평적 협력관계를 조성하는 것이 필요하다. 다만, 중소기업, 벤처기업, 창업기업(startup)을 구분할 실익이 없기 때문에 현재의 중소벤처기업의 명칭을 중소기업부로 변경할 것을 제안한다.

중소벤처기업부는 장관과 차관하에 해외시장정책관·기획조정실(정책기획관)·중소기업정책실(중소기업정책관·성장지원정책관·지역기업정책관)·창업벤처혁신실(창업진흥정책관·벤처혁신정책관·기술인재정책관)·소상공인정책실(소상공인정책관·상생협력정책관)을 두고 있고, 소속기관으로 12개 지방중소벤처기업청(서울, 부산, 대구·경북, 광주·전남, 경기, 인천, 대전·충남, 울산, 강원, 충북, 전북, 경남)과 3개 공업고등학교(구미전자, 전북기계, 부산기계)가 있다. 중소벤처기업부 산하 공공기관으로 기술보증기금, 중소기업진흥공단, 중소기업기술정보진흥원, 소상공인시장진흥공단 등 4개의 준정부기관과 (재)중소기업연구원, (주)중소기업유통센터, 신용보증재단중앙회, 창업진흥원, 한국벤처투자, 주식회사 공영홈쇼핑, 재단법인 장애인기업종합지원센터, 사단법인 한국산학연협회 등 8개의 기타 공공기관이 있다.

6. 통상교섭·협상

유럽발 재정위기와 미국발 국제통상 갈등, 중동정세의 불안정을 비롯한 범세계적 안보위협, 아태지역을 둘러싼 주도권 경쟁 과열, 동아시아의 영토분쟁 등 국제 정세는 급변하고 있다. 또한 한·EU, 한·미, 한·중 자유무역협정(FTA)이 발효되었고 한·중·일 3국 간 FTA협상이 진행되고 있다. 특히, 한·미 자유무역협정의 경우 개정 요구 등 미국 트럼프 행정부의 보호무역주의 강화에 대한 대응 부담이 상당한 상황에서 통상교섭 기능의 강화가 향후 주요한 국정과제가 될 것이다. 따라서 산업통상자원부의 통상교섭 기능을 분리하여 '통상교섭부'를 설치하는 대안, 통상교섭본부를 외교부에 통합하여 '외교통상부'로 환원하는 대안, 현행과 같이 통상교섭본부를 산업통상자원부 소속으로 유지하는 안이 논의되고 있다.

통상교섭 기능은 1998년 3월 당시 외무부가 외교통상부로 개편되면서 외교통상부 내 통상교섭본부(본부장은 차관급이나 대외적으로는 장관 역할)가 담당하였다. 박근혜 정부 출범 초기에 통상교섭 기능이 산업통상자원부로 이관되면서 실 조직단위로 축소되었다. 2017년 7월 정부조직 개편에서 통상교섭본부로 승격되고 본부장은 차관급이나 대외적으로 통상장관의 지위를 회복하였다. 문재인 정부 출범 당시 통상교섭 기능을 산업통상자원부 내로 유지할지, 외교부로 다시 이관할지에 대한 논의도 많았는데, 산업통상자원부에 두는 것으로 결정되었다.

통상교섭 전담 部를 설치하여 전면으로 부각시킬 경우 신속한 FTA 타결 및 개정을 원하는 상대방 국가들에게 지나치게 노출될 우려가 있기 때문에 향후 한국의 통상교섭의 협상력에 부정적인 영향을 미치고 정부에 큰 부담이 될 우려가 있다. 한편, 통상교섭과 산업정책은 지향점이 달라 두 기능이 하나의 部에서 수행되기 어려운 측면이 있으나, 통상 현안이 산적한 상황에서 주무 부처를 바꾸는 것은 현실적으로 쉽지 않다.

따라서 현재 비교적 성공적으로 수행되고 있다고 보고 통상교섭 기능을 산업통상자원부에 두되, 통상교섭본부가 독립적인 기능을 가지며 본부장은 대외적 장관이며 차관급인 현재 체제를 유지한다. 다만 통상교섭본부 직원들의 전문성 확보를 위해 산업통상자원부 내 타 직위로의 전보인사는 최대한 억제한다.

7. 정보통신 · 콘텐트

1) 정보통신기술과 산업융합

정보통신기술(ICT)은 급속히 발전하고 사회경제 각 영역에서 널리 활용되면서 다양한 기술과 결합되어 새로운 융합 산업을 만들어내고 있다. 또한 최근 Super-Computing과 Hyper-Connectivity를 두 축으로 하는 지능

정보변혁(Smart Transformation)을 통하여 스마트 도시(Smart City)와 스마트 카(Smart Car), 사물인터넷(Internet of Things), 인공지능과 빅데이터를 이용한 예측분석 서비스, 로봇이나 무인정찰기 등 원격제어 장비, 클라우드 기술을 이용한 모바일 가상화 서비스 등 새로운 융합기술 분야가 등장하고 있다. 이러한 ICT에 기반을 둔 융합 흐름은 새로운 산업과 시장을 창출하거나 기존 기술 기반의 시장을 재편하고 있다.

통신의 한 분야인 데이터통신으로 출발한 인터넷은 전화 등 대표적 통신 영역을 삼키면서 방송, 영상, 영화, 신문, 출판, 광고 등의 영역을 수용할 정도로 성장하고 있다. 규제가 거의 없는 인터넷 포털은 사회경제적 영향력을 급속히 확장하고 있다. 이미 오래전에 네이버(주)의 주식 시가총액이 SK텔레콤과 KT를 훨씬 넘어섰다. 2018년 4월 1일 기준으로 세계 기업 시가총액 순위를 보면, 1위 애플, 2위 알파벳(Alphabet; 구글의 모회사), 3위 마이크로소프트, 4위 아마존, 5위 텐센트 등 상위 5개 회사 모두 인터넷·정보통신 회사이다. 소프트웨어·인터넷 기업들의 짧은 역사를 감안한다면 인터넷 영역의 잠재적 영향력을 실감할 수 있다. 덕분에 정보통신 기기·부품을 생산하는 삼성전자, LG전자 등 국내기업들은 세계선도 기업으로 성장하였다.

박근혜 정부는 출범 초기 미래창조과학부를 신설하고 이명박 정부 동안 여러 부처로 분산되었던 정보통신정책 기능을 통합하였으나 방송통신위원회의 방송통신사업 규제 기능은 분리한 채로 오늘에 이르고 있다. ICT의 급속한 발전과 ICT를 활용하거나 ICT를 기반으로 하는 혁신적 서비스 확산에 지금까지 정부는 효과적으로 대응하지 못하고 있는 실정이다. 방송통신위원회와 미래창조과학부(과학기술정보통신부)는 정치적으로 민감한 방송문제에 함몰되어 기존 경계와 틀을 허무는 융합적·혁신적 서비스를 위한 규제개혁이나 제도 정비, 제때의 인허가 등을 제대로 수행하지 않았고 오히려 미래창조과학부와 방송통신위원회는 규제관할권 경쟁에 몰입해 왔다고 볼 수 있다. 박근혜 정부의 정보통신전략위원회와 문재인 정부의 4차산업혁명위원회도 다부처 간 정책조정 역할을 하지 못하면서 여전히 정보통신정책과 혁신정책은 표류하고 있다고 할 수 있다. 그동안 논의된 콘텐트－플랫폼－네트워크－기기(C-P-N-D; Content, Platform, Network, Device)로 구성되는 ICT 생태계의 균형적인 발전과 상생구조를 조성하자는 요망이 실천되지 않고 있다.

2) C-P-N-D 생태계를 위한 정보통신·콘텐트 조직

ICT 생태계는 각 영역이 연결되어 서로 영향을 주고받기 때문에 영역 간 융합을 보다 잘 구현하기 위해 시의적절한 정책이 필요하다. 현재 콘텐트, 소프트웨어, 네트워크, 기기 등 ICT 생태계의 구성요소가 문화체육관광부, 과학기술정보통신부, 방송통신위원회로 분산되고, 행정안전부의 정부와 지역 정보화 기능도 미흡하다. 국내 ICT 사업자 간 공정거래 질서를 확립하고, C-P-N-D의 각 영역이 유기적으로 연결되고 작동하는 생태계 구축을 위해서는 ICT 생태계를 통합적으로 관장하고 정보화 기획의 전문성을 확보할 수 있는 ICT 전담부처를 신설할 필요가 있다.

정부의 ICT 관련 정부조직을 개편하기 위한 기본 전제는 콘텐트(Content), 플랫폼(Platform), 네트워크(Network), 기기(Device) 등 C-P-N-D 생태계의 선순환적 발전을 위해서 유관 정책 기능의 통합이 필요하다는 것이다. 그리고 ICT 생태계의 경쟁력을 바탕으로 범국가적으로 각 부문에서의 ICT 기반의 혁신과 새로운 서비스를 창출하는 것이 요구된다. 특히 일자리 창출이 사회 각계각층의 공통적 요구이고, ICT 기반의 혁신이 새로운 비즈니스를 창출하고 부가가치가 높은 일자리를 만들어내는 첩경이기 때문에 ICT 생태계와 ICT 기반의 혁신이 절실한 국가적 요구가 된다.

정부 ICT 전담조직 개편의 방향은 다음과 같다. 첫째, 과학기술정보통신부, 방송통신위원회, 문화체육관광부, 행정안전부, 산업통상자원부로 분리되어 있는 ICT 관련 정책 기능을 통합하여 독임제 부(部)를 설치한다. 현행 분산형 조직체계가 ICT와 기존 영역의 산업, 문화, 기술의 융합을 촉진하는 차원에서 접근한다면, 집중형 조직체계는 C-P-N-D 생태계를 통합적으로 관장하면서 ICT 생태계 경쟁력을 높이고 ICT 기반의 혁신 분위기를 조성하는 데 기획과 업무추진력 면에서 효과적일 것이다. 또한 C-P-N-D 생태계의 산업을 육성하는 정책에 요구되는 신속성과 효율성을 담보하기 위해서는 합의제보다 독임제 정부조직이 더 적절하다고 본다. ICT 업무 범위에 C-P-N-D 각 영역의 전문인력 양성과 연구개발, 창업·중소기업 지원, 영역 간 연계정책 수립, 보안, 국가정보화 기획, 정보문화 확산, 정보격차 해소, 개인정보보호, 국제협력 등을 포함한다.

둘째, 여론형성에 큰 영향을 미치는 방송정책 사안은 공정성·다원성·신중함을 요구하므로 합의제 기구에서 다루는 것이 적절하다. 특히 정치적으로 민감할 수 있는 방송사업자의 재허가·재승인, 방송평가, 공영방송사 임원 선임·추천, TV수신료 등의 업무를 담당하는 '방송규제위원회'를 ICT 전담 部를 보완하는 관점에서 설치할 필요가 있다. 방송규제위원회를 部와 별개의 중앙행정기관인 행정위원회로 하는 대안과 ICT 전담 부 내의 반독립적인(semi-independent) 규제위원회로 설치하는 대안을 검토할 수 있다. 전자의 경우 방송위원회와 정보통신부로 방송과 통신이 이원화된 과거에 엄청난 관할권 갈등을 경험했기 때문에 방송정책을 놓고 방송규제위원회와 ICT 전담 部 간의 갈등이 과거와 유사한 형태로 전개될 소지가 있다. 따라서 후자의 형태로 ICT 전담 部 내에 방송규제위원회를 설치하면 두 기관 간 갈등이 내부화되어 상대적으로 용이하게 정책갈등이

해소될 수 있을 것이다. 두 기관의 위상과 관계는 정보통신부와 통신위원회, 고용노동부와 중앙노동위원회를 참조해서 정할 수 있다.

방송규제위원회 업무는 정치적으로 민감하고 정치권과 정부의사결정 집단에게는 중요한 사안이지만 업무량은 많지 않을 것이기 때문에, 다수의 위원들은 비상임으로 두는 것이 적절하다고 본다.

C-P-N-D와 ICT 기반의 국가혁신 기능을 핵심에 두고, 산업·문화·기술 등 ICT와 유관 기능을 어디까지 포함하느냐에 따라 다양한 ICT 정부조직 체계가 도출될 수 있다. ICT 전담 독임제 조직 대안을 C-P-N-D 생태계 범위의 3가지로 나눌 수 있다. 첫째, 통신, 방송, 인터넷, 소프트웨어, 디지털 콘텐트, ICT 송수신 기기 부문의 전문인력양성, 기술개발, 중소기업 지원 등의 지원 기능, 서비스 인허가, 공정경쟁, 기술표준 등 규제 기능, 보안, 개인정보보호, 국가정보화 기획, 정보문화와 정보격차 해소 등 ICT 기반의 혁신의 조성, 국제협력 등을 담당하는 '정보통신부'를 신설하는 방안이다. 둘째, '정보통신부'가 포함하는 기능에 추가로 온라인·오프라인 구분 없이 신문, 출판, 게임, 음악, 영상, 영화 등의 매체·콘텐트와 저작권 보호 기능을 담당하는 '정보매체부'를 신설하는 방안이다. '정보통신부'에 비해 콘텐트 산업 영역의 디지털과 온라인으로의 전환을 촉진하는 안이다. 셋째, '정보통신부'가 포함하는 기능에 추가로 전자 기기 기능을 담당하는 '전자정보부'를 신설하는 방안이다. '정보통신부'에 비해 전자 기기의 온라인 네트워크 연계 서비스와의 통합 추세를 감안하여 전자기기산업과 ICT 생태계의 융합을 촉진하는 안이다.

C-P-N-D의 네 영역 중에서 N(Network)과 D(Device) 영역은 한국이 국제적 경쟁력을 가지고 있는 데 반해 C(Content)와 P(Platform), 다시 말해 콘텐트와 소프트웨어 영역은 상대적으로 국제적 경쟁력이 약하다. 애플, 구글, 아마존, 마이크로소프트, 텐센트 등의 글로벌 ICT 기업과 비교

하면 대한민국의 ICT 대기업과 생태계의 약점은 소프트웨어와 콘텐트 분야에 있음이 분명하다. 소프트웨어와 콘텐트는 한국 청년들의 관심이 많고, 잠재적 경쟁력을 확보하기 용이하고, 다수의 창업·중소기업이 작동할 수 있어 좋은 신규 일자리가 창출될 수 있는 영역이다. 대기업이 주도하는 N과 D 영역은 정부의 역할이 제한적이고 소프트웨어와 콘텐트 영역은 여전히 정부의 적극적인 역할이 요구된다고 볼 수 있다. '정보매체부'는 오프라인 콘텐트를 소프트웨어 기술 기반의 디지털 콘텐트로 전환을 촉진할 수 있다는 장점이 있다.

D 영역을 전자기기 전반으로 확대할 경우 정부정책의 관여나 정책 효과가 높지 않은 데 반해, ICT와 반도체나 디스플레이 등 타 산업의 중첩 범위가 넓어지면서 ICT 전담부처와 산업통상자원부의 갈등을 조장할 수 있다. ICT의 타 산업 융합정책은 산업통상자원부 등 해당 영역 주무부처가 수행해 왔고 앞으로도 적극적으로 추진해야 한다는 점에서 현실 적합성이 높지 않다.

따라서 3가지 대안 중에서 '정보매체부' 대안을 최적안으로 선택한다. 정보매체부(Ministry of Information and Media)는 C-P-N-D 생태계를 지원하고 ICT 기반의 국가혁신을 도모하는 部이다.

정보매체부는 각 부처가 소관업무 영역에서의 ICT 기반의 혁신 사업을 추진하는 데 있어서 기술기반적 지원을 하여 각 부처와 업무영역 갈등을 최소화한다. 예로서 전자정부는 행정안전부가, 예술공연에서의 ICT의 활용과 디지털 도서관 사업은 문화체육관광부가, 자동차, 조선, 가전 등 주력산업에서의 ICT를 통한 융합과 혁신 사업은 산업통상자원부가, ICT를 통한 새로운 의료서비스(U헬스)는 '보건부'가, ICT를 활용한 농업경영(스마트 팜) 도입은 농림축산식품부가, 디지털 교과서 개발과 스마트 학교 사업은 교육부가 담당한다. 각 ICT 기반의 혁신 사업은 각 부처 국고예산으로 추진되나 추가적 재원으로 '정보매체발전기금'[12]을 활용할 수 있다.

정보매체부는 장관과 차관을 둔다. 내부 조직으로 기획조정실·정보화전략실·영상광고정책실·네트워크정책실·미디어출판국·주파수관리국·저작권보호국·이용자보호국·국제협력국 등을 두며, 정보매체부 소속 기관으로 방송규제위원회 사무처·국립전파연구원·중앙전파관리소 등을 둔다. 정보매체부 소속 외청으로 우체청을 둔다. 산하 공공기관으로 정보통신산업진흥원, 한국정보화진흥원, 한국방송통신전파진흥원, 한국인터넷진흥원, 한국콘텐츠진흥원, 방송광고진흥공사, 시청자미디어재단, 한국언론진흥재단, 한국저작권위원회, 영화진흥위원회, 한국영상자료원, 방송문화진흥회, 뉴스통신진흥회, 한국출판문화산업진흥원, 한국데이터진흥원, 한국저작권보호원, 영상물등급위원회, 게임물관리위원회, 언론중재위원회 등을 둔다.

정보매체부 내에 방송사업자에 대한 규제를 담당하는 '방송규제위원회'를 설치한다. 방송규제위원회는 행정처분을 독자적으로 하는 반독립적(semi-independent) 기구이며, 지상파방송·종합편성채널·보도전문채널 사업자의 재허가, 재승인 등 인허가, 공정거래 감독, 분쟁조정, 방송평가, TV수신료 등 정치적으로 민감할 수 있는 업무를 담당하는 합의제 기구이다. 방송규제위원회는 차관급 상임위원 1인을 포함하여 9인의 위원으로 구성된다. 정치적 중립성을 확보하기 위해, 9인 중 6인은 국회의 추천을 받고, 나머지 3인은 대통령이 지명하여 임명한다. 위원장은 위원들의 호선 방식으로 선출하고 상임위원은 대통령이 지명한다. 지원조직으로 사무처(1급)를 두는데, 위원회 사무처와 정보매체부의 인사는 통합적으로 운영된다.

방송, 통신, 인터넷의 정보내용물에 대한 윤리 심의 기능은 현재와 같

12) 과학기술정보통신부의 정보통신진흥기금과 방송통신위원회의 방송통신발전기금을 통합한 기금이다.

이 방송통신심의위원회(비정부기관)에서 수행한다. 현재 9인의 위원 중 6인을 국회가 추천하고 나머지 3인은 대통령이 직접 지명하여 위촉하며, 위원장(상임), 부위원장(상임), 상임위원은 위원들이 호선한다. 인터넷이 생활의 모든 부문으로 확산되면서 방송통신심의위원회가 현실적으로 심의할 수 있는 정보·콘텐트가 제한적일 수밖에 없고 인터넷의 자유를 신장한다는 점에서 인터넷 부문의 심의를 최소한으로 하고 자율 규제 기능을 강화할 필요가 있다.

3) 우체국·우편 기능의 조정

과학기술정보통신부 우정사업본부가 수행하고 있는 기능은 우편, 물류, 금융 등 다양하다. 주요국에서 우편사업은 통신정책을 관장하는 部에서 함께 다루는 경우가 많은데 오랜 기간 우정사업 기능이 통신과 함께 발전되어 왔기 때문이라고 본다. 체신부·정보통신부의 우정국에서 정보통신부·지식경제부·미래창조과학부·과학기술정보통신부 등 정보통신산업 담당 部 소속 우정사업본부(본부장 1급)로 유지되어 왔다.[13)]

2017년 기준으로 우정사업본부는 세입 8조 3,758억원[14)], 인력 4만

13) 주요국에서 우편은 통신관계 정부기관의 감독을 받지만 우정금융 기능은 금융 규제기관의 감독을 받는다. 미국 USPS는 우편업무만 담당하는 독립행정기관이고 일본은 일본우정의 3개 자회사(우편, 은행, 생명보험)가 총무성의 감독을 받으며 현재 은행과 생명보험은 민영화 과정에 있다. 영국의 국영기업인 Royal Mail은 우편서비스를 제공하면서 민간금융회사의 상품을 위탁판매하고 있으며 Ofcom의 감독을 받고 있다. 프랑스의 공기업 La Poste도 ARCEP의 감독을 받고 자회사 La Banque Postale은 금융감독원(ACP)의 감독을 받는다. 중국의 국영기업인 중국우정그룹은 우편서비스를 하고 자회사인 저축은행과 생명보험을 통해 금융서비스를 제공하고 있다. 미국과 한국이 정부조직으로 우편서비스를 제공하는 거의 유일한 사례이고 대부분의 OECD 회원국가에서는 공사 또는 민영회사 형태로 우편(또는 우정금융)서비스를 제공하고 있다.

14) 과학기술정보통신부 2018년 예산 현황.

1,855명(계약직 포함)[15]으로 예산과 인력 규모를 감안하면 1급 본부보다는 차관급 청 단위가 적절하다고 본다. 우정사업본부를 신설 '정보매체부' 소속 '우체청'으로 개편한다.[16] 우체청 내부 조직은 청장(차관급)하에 차장을 두고, 경영기획실·우편사업단·예금사업단·보험사업단을 두고 지방우체청을 둔다. 우체국·우편과 관련한 과학기술정보통신부 산하 공공기관인 (재)우체국시설관리단, 별정우체국연금관리단, (재)우체국금융개발원, (재)우체국물류지원단, (재)한국우편사업진흥원, 별정우체국연금관리단, (재)우체국시설관리단 등을 '우체청' 산하 공공기관으로 이관한다.

인터넷 무선통신 등의 발달로 우편물량이 크게 줄어 2017년 우편사업은 6년 연속 적자를 내고 있는 상황이라는 것을 고려하였을 때, '우체청'으로 승격된 후 공사로의 전환 방안을 검토할 필요가 있다.[17] 우편서비스와 우체국금융 업무의 경우 이미 시장에서 민간기업과 부분적으로 경쟁하고 있고, 향후 5년 이내에 공사 형태로 전환하지 않을 수 없는 환경을 맞이할 수 있다. 참고로 우편·우체국금융을 정부기관(공무원 조직)에서 담당하는 주요 국가는 한국과 미국뿐이다. 일본의 경우 2001년 우정성이 총무성으로 통합되면서 총무성 우정기획관리국과 우정사업청으로 분리되고 2006년 우정사업청은 공사(일본우정)로 전환하였다. 일본우정은 2007년에 우편국회사, 우편사업회사, 우편저금회사, 간이보험회사 등 4개 자회사의 지주회사로 출범하였고 2015년에는 일본우정의 지분 20%를 민간에 매각한 바 있다.

---

15) 이정봉. (2017). 우정사업본부 비정규직 실태와 과제. 한국노동사회연구소 KLSI Issue paper, 미래창조과학부공무원노동조합.

16) 우정(郵政, postal service)은 우체국 또는 우편 업무의 행정을 의미하는 일본식 용어이다. 서비스 제공 기관에 관하여 일반 국민에게 익숙한 우체국 또는 우편을 바로 연상시키는 용어를 사용하는 것이 바람직하다.

17) 이뉴스투데이. (2017). 우본, "경영합리화 계획 수립...우편·금융사업 강화", 12월 18일.

8. 식품·농수산업

주요국과의 자유무역협정(FTA)으로 시장개방이 확대됨에 따라 농축수산식품이 새로운 수출 유망품목으로 등장하고 있다. 하지만 국제 경제위기와 기후변화로 인해 국제 곡물·사료 시장의 불안정성이 커지고, 그 여파는 국내 농어업 경영비 상승과 수출 감소요인으로 작용하고 있다. 국내적으로도 국지성 집중호우 등 기상이변에 따라 농경지 침수, 양식품목 폐사 등이 빈발하여 이에 대한 정책대응 필요성이 증대하고 있다. 이 외에도 휴양·경관 등 농어촌의 유·무형 자원에 대한 국민적 관심이 증대되어 농어촌 경관의 중요성이 부각되고, 향토자원을 활용한 지역산업 발전 방안과 도시민의 귀농·귀촌지원 등을 위한 정보·교육에 대한 수요도 증가하고 있다.

이와 같은 내·외부 정책 수요에 효과적으로 대응하기 위해 농축산물과 수산물을 포함한 식품행정은 소비자 위주의 행정체계로 전환되어야 하며, 국내 농업인·어업인·식품생산업자 등 생산자의 안전성, 품질에 대한 의식이 획기적으로 제고되어야 개방 환경에서 농업과 어업이 경쟁력을 확보할 수 있다. 국내 농축수산업이 고품질 경쟁을 통해 국내외 소비자에게 신뢰를 얻고 제품인지도를 확보한다면 새로운 '식품산업'으로서 국제 경쟁력을 확보할 수 있다고 본다. 현재 미국과 EU와의 FTA 등을 통해 시장개방이 확대되면서 외국에서부터 농수산물 식품 수입이 증대되고 있다. 소비자의 높은 안전성과 품질 요구 환경에 한국 정부와 생산자가 적극적으로 대응해야 한다.

1) 소비자 위주로 전환

지금까지 농림축산식품부와 해양수산부는 농축산물·수산물 생산현장을 중심으로 농어민과 농어민 단체를 지원하고 생산·어로 기술을 지원하는 방식의 생산자 위주의 행정을 하였다고 본다. 앞으로는 농산물과 수산물 그리고 그 가공식품을 소비하는 소비자 위주의 행정으로 전환하여야 하며 소비자 관점에서 식품의 소비, 유통, 생산과 수입 단계에서 품질과 안전성을 확보하는 것을 최우선적으로 고려하여야 한다.

식품안전사고가 발생하면 신속히 원인 추적을 할 수 있는 체계를 마련하기 위해서는 생산지에서 소비자 식단까지(Farm to Table) 식품의 생산과 유통 경로가 추적되어야 한다. 식품 칼로리 기준으로 국내 식품자급률이 2015년 기준 42.5%[18]인 것을 감안한다면 식품안전에 대한 감시망이 국내 생산유통뿐만 아니라 국제적인 생산유통 과정에서도 필요하다. 현재보다 수출입 식품 검역 기능이 대폭 강화되어야 하며, 주요 수입식품의 경우 외국의 농수산물과 식품의 생산현장에 대해 일정수준 감독할 수 있는 행정체계도 마련되어야 한다. 최근 수입신고와 검역 과정을 거치지 않은 중국산 위해식품이 유통되어 문제가 된 사건이나 중국·동남아시아산 발암제품 검역 소홀문제 등이 계속해서 발생하는 것은 식품안전성 검증체계의 문제를 보여주는 사례이다. 또한 수입산 식품에 대한 일부 국민의 불안을 해소하기 위한 노력도 계속되어야 한다.

2) 식품행정체계 검토

현재 농축산물의 생산은 농림축산식품부가, 수산물은 해양수산부가, 식

18) 한국농촌경제연구원. (2016). 식품수급표 2015년.

품의 유통단계와 가공식품 생산 유통은 식품의약품안전처가 담당하고 있다. 미국의 농무부와 식품의약품청(FDA), 일본의 농림수산성과 후생노동성, 프랑스의 식품농수산농촌지역개발부와 고용노동보건부 등 주요국의 식품행정체제는 현재 한국과 같이 다원화되어 있다. 이와 달리 영국의 환경식품농촌부는 식품행정이 농업농촌과 환경 행정 기능과 통합되어 있고 독일의 식품농업소비자보호부는 식품행정을 우선하는 사례로 볼 수 있다.

소비자의 의식과 권익의 향상과 시장 개방의 확대는 농산·축산·수산물 등 식품행정체계를 생산자 위주에서 소비자 위주로 전환시켰다. 따라서 생산자정책에 초점을 두고 있던 농림축산식품부를 소비자정책으로 전환하는 의미에서 '식품농림축산부'로 명칭을 변경하는 것을 고려해볼 수 있다. 주요 기능은 유사하지만, 농축산물의 품질과 안전성이 강조되면서 국내 농축산업이 고품질 식품산업으로 전환되고 생산, 유통, 소비의 전 과정이 투명하게 관리될 수 있는 계기를 마련할 수 있다.

농축산물과 수산물 모두를 포함할 경우 '식품부'로 개편될 수도 있다. '식품부'가 식품의 안전성을 강조하고 생산자 위주의 행정에서 소비자 위주의 행정으로 전환하면서 식품부의 농축수산식품의 안전과 품질 기능과 현행 식품의약품안전처[19]의 식품안전 규제 기능을 통합할 수 있다.[20]

하지만 아직은 농축수산업계의 식품안전에 대한 전문성과 조사의 객관성에 대한 국민적 신뢰가 충분하지 않기에 당분간은 현행과 같이 농림축

19) 현재 식품의약품안전처는 식품안전(건강기능식품·주류 안전 포함) 의약품안전(바이오의약·한약·의약외품·화장품 안전 포함), 의료기기안전 기능을 수행하고 있다.

20) 식품안전 관련된 식품생산 주무부처(농림부 등)와 위생 주무부처(보건부, 식의약부 등) 간의 갈등을 해결하기 위해 '식품안전위원회' 혹은 '식품안전처'의 신설 대안이 논의되기도 한다. 일본의 경우 농림수산성과 후생노동성으로 나누어진 식품안전관리 기능을 조율하기 위해 총리 소속의 식품안전위원회를 두고 있다. 영국의 경우 식품안전 기구로 환경식품농촌부와 보건부 중에서 보건부에 조금 가까운 독립적인 식품기준청(Food Standards Agency, FSA)을 두고 있다.

산식품부와 해양수산부는 식품의 생산과 가공 전(前) 단계의 안전 기능을 담당하고, 보건부는 가공되어 유통되는 식품의 안전 기능을 담당하는 체제를 유지하는 것이 타당하다.

또한 박근혜 정부에서 식품의약품안전청이 국무총리 소속의 식품의약품안전처로 격상되면서 농림축산식품부의 식품의 생산에 대한 감독 기능이 대부분 이관되었음에도, 먹거리의 생산과 관련된 업무는 농림축산식품부에서 계속 수행해야 할 필요성에 의하여 농림축산식품부에 '식품'의 명칭을 존속하였다. 장기적으로는 '식품부'로의 명칭 및 기능 변경이 필요한 것으로 판단되나, 식품부로의 개편은 대규모 정부조직 개편을 유발하므로 당분간은 현행과 같은 농림축산식품부와 해양수산부의 체제로 유지하는 것이 타당하다고 본다.

수입 농수산물과 식품의 안전성을 확보하기 위해서 농림축산식품부의 농림축산검역본부와 해양수산부의 국립수산물품질관리원이 수행하는 수입식품 검역 기능과 국내수입식품을 생산하는 외국 생산현장에 대한 조사 기능을 강화한다. '보건부'의 지방식품의약품안전청의 식품안전에 대한 검사 및 단속, 농림축산식품부 농림축산검역본부와 해양수산부 국립수산물품질관리원의 지역검역검사소의 식품·동식물 안전검사 및 단속 등의 규제집행 기능과 전문성을 강화해야 한다. 특히 농림축산검역본부와 국립수산물품질관리원, '보건부'의 식품안전 부서, 농산물품질관리원 등의 지역조직은 한국 식품안전의 문지기(gate keeper)기능을 수행하기 때문에 모든 지역에서 균등한 역량과 전문성을 확보하는 것이 중요하다. 따라서 이들 지역 조직 공무원들은 국가공무원 신분을 유지하는 것이 타당하다.

농림축산식품부는 현재 장관과 차관하에 차관보·기획조정실(정책기획관·비상안전기획관)·식품산업정책실(식품산업정책관·유통소비정책관·농업생명정책관)·농촌정책국·농업정책국·식량정책관·국제협력국·축산정책국·방역정책국 등이 있다. 현재 농림축산식품부의 소속기관으로 농림축산검역본부·국립농산물품질관리원·농식품공무원교육원·한국농수산대학·국립종자원 등이 있다. 농림축산식품부의 산하 공공기관으로 한국마사회, 한국농수산식품유통공사, 한국농어촌공사, 농림수산식품교육문화정보원, 농림식품기술기획평가원, 축산물품질평가원, (재)한식재단, 가축위생방역지원본부, 국제식물검역인증원, 농업정책보험금융원 등이 있다.

3) 농림수산 기술 개발과 보급

현재 영세한 농민과 어민에 대한 농업·어업 기술의 지원 기능은 민간부문으로 이관되기 어렵고 당분간은 정부 또는 공공기관이 제공하여야 한다. 농업·어업 기술 전수를 주 기능으로 하는 농촌지도, 어촌지도 기능을 농어촌 지원의 다른 기능들과 통합적으로 수행하여 시너지효과를 얻기 위해서는 지원정책 – 기술개발 – 기술보급 행정체계가 통합될 필요가 있다. 농촌지도 기능을 농촌진흥청에서 농림축산식품부로 이관하는 대안을 고려한다면, 농촌진흥청의 농업기술개발 기능과 농림축산식품부의 농업기술보급 기능이 분리되는 문제가 발생한다.[21] 결국 농촌진흥청 – 농업기술원(9개 도) – 농업기술센터(특별시·광역시·시·군)로 이어지는 농업·농민·농촌에 대한 지원체계 대신 농림축산식품부가 지방정부의 농정 부서[22]와 연계되고 농림축산식품부 소속기관으로 전환된 4개 과학원(국립농

21) 어업기술보급은 해양수산부 소속 국립수산과학원 형태이고 산림업기술보급은 산림청 소속 국립산림과학원 형태이므로 부·청의 행정 기능하에 기술개발과 기술보급이 통합되어 있다.

22) 예시로 경상북도에 농축산유통국의 농업정책과, FTA농식품유통대책단, 친환경농업과, 농촌개발과, 축산정책과, 동물방역과가 있고, 의성군에 농정과, 축산유통과가 있다.

업과학원, 국립식량과학원, 국립원예특작과학원, 국립축산과학원)이 도 농업기술원과 시·군 농업기술센터와 연계되는 체계로 바꾸는 방안이 된다. 농촌진흥청이 농림축산식품부와 비교해서 지방정부와 함께 농업기술 정책추진을 효과적으로 잘 할 수 있느냐의 문제로 귀착된다. 도 단위에서 농정국과 농업기술원 간의 관계나 시·군 단위에서 농정과와 농업기술센터 간의 관계도 마찬가지이다. 일반행정부서에 비해 농촌진흥청-농업기술원-농업기술센터의 농업·농촌에 대한 특화된 기술전문성과 서비스전달방식의 경쟁력이 확보되지 않으면 농촌진흥청-농업기술원-농업기술센터는 장기적으로 존립하기 어렵고 산하 공공기관 또는 민간기관으로 전환될 수밖에 없다.

이명박 정부를 위한 대통령직인수위원회가 제기했던 농촌진흥청의 정부출연연구기관으로 전환 방안[23)]은 당장 실현가능성은 크지 않다. 한때 도시화가 진행되면서 시 단위 농업기술센터의 폐지 움직임이 있었으나 저항에 부딪혀 사라졌다. 그러나 농업기술센터가 자치단체장과 의회 그리고 주민의 관심과 지지를 잃게 되면 시청의 농정 부서와 통합될 수도 있다. 이에 따라 도 단위 농업기술원과 이어서 농촌진흥청의 개편 방안이 다시 부상할 수 있을 것이다.

현재 농촌진흥청은 청장과 차장하에 기획조정관·연구정책국·농촌지원국·기술협력국 등을 두고 있고, 소속기관으로 4개 과학원(국립농업과학원, 국립식량과학원, 국립원예특작과학원, 국립축산과학원), 산하 공공기관으로 농업기술실용화재단을 두고 있다. 한편 해양수산부 소속 국립수산과학원과 산림청 소속 국립산림과학원은 현행 기능과 조직을 유지한다. 농촌진흥청, 산림과학원, 수산과학원의 연구직과 지도직의 직급을 연구

23) 제17대 대통령직인수위원회. (2008). 정부 기능과 조직 개편.

사·연구관 2개에서 연구사·연구관·연구감 3개로 세분화하여 근무활력을 제고한다.[24)]

9. 에너지·자원·환경

1) 에너지·환경 기능 통합 검토

온실가스 배출량 세계 7위인 한국은 교토 의정서의 의무부담국가에서 제외되었으나, 2015년 파리협약 이후부터 온실가스 감축에 동참하고 있다. 기후 협약이 지속됨에 따라 에너지 효율성이 새로운 무역장벽이 되고 있는 점을 감안한다면, 주력산업의 수출 안정성 확보를 위해 생산 환경뿐만 아니라 상품 자체의 에너지 효율성 제고도 중요하다. 파리기후협정의 비준동의안이 2016년 11월 3일 국회에서 통과되어 한국은 기후변화 저감(mitigation)을 위해 이산화탄소 배출량을 2030년 전망치 대비 37%를 감축하여야 하며 결국 에너지소비량도 연차적으로 줄여야 되기 때문에 환경행정 기능과 에너지행정 기능은 보다 긴밀하게 조율되어야 한다.

기후변화(온난화) 저감을 위한 이산화탄소 배출량 감축은 화석에너지 사용량 감소와 고비용 산업구조 문제와 연결되기 때문에 산업통상자원부의 에너지 정책 패러다임의 변화가 요구된다. 현재 환경부는 폐기물관리, 수질·대기질 오염 예방, 상하수도 관리, 생태보존 등의 기능을 수행하는

24) 지도사(연구사)는 6급 상당, 지도관(연구관)은 1~5급에 해당한다. 연구사·연구관·연구감 체계는 대학의 조교수, 부교수, 정교수의 3직급 체계와 정부출연연구기관의 부연구위원, 연구위원, 선임연구위원의 3직급 체계를 참조하였다.

데 인구 증가, 도시 확산, 소비 증가, 환경인식 제고 등으로 점차 그 기능이 강화되고 있는 추세이다. 산업통상자원부는 석유·석탄·가스 등 에너지원과 철광석, 알루미늄, 구리 등 1차자원과 같은 희소한 자원을 확보하기 위해 노력하고 있다.

기후변화에 따른 이산화탄소 배출 감축 관점에서 본다면 에너지행정 업무와 환경 업무를 통합적으로 관리할 필요성이 커진다. 하지만 환경부의 에너지 및 자원 사용 감축 관점과 산업통상자원부의 국제적 자원 확보 관점은 통합되기 어렵다. 세계 주요 국가들 역시 환경 관련 조직과 에너지·자원조직을 분리하고 있다. 미국은 환경보호처(Environmental Protection Agency, EPA)가 있으나 에너지부(Department of Energy)를 별도로 두고 있고, 일본은 환경성이 있으나 경제산업성에서 에너지를 담당하고 있다. 독일은 환경자연보존원자력안전부에서 기후변화와 원자력안전 규제기능을 담당하지만 에너지 전반에 대한 업무는 경제기술부에서 담당하고 있다. 이와 달리 덴마크의 기후에너지부(Ministry of Climate & Energy)는 온실가스 감축과 에너지 정책을 동시에 수행하고 있다.

한국의 경우 환경정책은 에너지정책뿐만 아니라 국토개발정책까지 고려해서 포괄적으로 이루어져야 하기 때문에, 당분간은 환경정책 전문 조직 유지가 필요하다. 또한 국내 에너지와 자원이 충분하지 않는 상태에서 에너지 자원 확보를 위한 국제협력과 탐사 활동은 여전히 중요하다. 호주의 기후변화에너지효율부(DCCEE)와 같은 기후변화 전담부서, 덴마크의 기후에너지부(MCE)와 같은 기후변화에너지 통합 부처의 설치는 한국 상황에서는 타당성이 낮다. 따라서 당분간은 에너지·자원 정책을 산업통상자원부에서 담당한다.

환경부는 현행 조직체계와 산하 공공기관을 그대로 유지한다. 다만, 최근 황사와 미세먼지가 대기질을 저하시키는 등 대기 오염에 관한 문제가 심각해 지고 있으므로, 이를 중점적으로 관리하기 위해 산림청을 현재 농림수산식품부 소속에서 환경부 소속으로 변경할 필요가 있다.

환경부는 장관과 차관하에 기획조정실·환경정책실·기후대기국·토양환경국·물환경정책국·상수도국·생활환경국·자원순환국·생태보존국·국제협력국 등을 두고 있다. 소속기관으로 국립환경과학원·국립환경인력개발원·온실가스종합정보센터·유역환경청(한강, 낙동강, 영산강, 금강)·수도권대기환경청·지방환경청(대구, 원주)·중앙환경분쟁조정위원회 사무국 등을 둔다. 환경부 소속 외청으로 기상청과 산림청을 둔다. 환경부 산하 공공기관으로 한국환경공단, 국립공원관리공단, 한국환경산업기술원, 수도권매립지관리공사, 국립낙동강생물자원관, 한국상하수도협회, 환경보전협회 등이 있다. 기상청 산하 공공기관으로 한국기상산업기술원, (재)APEC기후센터, (재)한국형수치예보모델개발사업단이 있다.

2) 산림행정

2016년 미세먼지 경보와 주의보가 내려진 횟수가 1년 중 40일에 육박할 정도로 심해지고 있다.[25] 이렇듯 자주 그리고 심하게 대기 중에 부유하는 미세먼지는 주민들의 건강에 심각한 문제를 일으킬 수 있다는 점에서 중점적으로 관리하고, 대응해야 할 필요성이 커지고 있다.

현재 산림행정은 보전 기능과 일부 육림 기능을 포함하고 있다. 최근 전국의 환경개선 사업의 확대에 따라 수목 공급이 확대되면서 산림청에서 산림분야의 육림업(임업) 지원 기능이 강조되고 있다. 그러나 산림행정의 기조는 산림 보존 기능이며 환경부가 수행하는 환경보존과 생태보존 기능

25) 환경부. (2017). 대기환경연보.

과 밀접한 기능으로 볼 수 있다. 산림청은 기후변화에 대응한 산림자원의 가치를 높이기 위해서 산림환경 변화를 고려하면서 산림자원을 육성하고 숲 가꾸기를 통해 탄소 흡수원을 확충하고 산림경관 가치를 제고할 필요가 있다. 또한 건강한 산림생태계를 조성·관리하기 위해서 산림생물의 다양성을 보전하고 자원화하는 노력이 필요하다. 산림청은 환경부로 소속을 변경하고 육림업을 환경산업의 한 부분으로 간주하여 진흥할 수 있다.

또한 환경부 산하 준정부기관인 국립공원관리공단이 국립공원 내의 안전관리, 불법시설물 단속, 무단폐기물 단속 등의 규제업무를 수행하고 있는데, 산림청이 환경부로 소속이 바뀌면 部 차원에서 산림청의 산림보존과 관리 기능과 국립공원관리공단의 기능을 보다 효율적으로 조율할 수 있을 것이다.[26] 현재 산림청 산하 공공기관으로 한국임업진흥원, 한국산림복지진흥원 등이 있다.

3) 물 관리

현재 기후변화로 인한 국지성 호우 및 가뭄이 전세계 각지에서 빈번하게 발생하고 있고, 물의 이용과 관련된 물 분쟁[27]발생이 늘어나기도 하는 추세로 물 관리에 대한 중요성이 높아지고 있다. 물 관리와 관련된 화두로는 기후변화 대응, 지속가능성, 통합물관리 등의 주제어가 등장하고 있다.

---

26) 현재 국립공원관리공단 직원은 민간인 신분으로 규제 권한이 제한적이기 때문에 국립공원 관리를 위한 규제집행에 어려움이 발생하고 있다. 국립공원관리공단을 산림청과 통합하여 국립공원관리공단의 직원을 공무원으로 신분을 전환하고 산림보존과 국립공원 관리 기능을 통합적으로 수행하게 되면 규제집행력도 확보하고 관할 중복에 따른 비효율을 줄일 수 있다. 장기적으로 환경부 산하의 국립공원관리공단과 환경부로 이관된 산림청을 통합하여 '자연보존청'으로 개편하는 대안을 검토할 수 있을 것이다.

27) 동아일보. (2018). "나일강 물은 우리것… 상류댐 완공 앞두고 아프리카 삼국지", 3월 1일.

한국은 물 관리 기반시설물은 상대적으로 잘 갖춰져 있다고 평가받고 있으나 정부부처 간, 이해당사자 간 거버넌스의 측면에서는 문제가 발생할 가능성이 상존하고 있다. 특히, 하천관리, 홍수예방, 생활·공업용수 공급 등의 수량관리는 국토교통부, 상하수도, 수질관리 등은 환경부, 농업용수 개발 및 관리는 농림축산식품부, 수력발전은 산업통상자원부, 소하천 정비 및 재해대응 등 안전관리는 행정안전부에서 담당하는 등 물 관리와 관련된 각 기능들이 정부의 각 조직에 산재하고 있다(워터저널, 2016).

현재 정부의 분산된 기능체제는 각 기능에 대해 전문성 있는 업무를 추진할 수 있다는 점에서 과거부터 유지되어 왔다. 그러나 이러한 체제는 부처 간 업무 중복, 조정의 문제, 유사부문에 대한 중복 투자 문제 등의 부작용을 수반하게 되었다(안경섭, 2012).[28] 이에 따라 국가의 물 정책을 총괄·관리·평가할 수 있는 총괄조정 부처가 부재한 상황이라는 비판을 받고 있다. 그뿐 아니라, 물 관리에 대한 기능분산은 국제적인 통합 물 관리 방향과도 맞지 않는다는 점에서 개선하자는 요구가 존재한다.

물 관리정책 기능 중복을 개선하고, 최근 논란이 되고 있는 수질관리의 중요성[29]을 고려해볼 때 물 관리 기능 주체에 대한 통합이 논의되고 있다.[30] 물 관리 기능 일원화를 위해 수량관리를 하는 국토교통부의 수자원국과 수질관리를 담당하는 환경부의 조직과 기능의 통합 주장에 찬반이 갈리고 있다. 통합 찬성 입장은 국토교통부 수자원 기술 인력이 환경부로 이관된다면 환경부가 홍수예방 및 대응 능력을 확보할 수 있고, 환경

28) 안경섭. (2012). 정부 물관리 정책 기능 중복 개선에 관한 연구. 「한국사회와 행정연구」, 23(3): 183-208.

29) 한국일보. (2017). 가뭄 vs 녹조라떼...4대강 보 개방의 딜레마, 6월 1일.

30) 연합뉴스. (2017). "물관리 일원화로 효율적 수자원 활용·방재기능 향상", 8월 24일.

부·기상청·소방방재청이 협력하여 홍수 예방 및 대응 기능을 수행할 수 있다고 주장한다. 대체로 유럽국가에서는 물 관리 기능을 환경부에서 통합적으로 관리하는 추세에 있다.[31] 이러한 관점에서 본다면 한국도 장기적으로는 수자원시설 개발 기능은 국토교통부가 수행하고 개발된 댐 등의 시설의 운영은 환경부가 담당하는 방식을 고려할 수도 있다.

한편 일각에서는 여름 시기에 집중된 호우와 봄과 겨울철 가뭄 등의 문제에 대한 대응과 4대강 사업 이후 하천의 지속적인 정비와 시설에 대한 보완의 필요성과 아직까지 수자원의 개발과 운영이 중요함을 들어 환경부로의 물 관리의 일원화가 홍수예방, 가뭄대응 등의 역량을 약화시킬 우려가 있다는 주장을 하고 있다. 또한, 수자원 개발과 규제업무가 한 부처에 집중되는 데에 따른 혼선, 환경부 조직의 비대화, 물 관리와 국토 관리의 연계성 부족 등을 이유로 물 관리 일원화에 반대하고 있다.[32]

물 관리 논쟁은 1994년 이후 국가물관리기본법안이 발의된 이후부터 지속적으로 논박이 진행되어 왔고, 문재인 정부가 출범한 이후 현재까지 실질적인 물 관리 일원화는 현실적·정치적 어려움에 직면한 것으로 보인다. 따라서 장기적인 관점에서는 국제적인 추세에 맞추어 환경부로의 물 관리 일원화를 추진할 수 있겠으나, 당분간은 실현가능성이 크지 않다고 본다.

---

31) OECD 35개 회원국 중 영국·프랑스·독일 등 23개국에서 환경부서가 물 관리 업무를 통합하고 있다. 유럽 국가들은 환경관련 部가 물 관리를 담당하는 추세이나, 미국은 내무부가 수자원 관리 기능을 수행하고 일본은 국토교통성이 하천 관리 기능을 담당하고 있다.

32) 한겨레. (2017). “정치논리에 발목잡힌 물관리 일원화 내년엔 될까”, 12월 27일.

10. 국토·교통·해양

현재 주택 수요에 대한 패러다임이 변화하고 있고 주택거래가 급락하면서 전·월세 시장이 불안해지고 있다. 하지만 주택시장의 경우 각 지방정부가 재개발정책 등을 통해 공급을 조절할 수 있기 때문에 과거와 달리 정부의 대규모 정책 개입의 필요성은 낮다. 이명박 정부의 대단위 토목사업이었던 4대강 사업은 마무리되었으나, 지류지천은 기후변화에 따른 이상홍수에 여전히 취약한 상태로 남아있다. 따라서 정부는 개발과 보호의 균형을 맞춘 국토공간 형성이라는 관점에서 수자원 시설 및 관리 기능을 담당해야 할 것이다. 또한 건설, 물류, 항공, 해양 등 국토공간 활용정책이 장기적인 관점에서 조화와 균형을 이룰 수 있도록 전략적이고 종합적인 접근이 필요하다.[33]

1) 육상·해상교통 통합 논의

이명박 정부가 설치한 국토해양부는 건설교통부의 건설·육상교통 기능과 해양수산부의 해양항만·해운 기능을 통합한 조직 체계이었고[34] 항

33) 김포·김해·제주를 제외한 11개 지방공항이 매년 수십억 원씩의 적자를 기록하고 있고, 특히 무안공항과 양양공항은 시설 규모에 비해 운송실적이 턱없이 부족하다. 그럼에도 불구하고 정치권에서는 김제공항·울진공항의 완공을 추진하자는 논의가 나오고 있다.

34) 해양공간 관리와 해운항만 기능을 국토관리 기능과 육상·항공 교통 기능과 통합하여 국토해양부가 담당하고, 수산 기능은 농림수산식품부가 담당하는 이명박 정부의 부처 체계는 일본의 국토교통성과 농림수산성 체계와 유사하다. 주요 선진국의 경우, 캐나다의 수산해양부(Department of Fisheries and Oceans) 사례를 제외하고는 내각장관 기구로서 해양수산부 형태는 찾기 어렵다.

만지역 개발에서의 해운과 도로·철도망 연계, 인근 지역의 개발계획과의 연계를 통한 효율성을 추구하고자 하였다. 하지만 현실에서는 국토해양부 장관의 해운에 대한 전문성과 정책적 관심 부족으로 기대했던 도로·건설·해양·항만 등 국토공간 개발의 시너지가 나타나지 않았다. 국토해양부 내에서 국토 관리와 해양 관리의 이질적 성격으로 해운과 해양관리는 정책의 우선순위에서 밀리고 말았다. 결국 박근혜 정부가 출범하면서 정치적 이유로 다시 해양수산부가 부활하게 되었다.[35)]

당분간은 해양수산부를 개편하는 것은 정치적 실현가능성이 미미하므로 국토교통부와 해양수산부의 상시적인 정책조정체계가 잘 작동되는 것을 도모해야 한다.

2) 국토교통부의 기능 조정

주택·부동산에 대한 중앙정부의 지나친 규제를 줄이고, 중앙정부는 국가 전체적인 공간계획에 집중하고, 각 지방정부가 주도적으로 지역 공간을 개발 활용하도록 해야 한다. 부동산 거래 허가제 시행과 해제 권한은 과도한 중앙정부의 규제의 대표적인 사례이다. 한국토지주택공사(LH)가 전국 방방곡곡에서 사업을 시행하고 있는데, 앞으로는 LH는 국가적 사업에 집중하고, 서울특별시의 SH공사와 같은 시·도의 지역개발공사가 지역 단위의 사업을 주도하는 방향으로 변화되어야 한다. 현재 국도의 유지·보수를 포함한 관리는 지방국토관리청에서 담당하고 있는데, 도(道)에서 지방도와 국도를 통합 관리한다면, 관리의 효율성 증대를 기대할 수 있다.

35) 해양수산부가 설치되어 수산물 안전 관리(해양수산부)와 농축산물 안전 관리(농림축산식품부)가 이원화되면서 농수산물 유통에 있어서 규제행정의 비효율성이 발생하고 있다.

따라서 국도관리 기능을 도(道)로 이양하는 것을 제안한다.

국토교통부가 스마트도시 조성 및 산업진흥 등에 관한 법률을 소관하면서 스마트도시 사업을 주관하고 있는데, 최근 빅데이터, 사물인터넷, 인공지능 등 정보통신기술이 빠르게 발전하면서 기존 교통, 상하수도, 폐기물, 환경, 범죄예방, 재난관리 등 기반시설 구축과 운영에서 시민 서비스 중심으로 스마트도시 사업의 성격과 추진방식이 바뀌고 있다. 따라서 스마트도시 정책과 사업 추진에 있어서 국토교통부 단독 주관에서 과학기술정보통신부('정보매체부')와의 공동주관 체제로 전환할 필요가 있다.[36]

2012년 7월 1일 자로 세종특별자치시가 17번째 광역자치단체로 출범하면서 국토교통부 소속 외청인 행정중심복합도시건설청은 그 목적을 거의 이루었다고 볼 수 있다. 따라서 문재인 정부에서는 행정중심복합도시건설청을 국토교통부의 소속 '세종시건설지원단'으로 전환할 필요가 있다. 비슷한 위상을 가지고 있는 새만금개발청의 경우에도 새만금에 위치하고 있는 것이 아니라 세종시에 위치하고 있고, 새만금 지역의 개발을 위한 정책을 효과적으로 수행하는지에 논란의 여지가 있으므로 이를 국토교통부 소속 '새만금개발지원단'으로 전환할 필요가 있다.[37]

이에 따라 국토교통부는 현행 조직체계를 유지하면서 세종시건설지원단과 새만금개발지원단을 추가한다. 국토교통부는 장관과 2명의 차관을 둔다. 제1차관하에 기획조정실(정책기획관 · 비상안전기획관) · 국토도시실(국토정책관 · 도시정책관 · 건축정책관) · 주택토지실(주택정책관 · 토지

36) 2017년 11월 16일 4차산업혁명위원회는 스마트도시 사업을 혁신성장 동력의 우선과제로 설정하고 스마트시티특별위원회를 구성하였으며, 2018년 1월 29일 정부는 스마트시티 시범지구로 세종시와 부산 강서구를 지정하였다.

37) 2018년 2월 28일 새만금개발공사 설립근거 조항을 담은 새만금사업 추진 및 지원에 관한 특별법 개정안이 국회를 통과하였고, 2018년 3월 16일 국토교통부 장관이 "2018년 9월 말에 새만금지역에 새만금개발공사가 출범할 예정이다."라고 발표하였다.

정책관 · 국토정보정책관) · 건설정책국(기술안전정책관) · 수자원정책국을 두고, 제2차관하에 교통물류실(종합교통정책관 · 물류정책관 · 자동차관리관) · 항공정책실(항공정책관 · 항공안전정책관 · 공항항행정책관) · 도로국 · 철도국(철도안전정책관) 등을 둔다. 국토교통부 소속기관으로 국토해양인재개발원 · 지방국토관리청(서울, 부산, 원주, 대전, 익산) · 홍수통제소(한강, 낙동강, 금강, 영산강) · 지방항공청(서울, 부산, 제주) · 중앙토지수용위원회 · 국토지리정보원 · 철도특별사법경찰대 · 항공교통본부 등의 현재 소속기관과 새로이 세종시건설지원단과 새만금개발지원단을 둔다. 현재 국토교통부 산하 공공기관은 한국토지주택공사, 한국도로공사, 한국철도공사, 한국수자원공사, 인천국제공항공사, 한국공항공사, 제주국제자유도시개발센터, 주택도시보증공사, 한국감정원, 한국국토정보공사, 한국철도시설공단, 한국건설교통기술평가원, 교통안전공단, 한국시설안전공단, (주)워터웨이플러스, (주)한국건설관리공사, 주택관리공단(주), 코레일관광개발(주), 코레일네트웍스(주), 코레일로지스(주), 코레일유통(주), 코레일테크(주), 항공안전기술원, 주식회사 에스알, 재단법인 대한건설기계안전관리원 등이다.

3) 해양수산부의 기능 조정

해양경찰청이 해양수산부 소속 외청으로 해상에서의 범죄예방, 구조구급, 해양오염방제 등의 기능을 수행하고 있다. 해양경찰청이 해양수산부 소속하에 있으면 어촌과 어업, 해상활동에서 해양수산부와 조율된 활동을 용이하게 수행할 수 있다는 장점이 있다. 하지만 해양경찰청의 서비스 기능은 부수적이고 범죄예방과 치안 기능이 본질적이라고 본다. 따라서 체계적인 국가 치안관리 관점에서 현재 해양수산부 소속의 해양경찰청은 행정안전부 소속으로 변경한다. 장기적으로 해양경찰청의 기능은 해상경계·보안·치안 기능 위주로 개편하고, 해양환경보호 감시 기능은 해양수산부와 환경부로 이관하는 것이 적절하다.

항만은 해당 지방자치단체의 주요한 소득원이고 세원이기 때문에 지방정부가 적극적으로 관리할 가능성이 크다. 따라서 장기적으로 항만관리 기능을 지방정부로 이관하는 것이 적절하다. 대표적인 예로서 부산광역시 소속 부산항만청(Port Authority), 인천광역시 소속 인천항만청, 전라남도 소속 목포항만청 등의 기구로 운영될 수 있다.

해양수산부는 장관과 차관하에 기획조정실(정책기획관)·해양정책실(해양산업정책관·해양환경정책관·국제원양정책관)·수산정책실(수산정책관·어업자원정책관·어촌양식정책관)·해운물류국·해사안전국·항만국 등과 임시조직으로 허베이스피리트피해지원단과 세월호후속대책추진단을 두고 있다. 소속기관으로 지방해양수산청(부산, 인천, 여수, 마산, 울산, 동해, 군산, 목포, 포항, 평택, 대산)·국립수산물품질관리원·국립해양조사원·어업관리단(동해, 서해, 남해)·해양수산인재개발원·중앙해양안전심판원·국립수산과학원·국립해양측위정보원·해사고등학교(부산, 인천) 등을 두고 있다. 해양수산부 산하 공공기관으로 부산항만공사, 여수광양항만공사, 울산항만공사, 인천항만공사, 해양환경관리공단, 선박안전기술공단, 한국수산자원관리공단, 해양수산과학기술진흥원, 한국해양수산연구원, 국립해양박물관, 국립해양생물자원관, (주)부산항보안공사, (주)인천항보안공사, 한국어촌어항협회, 한국해양과학기술원, 한국해양조사협회, 항로표지기술협회 등이 있다.

11. 소결

기획재정부를 기획과 예산 기능의 '기획예산부'와 세제·국고관리·회계 기능의 '재정부'로 분리한다. 국제금융, 금융정책, 금융감독 기능을 통합 담당하는 '금융부'를 설치한다. 한국은행은 통화신용정책을 통해 물가안정 정책을 추진하며, 각종 거시경제 지표에 대한 예측 기능을 강화한다. 소비자보호정책은 공정거래위원회가 총괄적으로 담당하며, 산업별 규제는 금융부와 정보매체부 등 개별 규제기관이 병렬적으로 수행한다.

방송통신위원회의 기능, 행정안전부의 개인정보, 문화체육관광부의 매체·콘텐트·저작권, 과학기술정보통신부의 소프트웨어·정보통신산업 진흥 기능을 통합하여 '정보매체부'를 신설한다. 정보매체부 내부에 방송통신 규제를 담당하는 방송규제위원회를 두고, 과학기술정보통신부의 우정사업본부는 정보매체부 소속 '우체청'으로 승격시킨다.

현재와 같이 산업통상자원부에 통상교섭본부를 둔다. 중소벤처기업부는 중소기업 지원정책을 총괄하고, 지방정부와 중소기업진흥공단 등 공공기관과 협력하여 기업지원정책을 추진한다.

농림축산식품부 소속 산림청을 환경부 소속으로 변경한다. 현재와 같이 수자원 개발과 수량관리 기능은 국토교통부가 담당하고, 환경부는 수질관리 및 상수도 관리를 담당한다.

〈표 8-1〉 경제산업공간 기능과 조직 개편안

구 분	대안 및 내용
재정과 금융	1) 재정부 설치 - 기획재정부의 세제·국고·회계 기능 담당 재정부 설치 2) 금융부 설치 - 기획재정부의 국제금융, 금융위원회의 국내금융, 금융감독원 기능 통합하여 금융부 설치 장기적으로 금융감독원 직원은 공무원 신분으로 흡수 - 재정부 혹은 재정금융부 외청으로 '금융감독청'을 설치할 경우 금융감독 책임의 이원화로 대응성과 책임성 면에서 부적절
소비자 보호와 공정거래	1) 공정거래위원회 체제 유지 - 공정거래위원회가 소비자 보호의 기본 틀 유지 2) 산업별 규제 기능 강화 - 금융소비자 보호, 통신규제 등 산업별 규제 기능은 금융부, 정보매체부 등 각 중앙행정기관이 수행
산업진흥과 기업지원	1) 산업통상자원부와 중소벤처기업부 존치 - 산업통상자원부의 통상교섭본부 존치 - 전문생산기술연구소 민간 산업협회로 이관 - 중소벤처기업부 명칭 중소기업부로 변경
정보통신·콘텐트	1) 정보매체부 설치 - C-P-N-D 생태계 구축을 위한 독임제 部 신설 - 정보매체부 내부에 방송 규제를 담당하는 '방송규제위원회'를 설치함 2) 우체청 설치 - 과학기술정보통신부 소속 우정사업본부를 정보매체부 소속 우체청으로 승격함
식품농수산	1) 농림축산식품부와 해양수산부의 농축산물, 수산물 안전관리 - 소비자 중심의 식품농수산 정책 추진 - 식품의약품안전처의 '보건부'로의 통합 2) 농촌진흥청 존치 - 농촌진흥청 – 도 농업기술원 – 시·군 농업기술센터 연계체계 유지
에너지·환경	1) 에너지와 환경 기능 분리 - 에너지와 기후변화 전담 부 신설안 시기상조 2) 환경부 기능 강화 - 농림축산식품부 소속 산림청을 환경부 소속으로 이관 3) 물 관리 현행 유지 - 현재와 같이 수자원의 개발과 수량관리는 국토교통부가 관장하고, 수질관리 및 상수도 관리는 환경부에서 담당
국토·교통·해양	1) 국토교통부·해양수산부 존치 - 주택토지 규제 완화와 국도관리 지방이양 2) 행정중심복합도시건설청은 국토교통부 세종시건설지원단으로 전환 3) 새만금개발청은 국토교통부 새만금개발지원단으로 전환

제9장

정부조직 설계와 추진전략

1. 정부조직 개편 설계도

최고의사결정, 지원통제, 국가질서유지, 교육문화복지, 경제산업공간 기능별로 조직 설계 대안을 종합하면 다음과 같다.

1) 최고의사결정 기능과 조직

대통령비서실은 국가안보실을 흡수하면서, 국가기획과 안보 기능을 강화한다. 대통령비서실에는 대통령비서실장, 정책실장, 국가안보실장의 장관급 3인을 두며, 정무·법사·홍보·인사·총무·안보·대외관계·교육문화·고용복지·거시경제·기술·사회기반의 12인 수석비서관(차관급)을 둔다. 또한 대통령의 효과적인 국가미래전략 수립지원을 위해 국가전략연구소(차관급)을 신설한다.

국무조정실은 중앙행정기관 간 정책조정 및 성과관리를 총괄한다. 국회, 정당, 지방정부 관련 정무업무를 담당하는 정무장관을 신설한다. 부총리제도, 선임장관제도를 채택하기보다는 국무회의와 차관회의 개최빈도를 확대한다. 이를 통해 회의에서의 실질적 토의를 활성화하고 회의 전후 관계장관·차관 간의 적극적인 정책조율을 조장하기로 한다.

국무조정실은 규제개혁위원회의 운영 활성화를 통해 정부 규제개혁의 기획과 조정을 담당한다. 정책평가 중 결과평가는 국회 예산정책처가 수행하고, 과정평가는 총리실에서 담당한다. 국무총리실 소속의 경제인문사회연구회를 폐지하고, 각 정부출연 정책연구기관은 관련 부처로 환원한다. 학제간 연구가 필요한 국가전략 연구는 국회미래연구원과는 별도로 대통령비서실 '국가전략연구소'가 수행한다.

개헌 논의와 관련하여, 정·부통령제 도입 시에 현행 대통령비서실과 국무조정실이 통합된 형태가 될 것이다. 이원정부제 도입 시에 대통령과 국무총리 권한 분산에 맞추어 대통령비서실과 국무조정실의 기능이 재구성될 것이다.

2) 지원통제 기능과 조직

기획재정부의 기능 중 기획과 예산 기능을 분리하여 '기획예산부'를 설치하여 국가 중장기 계획 기능을 강화하고 예산을 통해 정부부처와 공공기관의 통제 기능을 수행하게 한다.

공무원 인사·윤리·복무·연금 사무를 관장하는 인사혁신처는 인사처로 명칭을 변경하고, 공무원정원관리 기능을 행정안전부에서 인사처로 이관한다. 국정홍보와 소통과 관련하여서는 현재 문화체육관광부의 국민소통실에서 그 기능을 잘 수행하고 있어 현행 조직과 기능을 유지한다. 법제처 또한 현재의 국무총리 소속 조직과 기능을 유지한다.

행정안전부의 개인정보보호 업무는 신설 정보매체부로 이관하고, 감사원은 일부 감사위원 선임에서 국회의 추천을 부가하여 운영의 독립성을 강화한다. 국민권익위원회는 고충처리와 행정심판 기능을 담당하고, 부패방지 기능을 담당할 국가청렴위원회를 신설하도록 한다.

3) 국가질서유지 기능과 조직

대북 협력과 협상에서 외교부는 대외정책의 큰 방향을 설정하며, 통일부는 협력사업과 협상을 집행하는 역할을 담당한다. 외교부는 재외국민 지원 기능을 강화하고, 국무총리 소속의 국제개발협력위원회를 통해 국제협력 기능을 강화한다.

국가정보원은 국가안보정보처로 개편되며, 대북 및 국제 첩보 기능에 집중한다. 국가보훈처를 차관급으로 조정하며, 현재 행정안전부가 담당하고 있는 전시 비상대비 기능을 국방부로 이관한다. 방위사업청과 병무청 조직과 기능은 현행 유지한다.

세계화로 인해 급증하고 있는 출입국과 국민의 국외거주 및 체재, 외국인의 국내 거주 및 체재 지원을 위해 법무부 출입국 관리와 이주 지원 기능을 분리하여 '출입국이민청'을 신설한다.

공직자 부패방지를 위해 국민권익위원회의 부패방지 기능을 분리하여 대통령 소속 장관급 위원회인 '국가청렴위원회'를 신설한다. 검찰의 기소독점권에 대한 견제로서의 고위공직자비리수사처 설치보다는 특별감찰관 제도를 확대 운영하면서 보완한다.

소방청은 종합적 재난관리 기능을 포함한 '소방방재청'으로 확대개편한다. 기존의 해양수산부 소속의 해양경찰청은 행정안전부로 소속을 이관하여, 경찰청·해양경찰청·소방방재청을 행정안전부 소속으로 둔다.

4) 교육문화복지 기능과 조직

교육부의 유아·초중등 교육 기능을 시·도 교육청으로 점진적으로 이관하되, 국가 전체의 교육 표준체계는 교육부가 담당한다. 자립기반을 갖춘 국립대학교들은 단계적으로 법인화하여 대학운영의 자율성을 제고하고, 급변하는 외부 연구환경에 효율적으로 대응할 수 있도록 한다.

연구관리전문기관에 대해서는 동일 부처하에 있는 유사 기능의 복수 기관들의 통합을 검토한다. 출연연구기관에 대해서는 국가과학기술연구회를 폐지하고, 출연연구기관들을 기능별·부문별로 재그룹화하는 개편방안을 제안한다.

문화체육관광부에서 담당하던 신문·영상·광고·출판 등과 같은 매체·콘텐트 기능과 저작권 기능은 신설하는 '정보매체부'로 이관한다. 문화체육관광부는 예술·문화·국어·체육·종교·역사·박물관·관광 등 문화 진흥 기능과 대외국가홍보 기능을 수행한다.

고용노동부는 노동 중심의 조직에서 고용 중심 조직으로 나아가야 하며, 취업지원·고용안정화 위주의 기능에 집중한다.

여성가족부에 보건복지부의 복지 기능을 통합하여 '복지가족부'를 신설하며 생애주기 중심의 복지를 강화한다. 신설하는 '복지가족부'는 2차관체제로 운영하며, 양성평등, 여성참여, 가족정책을 통합적으로 수행한다. 보건복지부의 보건 기능과 식품의약품안전처의 기능을 통합하여 '보건부'를 신설한다.

5) 경제산업공간 기능과 조직

기획재정부의 세제·국고회계 기능을 분리하여 '재정부'를 설치하고, 기획재정부의 국제금융정책, 금융위원회의 국내금융정책, 금융감독원의 기능을 통합한 '금융부'를 신설한다. 한국은행은 각종 거시경제 지표에 대한 예측 기능을 강화하며, 공정거래위원회가 소비자보호정책을 총괄적으로 담당한다.

현행과 같이 중소기업정책의 범정부적 총괄과 조정은 중소벤처기업부가 담당하나 산업통상자원부 등 타 부처와의 수평적인 협력관계를 조성할 필요가 있다. 중소벤처기업부는 그 조직과 기능을 유지하되, 명칭만 '중소기업부'로 변경할 것을 제안한다. 현재 산업통상자원부 산하 전문생산기술연구소들은 장기적으로 민간 산업협회로 이관한다.

통상기능의 경우 통상교섭 전담 部를 설치하거나 외교부와 통합하여 외교통상부로 환원하는 대안, 현행과 같이 통상교섭본부를 산업통상자원부 소속으로 유지하는 대안 등을 고려할 수 있다. 그러나 내부 전략의 노출 우려, 통상 현안이 산재한 현실 등을 고려하였을 때, 현행을 유지하되 통상교섭본부 직원들의 전문성의 확보를 위해 산업통상자원부 내 타 직위로의 전보인사는 최대한 억제하는 방안을 제안한다.

과학기술정보통신부의 소프트웨어·전산·통신방송 산업진흥 기능, 행정안전부의 개인정보보호 기능, 문화체육관광부의 미디어·콘텐트, 저작권 기능, 방송통신위원회의 기능을 통합하여 '정보매체부'를 신설한다. 방송사업자 재허가, TV수신료 등 규제 기능은 정보매체부 내부의 '방송규제위원회'가 수행한다. 현행 과학기술정보통신부의 우정사업본부를 정보매체부 외청인 '우체청'으로 승격시킨다.

현재 농림축산식품부 소속 산림청을 환경부로 소속변경한다. 수자원 관리에 있어서는 현행 유지한다. 국토교통부 소속 외청인 행정중심복합도시건설청은 세종특별자치시의 출범으로 그 목적을 거의 달성하였다고 볼 수 있다. 이에 국토교통부 소속기관으로서 그 지위를 전환하고, 명칭은 '세종시건설지원단'으로 한다. 마찬가지로 새만금개발청 또한 '새만금개발지원단'으로 그 지위와 명칭을 전환한다. 현재 국토교통부 지방국토관리청이 담당하고 있는 국도관리 기능을 도(道)에 이양하여 국도와 지방도를 통합적으로 관리하여 효율성과 대응성을 높일 필요가 있다.

2. 조직 개편 후 정부조직도 분석

이상에서 논의한 기능별 정부조직 개편내용을 반영하여 제안하고자 하는 개편 후 정부조직도는 다음의 [그림 9-1]과 같다.

[그림 9-1] 조직 개편 후 정부조직도

1원·3실·21부·5처·5위원회·17청

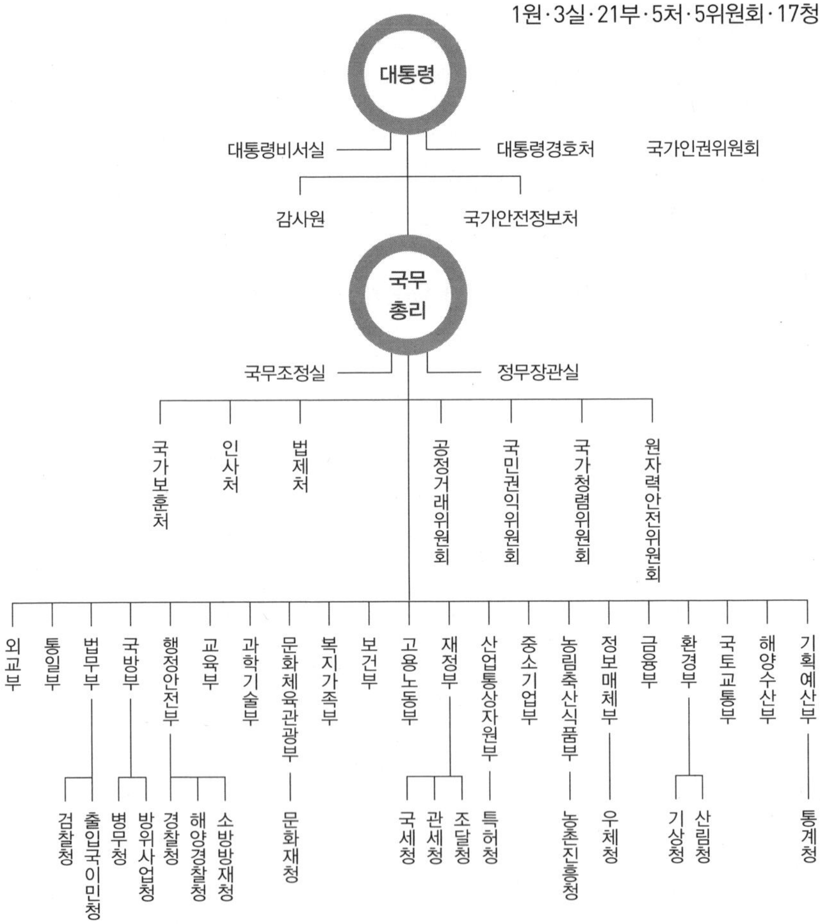

최고의사결정 기능을 담당하는 대통령비서실, 국무조정실, 정무장관실 체제하에 국가질서유지(외교, 통일, 국가안전보장, 국방, 법무), 지원통제(행정안전, 기획예산, 감사), 교육문화복지(교육, 과학기술, 문화체육관광, 복지가족, 보건, 고용노동), 경제산업공간(재정, 산업통상자원, 중소기업, 농림축산식품, 정보매체, 금융, 환경, 국토교통, 해양수산) 등 기능별로 행정각부를 설치하게 된다. 합의제 형태의 중앙행정기관은 국가인권, 국가청렴, 국민권익, 공정거래, 원자력안전 기능에 한정하고 나머지 부분은 행정각부로 통합된다.

〈표 9-1〉에서는 기존 행정기관들이 어떻게 개편되는지 설명하고 있다. 현재의 2원은 국가정보원의 국가안전정보처로의 변화로 1원 체제로 개편되며, 기존의 4실은 국가안보실이 대통령비서실에, 국무총리비서실이 국무조정실에 각각 흡수되고 정무장관실이 신설되면서 3실로 변화한다. 현재의 18부는 기능 분리로 3부가 신설되어 21부 체제로 개편되며, 식품의약품안전처는 보건부로 흡수되지만 국가안전정보처의 설치로 5처는 유지된다. 6위원회는 방송통신위원회의 폐지, 금융위원회의 부(部)로의 전환변화, 국가청렴위원회의 신설로 5위원회로 된다. 17청은 행정복합도시건설청과 새만금개발청이 폐지되나 출입국이민청과 우체청의 신설로 유지된다.

〈표 9-1〉 기존 중앙행정기관 개편 내용

기존 기관	개편 후 기관 및 기능변경 내용	
대통령비서실	대통령비서실	변경(12수석, 국가안보실 흡수, 국가전략연구소 신설)
국가안보실		대통령비서실로 흡수
대통령경호처	대통령경호처	유지
국가인권위원회	국가인권위원회	유지
감사원	감사원	유지
국가정보원	국가안전정보처	변경(명칭변경, 국내기능 축소)
방송통신위원회	–	폐지(정보매체부 내 방송규제위원회로 조정)
국무조정실	국무조정실	변경(국무총리비서실 흡수)
국무총리비서실		국무조정실로 흡수
국가보훈처	국가보훈처	변경(차관급 조정)
인사혁신처	인사처	확대(명칭변경, 행정안전부의 공무원정원 기능)
법제처	법제처	유지
식품의약품안전처	–	변경(보건복지부의 보건 기능과 통합하여 보건부 신설)
공정거래위원회	공정거래위원회	유지
금융위원회	금융부	변경(部 형태로 변경)
국민권익위원회	국민권익위원회	축소(반부패 기능을 신설 국가청렴위원회로 이관)
	국가청렴위원회	분리 신설(국민권익위의 반부패 기능)
원자력안전위원회	원자력안전위원회	유지
기획재정부	재정부	분리 신설(세제, 재정, 국고, 회계)
	기획예산부	분리 신설(기획, 예산)
ㄴ국세청	ㄴ국세청	재정부 외청
ㄴ관세청	ㄴ관세청	재정부 외청
ㄴ조달청	ㄴ조달청	재정부 외청
ㄴ통계청	ㄴ통계청	기획예산부 외청
교육부	교육부	유지
외교부	외교부	유지
과학기술정보통신부	과학기술부	분리신설(과학기술진흥)
	정보매체부	분리신설(방송통신위원회 기능을 통합하여 신설)
	ㄴ우체청	분리신설(우편·우체국 금융사업)
통일부	통일부	유지

〈계속〉

기존 기관	개편 후 기관 및 기능변경 내용	
법무부	법무부	축소(출입국 이민)
	ㄴ출입국이민청	분리 신설(출입국 이민)
ㄴ검찰청	ㄴ검찰청	유지
국방부	국방부	유지
ㄴ병무청	ㄴ병무청	유지
ㄴ방위사업청	ㄴ방위사업청	유지
행정안전부	행정안전부	축소(공무원정원관리는 인사처로, 재난안전관리본부 기능은 소방방재청으로 이관)
ㄴ경찰청	ㄴ경찰청	유지
-	ㄴ해양경찰청	소속변경(해양수산부 → 행정안전부)
ㄴ소방청	ㄴ소방방재청	확대(행정안전부의 방재 기능)
문화체육관광부	문화체육관광부	유지
ㄴ문화재청	ㄴ문화재청	유지
농림축산식품부	농림축산식품부	유지
ㄴ농촌진흥청	ㄴ농촌진흥청	유지
ㄴ산림청	-	소속변경(농림축산식품부 → 환경부)
산업통상자원부	산업통상자원부	유지
ㄴ특허청	ㄴ특허청	유지
보건복지부	보건부	변경(식품의약품안전처 흡수, 복지 기능 신설 가족부로 이관)
여성가족부	복지가족부	확대(보건복지부의 복지 기능)
환경부	환경부	유지
	ㄴ산림청	소속변경(농림축산식품부 → 환경부)
ㄴ기상청	ㄴ기상청	유지
고용노동부	고용노동부	유지
국토교통부	국토교통부	확대(세종시건설지원단, 새만금개발지원단)
ㄴ행정중심복합도시 건설청	-	폐지(국토교통부 세종시건설지원단)
ㄴ새만금건설청	-	폐지(국토교통부 새만금개발지원단)
해양수산부	해양수산부	유지
ㄴ해양경찰청	-	소속변경(해양수산부 → 행정안전부)
중소벤처기업부	중소기업부	명칭변경

조직 개편이 되면, 기존의 2원·4실·18부·5처·6위원회·17청 체제는 1원·3실·21부·5처·5위원회·17청 체제로 변화한다. 중앙행정기관의 수는 개편 전과 동일한 52개를 유지한다. 이에 대한 자세한 분석 내용은 다음의 〈표 9-2〉와 같다.

〈표 9-2〉 개편 전·후 조직 비교

개편 전		개편 후		변동
2원	감사원, 국가정보원	1원	감사원	-1
4실	대통령비서실, 국가안보실, 국무소정실, 국무총리비서실	3실	대통령비서실, 국무소성실, 성무상관실	-1
18부	기획재정부, 교육부, 외교부, 과학기술정보통신부, 통일부, 법무부, 국방부, 행정안전부, 문화체육관광부, 농림축산식품부, 산업통상자원부, 보건복지부, 환경부, 고용노동부, 여성가족부, 국토교통부, 해양수산부, 중소벤처기업부	21부	외교부, 통일부, 법무부, 국방부, 행정안전부, 교육부, 과학기술부, 문화체육관광부, 복지가족부, 보건부, 고용노동부, 재정부, 산업통상자원부, 중소기업부, 농림축산식품부, 정보매체부, 금융부, 환경부, 국토교통부, 해양수산부, 기획예산부	+3
5처	대통령경호처, 국가보훈처, 인사혁신처, 법제처, 식품의약품안전처	5처	국가안전정보처, 대통령경호처, 국가보훈처, 인사처, 법제처	0
6위원회	국가인권위원회, 방송통신위원회, 공정거래위원회, 금융위원회, 국민권익위원회, 원자력안전위원회	5위원회	국가인권위원회, 공정거래위원회, 국민권익위원회, 국가청렴위원회, 원자력안전위원회	-1
17청	국세청, 관세청, 조달청, 통계청, 검찰청, 병무청, 방위사업청, 경찰청, 소방청, 문화재청, 농촌진흥청, 산림청, 특허청, 기상청, 행정중심복합도시건설청, 새만금개발청, 해양경찰청	17청	검찰청, 출입국이민청, 병무청, 방위사업청, 경찰청, 해양경찰청, 소방방재청, 국세청, 관세청, 조달청, 특허청, 우체청, 농촌진흥청, 기상청, 산림청, 문화재청, 통계청	0
52개 중앙행정기관 (2원·4실·18부·5처·6위원회·17청)		52개 중앙행정기관 (1원·3실·21부·5처·5위원회·17청)		0

〈표 9-3〉과 같이 현재 장관급 이상 직위는 34개, 차관급 직위는 97개이다. 조직 개편이 이루어지고 난 이후에는 장관급 이상 직위는 36개로서 2개 증가하며, 차관급 직위는 91개로서 6개가 줄어든다.

〈표 9-3〉 개편 전·후 주요 직위 비교

구분	현재 차관급 이상(총 131개) ('17. 12. 31. 기준)	개편 후 차관급 이상(총 129개)	변동
장관 상위	3개 직위 대통령, 국무총리, 감사원장	3개 직위 대통령, 국무총리, 감사원장	0
장관	18개 직위 18부(기획재정부, 교육부, 외교부, 과학기술정보통신부, 통일부, 법무부, 국방부, 행정안전부, 문화체육관광부, 농림축산식품부, 산업통상자원부, 보건복지부, 환경부, 고용노동부, 여성가족부, 국토교통부, 해양수산부, 중소벤처기업부)장관	22개 직위 21부(외교부, 통일부, 법무부, 국방부, 행정안전부, 교육부, 과학기술부, 문화체육관광부, 복지가족부, 보건부, 고용노동부, 재정부, 산업통상자원부, 중소기업부, 농림축산식품부, 정보매체부, 금융부, 환경부, 국토교통부, 해양수산부, 기획예산부)장관, 정무장관	+4
장관급	13개 직위 대통령비서실장, 정책실장, 국가안보실장, 국가정보원장, 국무조정실장, 국가인권위원장, 방송통신위원장, 공정거래위원장, 금융위원장, 국민권익위원장, 국가보훈처장, 검찰총장, 중앙노동위원장	11개 직위 대통령비서실장, 정책실장, 국가안보실장, 국무조정실장, 국가안전정보처장, 국가인권위원장, 공정거래위원장, 국민권익위원장, 국가청렴위원장, 검찰총장, 중앙노동위원장	−2
차관	23개 직위 18부(복수차관: 기획재정부, 외교부, 과학기술정보통신부, 문화체육관광부, 국토교통부 등 5부)	25개 직위 21부(복수차관: 외교부, 복지가족부, 국토교통부 등 3부), 정무차관	+2
차관급	74개 직위 16청 청장, 대통령비서실수석비서관(8), 대통령비서실보좌관(2), 국가안보실차장(2), 대통령경호처장, 감사원감사위원(6), 감사원사무총장, 국정원차장(3), 국정원기조실장, 인권위상임위원(3), 방통위부위원장, 방통위상임위원(3), 민주평통사무처장, 특별감찰관, 국무조정실차장(2), 국무총리비서실장, 보훈처차장, 인사혁신처장, 국가공무원인재개발원장, 소청심사위원장, 법제처장, 식약처장, 공정거래위부위원장, 금융위부위원장, 권익위부위원장(3), 원자력안전위원장, 국사편찬위원장, 국립외교원장, 과기혁신본부장, 대검차장, 재난안전관리본부장, 개인정보보호위상임위원, 경찰위 상임위원, 국립중앙박물관장, 통상교섭본부장, 질병관리본부장	66개 직위 16청 청장, 대통령비서실수석비서관(12), 국가전략연구소장, 대통령경호처장, 감사위원(6), 감사원사무총장, 국가안전정보처차장(3), 인권위원회상임위원(3), 민주평통사무처장, 특별감찰관, 국무조정실차장(2), 보훈처장, 인사처장, 국가공무원인재개발원장, 소청심사위원장, 법제처장, 공정거래위부위원장, 권익위부위원장(2), 국가청렴위부위원장, 원자력안전위원장, 국립외교원장, 대검차장, 개인정보보호위상임위원, 경찰위상임위원, 국사편찬위원장, 국립중앙박물관장, 질병관리본부장, 통상교섭본부장, 방송규제위상임위원	−8
계	131	127	−4

주: 특임대사(외교부), 이북5도청 지사(행정안전부), 군 4성 장군(국방부), 고등검사장(법무부, 검찰청), 국립대학교 총장(교육부) 등 장차관급 예우자 직위는 제외한다. 가습기살균제사건과 4·16세월호참사특별조사위원회 등 한시적 조사위원회는 제외한다.

〈표 9-4〉 현재 정부조직별 정무직 표 (2018. 3. 31. 기준)

기관	장관급 이상	차관(급)	장관급 이상	차관(급)
대통령, 국무총리	대통령, 국무총리		2	
대통령비서실	대통령비서실장, 정책실장	수석비서관 8인(정무, 민정, 사회혁신, 국민소통, 인사, 일자리, 경제, 사회), 보좌관 2인(경제, 과학기술)	2	10
국가안보실	실장	차장 2인(1차장 겸 NSC사무처장, 2차장)	1	2
대통령경호처		대통령경호처장		1
감사원	원장	감사위원 6인, 사무총장	1	7
국가정보원	원장	차장 3인, 기획조정실장	1	4
국가인권위원회	위원장	상임위원 3인	1	3
방송통신위원회	위원장	부위원장, 상임위원 3인	1	4
원자력안전위원회		위원장		1
민주평화통일자문회의		사무처장		1
특별감찰관		특별감찰관		1
국무조정실	실장	차장 2인	1	2
국무총리비서실		실장		1
인사혁신처		처장, 국가공무원인재개발원장, 소청심사위원회 위원장		3
법제처장		처장		1
국가보훈처	처장	차장	1	1
식품의약품안전처		처장		1
공정거래위원회	위원장	부위원장	1	1
금융위원회	위원장	부위원장	1	1
국민권익위원회	위원장	부위원장 3인	1	3
기획재정부	장관	차관 2인, 국세청장, 관세청장, 조달청장, 통계청장	1	6
과학기술정보통신부	장관	차관 2인, 과학기술혁신본부장	1	3
교육부	장관	차관, 국사편찬위원회 위원장	1	2
외교부	장관	차관 2인, 국립외교원장	1	3

〈계속〉

기관	장관급 이상	차관(급)	장관급 이상	차관(급)
통일부	장관	차관	1	1
법무부	장관, 검찰총장	차관, 대검차장	2	2
국방부	장관	차관, 병무청장, 방위사업청장	1	3
행정안전부	장관	차관, 재난안전관리본부장, 개인정보보호위원회 상임위원, 경찰위원회 상임위원, 경찰청장, 소방청장	1	6
문화체육관광부	장관	차관 2인, 국립중앙박물관장, 문화재청장	1	4
농림축산식품부	장관	차관, 농촌진흥청장, 산림청장	1	3
산업통상자원부	장관	차관, 통상교섭본부장, 특허청장	1	3
보건복지부	장관	차관, 질병관리본부장	1	2
환경부	장관	차관, 기상청장	1	2
고용노동부	장관, 중앙노동위원회 위원장	차관	2	1
여성가족부	장관	차관	1	1
국토교통부	장관	차관 2인, 행정중심복합도시건설청장, 새만금개발청장	1	4
해양수산부	장관	차관, 해양경찰청장	1	2
중소벤처기업부	장관	차관	1	1
합 계			34	97

주: 특임대사(외교부), 이북5도청 지사(행정안전부), 군 4성 장군(국방부), 고등검사장(법무부, 검찰청), 국립대학교 총장(교육부) 등 장차관급 예우자 직위는 제외한다. 가습기살균제사건과 4·16세월호참사특별조사위원회 등 한시적 조사위원회는 제외한다.

〈표 9-5〉 개편 후 정부조직별 정무직 표

기관	장관급 이상	차관(급)	장관급 이상	차관(급)
대통령, 국무총리	대통령, 국무총리		2	
대통령비서실	대통령비서실장, 정책실장, 국가안보실장	수석비서관 12인(정무, 법사, 홍보, 인사, 총무, 대외관계, 국가안보, 거시경제, 정보과학, 사회기반, 교육문화, 고용복지), 국가전략연구소장	3	13
대통령경호처		대통령경호처장		1
감사원	원장	감사위원 6인, 사무총장	1	7
국가안전정보처	처장	차장 3인	1	3
국가인권위원회	위원장	상임위원 3인	1	3
민주평화통일 자문회의		사무처장		1
특별감찰관		특별감찰관		1
국무조정실	실장	차장 2인	1	2
정무장관실	장관	차관	1	1
인사처		처장, 국가공무원인재개발원장, 소청심사위원회 위원장		3
법제처장		처장		1
국가보훈처		처장		1
공정거래위원회	위원장	부위원장	1	1
국민권익위원회	위원장	부위원장 2인	1	2
국가청렴위원회	위원장	부위원장	1	1
원자력안전위원회		위원장		1
외교부	장관	차관 2인, 국립외교원장	1	3
통일부	장관	차관	1	1
법무부	장관, 검찰총장	차관, 대검차장, 출입국이민청장	2	3
국방부	장관	차관, 병무청장, 방위사업청장	1	3
행정안전부	장관	차관, 개인정보보호위원회 상임위원, 경찰위원회 상임위원, 경찰청장, 해경청장, 소방청장	1	6
교육부	장관	차관, 국사편찬위원회 위원장	1	2
과학기술부	장관	차관	1	1

〈계속〉

기관	장관급 이상	차관(급)	장관급 이상	차관(급)
문화체육관광부	장관	차관, 국립중앙박물관장, 문화재청장	1	3
복지가족부	장관	차관 2인	1	2
보건부	장관	차관, 질병관리본부장	1	2
고용노동부	장관, 중앙노동위원회 위원장	차관	2	1
재정부	장관	차관, 국세청장, 관세청장, 조달청장	1	4
산업통상자원부	장관	차관, 통상교섭본부장, 특허청장	1	3
중소기업부	장관	차관	1	1
농림축산식품부	장관	차관, 농촌진흥청장	1	2
정보매체부	장관	차관, 우체청장, 방송규제위 상임위원	1	3
금융부	장관	차관	1	1
환경부	장관	차관, 기상청장, 산림청장	1	3
국토교통부	장관	차관 2인	1	2
해양수산부	장관	차관	1	1
기획예산부	장관	차관, 통계청장	1	2
합 계			36	91

주: 특임대사(외교부), 이북5도청 지사(행정안전부), 군 4성 장군(국방부), 고등검사장(법무부, 검찰청), 국립대학교 총장(교육부) 등 장차관급 예우자 직위는 제외한다. 가습기살균제사건과 4·16세월호참사특별조사위원회 등 한시적 조사위원회는 제외한다.

3. 조직 개편 추진 환경과 전략

1) 추진환경

정부조직 개편, 특히 중앙행정기관의 조직 개편 논의는 해당 기관 소속 공무원은 물론 관련 공공기관과 민간부문의 이해관계에도 크게 영향을 미친다고 인식되고 있다. 관련 중앙정부조직의 위상과 규모 그리고 수행 기능에 따라 정부 및 공공부문의 자원배분이 영향을 받아왔기 때문에 관련 연구소, 대학, 직능단체, 사회단체 등 공공부문과 민간부문의 종사자들은 이해관계에 따라 정부조직 개편에 직간접적으로 관여해왔다. 조직이 통폐합되거나 기능이 이관되는 등 정부조직 개편안에 영향을 받는 행정기관의 경우 공무원은 물론 산하 공공기관이나 관련 민간 이익집단들이 함께 자신들의 조직 이익을 위해 다양한 압력 활동을 할 것이다. 국회도 다양한 정치적 이해관계 속에서 정부조직 개편에 대하여 효율적으로 지지하기가 쉽지 않다.

문재인 정부는 출범 이후 국정 연속성과 안정을 최우선 순위에 두었기 때문에 여야가 사실상 합의한 최소한의 조직 개편만 이행하였다. 문재인 대통령은 2018년 지방선거에서 개헌안을 국민투표에 부칠 것을 공약한 바 있고, 2018년 3월 26일 개헌안을 발의하였다. 헌법 개정이 이루어지면 그에 맞게 정부조직을 개편하여야 하지만, 이번 개헌의 핵심사항은 대통령제를 둘러싼 권력구조 재편이기 때문에 정부조직에 대한 영향력은 제한적이다. 그러나 문재인 정부 출범 이후 제기된 수자원 관리 기능 통합, 우정사업본부의 우체청 승격, 해양경찰청의 기능 및 소속 이관 등 추가적인 조직 개편 의제들이 여전히 남아있기 때문에 개헌으로 인한 정부조직법 개정과 함께 나머지 이슈들에 대한 조직 개편까지도 동력을 얻을 수 있다.

2018년 3월 31일 현재 국회 정당별 의석수는 총 293석 중 여당인 더불어민주당 121석, 자유한국당 116석, 바른미래당 30석, 민주평화당 14석, 정의당 6석, 군소정당 및 무소속 6석 등으로 여당의 의석이 과반에 훨씬 못 미치고 있다. 정부조직 개편은 국회의 동의를 얻어 정부조직법 개정을 통해 이루어진다는 점을 감안하면, 여야 합의가 어려운 의제에 대해서는 조직 개편 가능성이 매우 낮다. 특히 2012년 국회법 개정으로 여당이 다수의석을 확보하였음에도 불구하고 박근혜 정부가 추진한 정부조직법 개정안은 처리가 지연되어, 대통령 취임 후 두 달여의 업무공백이 발생하기도 한 점은 정부-여당 주도의 정부조직 개편의 정치적 환경이 더욱 악화되었음을 시사한다. 그러므로 정부조직을 대규모로 개편하는 방안을 담은 정부조직법 개정안은 국회 내 긴 논의과정을 필요로 하기 때문에 효과적인 법률안 통과 전략 차원에서 여야가 합의한 의제를 중심으로 개편 방안을 담은 정부조직법 개정안을 제시할 필요가 있다.

2) 추진전략: 추진동력에 따른 시나리오별 조직 개편

(1) 약한 추진동력하의 조직 개편

2018년 6월 지방선거는 문재인 정부 출범 이후 첫 전국 선거이며, 문재인 정부의 중간평가 성격을 갖는다. 만일 2018년 6월 지방선거에서 여당이 야당소속 단체장 지역에서 승리하지 못한다면 개혁동력을 얻지 못할 것이다. 정부조직 개편은 국회 내 합의를 바탕으로 개정안 발의와 의결을 통해 이루어지기 때문에 지방선거 이후 여당의 위상이 강화되지 않아 정부조직 개편은 그 추진동력이 미약할 것이다.

약한 추진동력하에서는 소폭의 조직 개편만이 가능할 것이다. 부처 단위보다는 청 단위의 신설 혹은 이해관계자의 저항을 발생시키지 않는 수준의 부처 분리신설이 가능할 것이다. 먼저 부처 단위에서는 현재의 기획재정부를 기획예산부와 재정부로 분리하는 수준의 개편은 가능할 것이다. 현재의 기획재정부의 기능을 기획·예산 기능과 세제·국고·회계 기능으로 분리하여 기획예산부와 재정부를 설치하는 것이다. 현재 기획재정부는 예산·국고·회계 기능이 통합된 조직으로 정부조직 전체의 운영을 지원하기에는 지나치게 무겁고 권한이 집중되어 있다. 이러한 이유로 과거 김대중·노무현 정부 시절에도 기획예산처가 신설되어 기획·예산 기능을 담당한 바 있다. 따라서 과거에 이미 분리되어 운영된 경험이 존재하고, 문재인 정부 출범 이후 첫 조직 개편 당시 이에 대한 논의들이 많이 이루어졌기 때문에 비록 부처 단위의 개편이지만 기획예산부와 재정부의 분리개편은 국회 내에서 합의가 도출될 가능성이 있다.

청 단위 조직 중에서는 우정사업본부의 우체청 승격, 새만금개발청과 행정중심복합도시건설청의 하향 조정은 가능할 것으로 판단된다. 현재 우정사업본부의 예산과 조직규모는 1급 본부보다는 차관급 청 단위에 걸맞다. 청 단위로의 승격이기 때문에 반대하는 힘은 크지 않을 것이다. 행정중심복합도시건설청은 2012년 7월 세종특별자치시가 17번째 광역자치단체로 출범하였기 때문의 소기의 목적을 거의 달성하였다고 볼 수 있다. 따라서 행정중심복합도시건설청을 국토교통부 소속의 세종시건설지원단으로 전환하는 대안이 국회 내에서 납득될 가능성이 있다. 새만금개발청 또한 새만금 지역의 개발을 위한 정책을 효과적으로 수행하는지에 대한 논란이 존재하므로 국토교통부 소속의 새만금개발지원단으로의 전환이 가능할 수 있다.

국가전략연구소의 신설 또한 가능할 것으로 보인다. 현재 급변하는 외부환경에 효과적으로 대응하고, 종합적인 미래예측을 위한 국가전략연구조직이 필요한 상황이다. 대통령의 국가전략연구, 관련 정책개발 기능에 대한 독립조직으로서 국가전략연구소의 설치는 국가비전, 미래연구에 대한 정책연구를 중점적으로 담당한다는 측면에서 긍정적이며 독립된 신설 조직이므로 이에 대한 이해관계자 저항이 크지 않을 것으로 보인다.

조직 개편에 대한 추진동력이 약한 상황에서는 개편으로 인한 연쇄적인 조직변화를 초래하지 않는 소규모 개편이거나 여야가 확실히 합의할 수 있는 사안을 중심으로 한 개편안일 때만 정부조직법 개정이 가능할 것으로 예상된다.

(2) 강한 추진동력하의 조직 개편

6월 지방선거에서 여당인 더불어민주당이 기존 야당 소속 단체장 지역에서 다수 승리한다면 향후 이루어질 정부조직법 개정이 강한 동력하에 추진될 수 있을 것이다. 물론 박근혜 정부 조직 개편 사례에서 학습했듯이 현행 국회법하에서 과반 미만의 의석으로는 법률 개정 추진이 쉽지 않다. 그러나 지방선거 결과에서 나타난 정부·여당에 대한 강한 지지는 정부혁신과 연계된 정부조직 개편에 상당한 압력으로 작용할 것이다. 그렇다면 안정적인 국민들의 지지기반을 바탕으로 문재인 정부의 국정기조를 효과적으로 실현할 수 있도록 하는 대규모 조직 개편이 가능할 수 있다.

강한 추진동력하에서는 앞서 언급한 약한 추진동력하에서 가능한 조직 개편은 물론이고 부(部) 단위의 대규모 조직 개편도 가능할 것으로 본다. 부(部) 단위의 조직 개편은 해당 부처 소속 공무원뿐 아니라, 부처 산하기관 및 유관 민간기관에까지 영향을 미칠 수 있기 때문에 부처 단위의 조직의 통합 등은 많은 갈등 상황을 낳는다. 따라서 부처의 통폐합 및 신설은 정치적 실현가능성에 대한 고려 끝에 신중히 이루어져야 한다.

복지가족부, 보건부, 정보매체부의 신설은 정부와 집권여당에 대한 강한 지지를 바탕으로 강한 추진동력이 있어야만 가능할 것으로 판단된다. 기존의 보건복지부, 여성가족부, 식품의약품안전처 3개의 조직을 2개의 조직으로 통폐합하는 것이기 때문에 많은 반발이 예상된다. 복지가족부와 보건부가 신설된다면 여성정책, 식품의약품안전 기능에 대한 대표 전담 부처가 사라지게 되므로 이와 관련한 이해관계자들의 큰 반발에 직면하게 될 것이다. 정보매체부의 신설은 현재 문화체육관광부, 과학기술정보통신부, 방송통신위원회, 행정안전부에 존재하는 각종의 ICT와 매체 기능들을 하나의 부처에 집약시키는 개편안이다. 정보매체부 신설로 현재 문화체육관광부의 매체정책 기능과 행정안전부의 개인정보보호정책 기능이 정보매체부로 이관되기에 문화체육관광부와 행정안전부의 강한 저항이 예상되며, 방송통신위원회는 현재 대통령 소속의 위원회 위상을 지니고 있지만 정보매체부의 신설로 부(部) 내 위원회로서 그 위상이 저하되는 것에 대한 방송 관련 기관과 단체의 강한 저항이 예상된다.

또한, 해양수산부 소속의 해양경찰을 행정안전부로 이관하는 개편안에 대하여 해양수산부 관련 이해관계자들의 반발이 예상된다. 해양경찰청은 세월호 참사 이후 해체되었다가 문재인 정부 출범 이후 부활되어 해양수산부에 소속되면서, 해양수산부는 해양·수산분야 진흥은 물론 해양 경비와 안전·방재 기능까지를 포괄하게 되어 그 위상이 제고되었다. 해양경찰청이 행정안전부로 소속이 변경된다면 해양수산부의 위상이 약화되면서 해양수산부와 관련 이해관계자의 저항을 유발할 수 있다.

이상에서 논의한 부처 단위의 조직 통폐합, 소속 이관 등은 많은 정치적 갈등이 예상되는 대규모 조직 개편이라 할 수 있다. 그러나 지방선거 승리를 통해 정부와 여당이 강한 추진동력을 얻게 된다면, 우호적인 정치적 환경하에서 국회에서의 정부조직법 개정안 합의를 시도해 볼 수 있을 것이다.

참고문헌

강성진·정태용. (2017). 「국가재창조를 위한 정부개혁」. 한반도선진화재단.

강원택. (2006). 「대통령제, 내각제와 이원정부제」. 인간사랑.

강정석·서용석·최호진·정충식·박상현. (2011). 스마트 시대에 적합한 ICT 거버넌스 연구. 「방송통신위원회 연구보고서」.

강주영. (2013). '제주특별자치도 자치경찰'의 공법적 검토. 「동아법학」, (60): 29-63.

경제인문사회연구회. (2009). 「한국 경제·사회 선진화의 조건(Ⅰ): 새로운 발전패러다임」.

______________. (2009). 「한국 경제·사회 선진화의 조건(Ⅱ): 경제·사회발전지표의 개발 및 응용」.

______________. (2011). 「공생발전－정치·경제 및 사회적 접근」.

______________. (2012). 「50대 핵심 정책과제－공생발전 종합연구」. 경제·인문사회연구회 공생발전 종합연구 보고서.

경향신문. (2014). "'수돗물 음용률' 한국2%, 프랑스·영국은 70%", 11월 19일.

과학기술 출연(연) 발전 민간위원회. (2010). 새로운 국가과학기술시스템 구축과 출연(연) 발전방안, 2010. 7.

교육부. (2017). "한중대, 대구외대에 대한 학교 폐쇄 명령". 교육부 보도자료. 2017. 10. 27.

국가과학기술자문포럼. (2012). MB정부 과학기술정책의 회고와 발전과제, 2012. 10. 5.

국민권익위원회 보도자료. (2018). "국제투명성기구(TI)의 '17년 부패인식지수(CPI) 발표'에 대한 국민권익위원회의 입장", 2월 22일.

국민대학교 국정관리전략연구소. (2012). 「효율적 국정관리를 위한 정부조직」. 도서출판 오래.

국민일보. (2017). "대구권 사립대들도 '대학 연합' 바람", 3월 17일.

국정기획자문위원회. (2017). 문재인정부 국정운영 5개년 계획.

국회헌법연구자문위원회. (2009). 「헌법 개정에 관한 결과보고서와 참고자료집」.
국회예산정책처. (2012). 「주요국의 예산제도」.
국회헌법개정특별위원회 자문위원회. (2018). 「국회헌법개정특별위원회 자문위원회 보고서」. 2018. 1.
권성훈. (2017). 과학기술 종합조정체계의 주요 쟁점과 과제. 국회과학기술정책연구모임 연속토론회 5회차 발제자료.
권순미. (2013). 민영화의 정치적 성격: 일본의 우정사업 민영화와 정치 리더십. 「아세아연구」, 56(4): 204-232.
기획예산처. (2006). 「비전 2030－함께 가는 희망 한국」
김근세. (2010). 한국책임운영기관의 성격과 범위: 변화관리를 중심으로. 「한국조직학회보」, 7(1): 1-37.
김동욱 외. (2016). 「정부역할의 재정립: 행정편」. 박영사.
김동욱. (2008). 「새 정부조직 설계」. 법문사.
______. (2008). 정부출연 정책연구기관의 미래지향적 조직과 기능, 「정책&지식 포럼」(2008. 10. 6.), 서울대학교 행정대학원 한국정책지식센터.
______. (2009). 헌법 개정 후 정부 조직. 「공법연구」, 38(2): 179-203.
______. (2010). 중앙행정기관의 공간적 위치 선정에 관한 연구. 「행정논총」, 48(1): 1-24.
______. (2012). 「정부 기능과 조직」. 법문사.
김동욱·윤건. (2010). 국가미래전략기구 설계에 관한 연구. 「행정논총」, 48(2): 1-24.
김동욱·정준화. (2011). 국가전략 연구를 위한 공공부문 조직 설계. 「행정논총」, 49(2): 1-24.
김명환. (2012). ICT 거버넌스의 역할과 형태. 「2012 행정학 하계공동학술대회 및 국제학술대회」.
김병섭. (2007). 「살아있는 우리 정부조직 이야기」. 서울: 도서출판 지혜로.
김상택·김혜람·임연규. (2012). 국가 ICT 개편방안. 「정보와 사회」, 22: 35-61.
김석은. (2017). 미국, 영국, 프랑스의 정부조직개편에 관한 비교연구. 「정부학연구」. 23(1): 255-276.
김선아·박성민. (2017). 중앙행정기관 인사혁신 가치의 보편성과 특수성에 관한 연구. 「한국행정논집」, 29(2): 325-356.
김원중. (2011). 제주자치경찰과 국가경찰간의 협약사무 개선방안. 「지방자치법연구」,

11(1): 299-318.
김윤권·윤수재·최호진·이재호. (2011). 글로벌 행정환경의 변화에 따른 미래 정부조직 재설계 연구. 「KIPA 연구보고서 2011-10」. 한국행정연구원.
김정렬·한인섭. (2008). 행정개혁의 역사와 모형. 「담론」, 11(3): 151-182.
김정해. (2006). 역대 대통령비서실의 조직학습과정 특성분석. 「한국정책과학학회보」, 10(4): 65-90.
김종철. (2012). 정부형태 개편론에 대한 검토: 최근의 개헌논의를 중심으로. 「연세 공공거버넌스와 법」, 3(1): 163-211.
김철회. (2013). 물 관리 행정체계, 왜 변하지 않는가?: Mahoney 의 자기강화모형 관점에서. 「행정논총」, 51(4): 167-194.
김학경·이성기. (2012). 영국지방자치경찰의 새로운 패러다임: "2011 경찰개혁 및 사회책임법"과 "국립범죄청"을 중심으로. 「경찰학연구」, 12(1): 147-174.
김현석·박개성·박진. (2006). 「정부개혁 고해성사」. 엘리오앤컴퍼니(주).
농림축산식품부. (2016). 「양곡자급률 현황」, 4월 21일.
뉴데일리. (2018). "3년 후 대학 몇 곳이 살아남을까… 高 신입생 45만명 vs 大 정원 55만명", 1월 23일.
대통령령 제27020호, 2016. 2. 29. 국무총리비서실 직제.
대통령령 제28084호, 2017. 5. 30. 국가안보실 직제.
대통령령 제28414호, 2017. 11. 7. 대통령경호처와 그 소속기관 직제.
대통령령 제28534호, 2017. 12. 29. 국무조정실과 그 소속기관 직제.
대통령령 제28539호, 2017. 12. 29. 대통령비서실 직제.
동아일보. (2015). "4대강 사업 이후에도 가뭄비상 왜?", 6월 19일.
동아일보. (2018). "나일강 물은 우리것... 상류댐 완공 앞두고 아프리카 삼국지", 3월 1일.
류재택. (2006). 「대통령직 인수」. 법문사.
매일경제. (2015). "일본의 대단한 끈기 '공룡 같은 우정사업' 10년 만에 민영화 결실", 11월 4일.
문명재. (2008). 정부조직개편과 국정운영의 이론과 실제. 한국행정학회 세미나 발표논문.
문명재·이명진. (2010). 책임운영기관의 조직·인사 자율성과 제도적 개선 방안. 「한국조직학회보」, 7(1): 39-63.

문화체육관광부. (2018). 2017 스포츠산업실태조사.
민 진. (2008). 이명박 정부의 중앙정부조직개편 사례 연구. 「한국조직학회보」, 5(2): 267-292.
민주통합당. (2012). 「19대 국회의원 선거 민주통합당 공약집: 내 삶과 대한민국을 바꾸는 민주통합당의 정책 비전」.
박대식. (2009). 정부조직개편 결정과정 비교분석: 전면개편과 부분개편을 중심으로. 「한국조직학회보」, 6(3): 77-102.
박동서. (1995). 행정조직의 개편: 1994년 12월. 「행정논총」, 33(1): 115-123.
박상욱. (2017). 「국가재창조를 위한 정부개혁: 연구관리 기관의 전문성과 독립성 강화」. 한반도 선진화재단.
박수경·문인규. (2008). 이명박 정부 행정조직개편의 특징. 「사회과학연구」, 19: 21-47.
박영원. (2017). 정부조직개편의 현황과 개선과제. 「국회입법조사처 현안보고서」.
박재윤 외. (2010). 「미래교육 비전 연구」. 서울: 한국교육개발원.
박재창. (2010). 차기 정부의 국정기조: 전략과 과제. 2012 행정학 하계공동학술대회 및 국제학술대회 발표논문.
박정수. (2002). 연속인터뷰-"교원 지방직화 논의시점 됐다". 중등우리교육.
박정수. (2008). 기획예산재정분야의 조직개편: 쟁점과 과제. 「한국공공관리학보」, 22(1): 1-25.
박준식. (2010). 정부 조직의 변화에 대한 사회학적 이해: 세계화와 정부의 패러다임 변화를 중심으로. 「한국조직학회보」, 7(2): 47-69.
박중훈. (2016). 역대 정부 조직개편에 대한 성찰과 전망. 「KIPA 연구보고서」. 2016. 12.
박천오. (2011). 이명박 정부의 조직개편에 대한 공무원 인식. 「행정논총」, 49(1): 1-30.
박천오. (2011). 한국 정부조직개편에 대한 비판적 고찰. 「한국조직학회보」, 8(1): 1-30.
배종윤. (2010). 국정개혁과 정부조직 효율화: 김대중 정부의 '작은 정부론'과 현실적 한계. 「한국정치학회보」, 44(4): 73-95.
배 현. (2011). 국립대 법인화의 문제점과 대안. 「교육비평」, 29.
법무부. (2016). 「2016년 출입국·외국인정책 통계연보」.

새누리당. (2012). 「19대 국회의원 선거 새누리당 공약집: 2012 총선 새누리 진품약속」.
서울대학교 미래연구위원회. (2017). 「과학기술 거버넌스 재설계 연구」.
서울대학교 한국행정연구소. (2017). 정부별 정부조직개편 비교연구: 노무현·이명박·박근혜 정부를 중심으로. 「2016년도 한국행정연구소 정책연구사업 보고서」.
성낙인. (2018). 「헌법학」. 법문사.
성시경. (2012). 중소기업 지원정책 집행체계에 대한 연구. 한국정책학회 2012년 추계학술대회 발표논문집(별쇄본).
성지은. (2009). 교육과 과학기술 기능 통합 국가의 과학기술행정체제 비교분석: 일본, 독일, 영국을 중심으로. 「행정논총」, 47(2): 375-404.
소순창·이 진. (2016). 지방분권정책의 오뒷세이아. 「한국사회와 행정연구」, 27(1): 95-118.
송희준. (2012). ICT 생태계를 위한 공공 거버넌스 구축전략. 한국정책학회 2012 하계학술대회 발표논문.
시·도지사협의회. (2007). 「시·도 뉴스레터」. 통권 9호. 2007년 11·12월호.
신영민·박광섭. (2013). 경찰과 검찰간의 합리적 수사권배분을 위한 입법론적 고찰. 「법학연구」, 24(1): 509-534.
안경섭. (2009). 성공적 정부조직개편을 위한 통합조직의 융합전략에 관한 연구: 중앙부처 Post Manager Integration을 중심으로. 「한국행정논집」, 21(1): 261-286.
안경섭. (2012). 정부 물관리 정책 기능 중복 개선에 관한 연구. 「한국사회와 행정연구」, 23(3): 183-208.
안병철·정무권·한상일. (2008). 「한국의 공공부문: 이론, 규모와 성격, 개혁방향」. 한림대학교 출판부.
양영철. (2014). 응답하라!: 자치경찰 도입의 어제, 오늘 그리고 내일. 서울행정학회포럼, (3): 45-49.
연합뉴스. (2017). "강릉원주대－강원대 전국 최초 국립대 연합대학 협약", 1월 9일.
연합뉴스. (2017). "경북대－대구교대 협업 체계 구축한다", 2월 22일.
연합뉴스. (2017). "文정부 국정운영 5개년 계획 발표.. 새로운 대한민국 건설", 7월 19일.
연합뉴스. (2017). "물관리 일원화로 효율적 수자원 활용·방재기능 향상", 8월 24일.
연합뉴스. (2017). "전북대－제주대 '인적·물적 교류' 연합대학 구축", 3월 21일.

영국 정부 사이트. https://www.gov.uk/government/organisations.
오석홍. (2008). 우리나라 행정개혁의 진로. 오석홍 외, 「행정개혁실천론」, 305-320. 법문사.
오영균. (2010). 책임운영기관의 예산제도개선에 관한 연구. 「한국조직학회보」, 2: 71-92.
오재환·이충은. (2017). 특별사법경찰관리로서 자치경찰의 역할에 관한 연구. 「법학논총」, 39: 81-102.
우정사업본부. (2012). 「주요 12개 국가 우정사업 현황」, 2012. 6. 30.
워터저널. (2016). Part1. 물관리기본법 제정 방향. 11월 4일.
워터저널. (2017). 4대강 복원과 물관리, 새 정부의 과제, 6월 5일.
워터저널. (2018). [전문가 특별제언] 미래세대를 위한 통합물관리 정책, 1월 4일.
워터저널. (2018). 통합물관리 비전 포럼 3차 전체회의, 2월 2일.
원시연·황인자. (2010). 중앙행정기구 조직개편의 정치: 보육,가족정책 담당기구를 중심으로. 「한국정치연구」, 19(2): 107-133.
윤종빈. (2010). 정부조직의 구조와 운영: 정치학적 접근. 「한국조직학회보」, 7(2): 23-45.
윤주철·양지숙·전영한. (2011). 조직개편, 기관특성, 그리고 정치적 환경: 한국 중앙행정조직의 생존기간에 관한 실증분석. 「한국행정학보」, 45(2): 187-213.
은재호. (2013). 「선진 각국의 정부변동에 따른 조직변화 분석」. 한국행정연구원.
이뉴스투데이. (2017). "우본, 경영합리화 계획 수립… 우편·금융사업 강화", 12월 18일.
이상준. (2012). 대내외 에너지 환경변화와 산업 및 에너지 정책 거버넌스. 한국정책학회 2012년 추계학술대회 발표논문집.
이송호. (2008). 「관계장관회의」. 서울: 대영문화사.
이송호. (2016). 검경수사권갈등 조정의 특징과 원인에 관한 연구. 「경찰학연구」, 16(4): 9-48.
이수영. (2012). 중소기업 지원정책 결정조직에 대한 연구. 한국정책학회 2012년 추계학술대회 발표논문집(별쇄본).
이승종 외. (2012). 차기정부 정부조직개편의 원칙과 방향. 한국행정학회 2012년 하계학술대회 발표논문집.
이승종. (2011). 「지방자치론-정치와 정책」. 서울: 박영사.

이승종·최영출·권혁주·오영균. (2012). 차기정부 조직개편의 원칙과 방향. 한국행정학회 2012년 하계학술대회 자료집(별쇄본).

이시원·명성준. (2010). 국립대학 법인화 정책의 형성과정에 대한 연구. 「한국정책학회보」, 19(3): 381-409.

이용균·이기성. (2010). 정부의 대학 구조조정 정책의 특징 분석 및 발전방향. 「평생교육·HRD연구」, 6(2): 165-185.

이윤경·문명재. (2011). 국정의제의 변화와 정부조직개편에 대한 연구. 「한국조직학회보」, 8(1): 59-106.

이정봉. (2017). 우정사업본부 비정규직 실태와 과제. 「한국노동사회연구소 KLSI Issue paper」, 미래창조과학부공무원노동조합.

이종열·주동범. (2012). 정부조직개편의 과정과 성과: 주요 부처를 중심으로. 한국정책학회 2012년 추계학술대회 발표논문집.

이창원. (2008). 참여정부 이후 정부의 조직개편안 통합논의. 「한국조직학회보」, 43(1): 19-65.

이창원·임영재. (2009). 우리나라 민주화 이후의 정부조직개편의 특성에 관한 고찰: '작은 정부론'적 시각을 중심으로. 「한국정책과학학회보」, 13(4): 1-17.

이현출. (2017). 국회 헌법개정특별위원회 활동 및 논의 경과. 「의정연구」, 23(1): 227-235.

이환범, 이지영. (2015). 우리나라 자치경찰 사무배분 및 경찰청 조직개편 방안에 관한 연구. 「한국조직학회보」, 12(1): 1-23.

임도빈. (2004). 정부조직의 재설계: 최고조정체계를 중심으로. 「행정논총」, 42(3): 1-25.

______. (2007). 관료제, 민주주의, 그리고 시장주의: 정부개혁의 반성과 과제. 「한국행정학보」, 41(3): 41-66.

______. (2012). 차기 정부조직개편에 대한 단상. 한국행정학회 2012년 하계학술대회 발표논문집.

임연기. (2005). 한국 대학 구조조정 정책의 특징과 쟁점. 「교육행정학연구」, 23(4): 243-268.

장병권. (2017). 혁신성장을 통한 관광산업 발전방안. 「한국관광정책」: 10-21.

전영한. (2009). 국가운영시스템의 변화와 과제: 정책조정시스템. 「정책&지식 포럼」(2009. 10. 26.), 서울대학교 행정대학원 한국정책지식센터.

정광호. (2005). 노무현 정부의 관료제 개혁에 대한 평가.「행정논총」, 43(2): 301-349.

정명은·오재록. (2014). 정부조직개편의 실제와 결과: 자원투입관점의 목표-결과 간 정합성 분석.「현대사회와 행정」. 24(1): 1-24.

정보통신정책연구원. (2012). 스마트 생태계와 ICT 거버넌스. 제3차 소통과 창조 포럼 토론회. 2012. 8. 29.

정부혁신지방분권위원회. (2005).「참여정부의 행정개혁」.

__________________. (2005).「참여정부의 지방분권」.

__________________. (2007).「2007년 정부조직 개편방향」, (미공개).

__________________. (2007).「참여정부의 혁신과 분권」.

정정길 외 4인. (2007).「작은 정부론」. 부키.

정정길 외. (2010).「전문가들이 본 이명박 정부의 국정철학-중도실용을 말하다」. 랜덤하우스.

정철현. (2012). 콘텐츠산업 진흥을 위한 거버넌스 구축방안. 한국정책학회 2012년 추계학술대회 발표논문집.

정충식. (2010). 정보통신산업 지원을 위한 정부조직 개편 방향: 정보통신산업 지원 기능의 재설계를 위한 논의.「한국사회와 행정연구」, 21(3): 135-161.

_____. (2012).「전자 정부론」. 서울: 서울경제경영.

_____. (2012). 행정안전부의 조직개편을 통한 국가정보화 정립방안: 정보화전략실의 기능 재편을 중심으로. 한국정책학회 2012년 추계학술대회 발표논문집.

제16대 대통령직인수위원회. (2003).「제16대 대통령직인수위원회 백서: 대화」.

제17대 대통령직인수위원회 정부혁신/규제개혁 TF. (2008).「정부 기능과 조직 개편」, 2008. 1. 16.

제17대 대통령직인수위원회. (2008).「제17대 대통령직인수위원회 백서: 성공 그리고 나눔」.

조만형. (2017). 수사기관간 수사권의 합리적 균형관계 모색.「법학연구」, 17(3): 289-323.

조석준·임도빈. (2010).「한국 행정조직론」. 법문사.

조선일보. (2017). "정부조직개편안 '통상교섭본부·중소벤처기업부 신설, 국민안전처 해체'.. 18부·5처·17청·4실로 개편", 6월 5일.

조선일보. (2018). "금융리스크 억제 중국 조직개편.. 보험·은행 감독기구 통합", 3

월 13일.
조성한. (2008). 정부조직구조의 영향요인. 「한국조직학회보」, 4(2): 1-18.
주창범. (2012). 통일부, 협력과 평화 그리고 통일교육의 구심체로. 한국행정학회 기획세미나–국가비전과 통일행정, 2012. 9. 5.
중앙일보. (2015). “댐·4대강으론 ‘물 안보’ 한계... 지능형 수자원 연결망 시급”, 10월 18일.
지역재단. (2007). 농정변화에 대응한 농정추진체계 혁신방안. 대통령자문 농어업·농어촌특별대책위원회 심포지움 발제문, 2007. 11. 14.
최 관. (2012). 영국자치경찰과 제주자치경찰의 비교분석을 통한 한국자치경찰제도 발전방안. 「지방행정연구」, 26(1): 271-289.
최유성. (2009). 한국 규제개혁의 회고와 전망. 2009년 한국정책학회 춘계학술대회 발표논문.
최종술. (2017). 자치경찰제 도입의 조건과 과제. 제883회 「정책&지식포럼」(2017. 9. 19.), 서울대학교 행정대학원 한국정책지식센터.
최진식. (2010). 규제개혁정책의 적합성 평가에 관한 연구: 이명박정부 2년을 중심으로. 「정부학연구」, 16(1): 215-242.
최천근. (2014). 국가경찰과 자치경찰간의 합리적 사무배분에 관한 연구. 「한국지방자치학회보」, 26(2): 275-296.
최철호. (2014). 한국의 자치경찰제도의 현황과 과제. 「지방자치법연구」, 14(3): 447-466.
콘텐츠미래전략포럼. (2012). 「콘텐츠 미래 비전과 정책 과제」, 콘텐츠 미래비전 국민보고대회 자료집, 2012. 8. 30.
프랑스 정부 사이트. http://www.gouvernement.fr/en/composition-of-the-government
한겨레. (2017). “정치논리에 발목잡힌 물관리 일원화 내년엔 될까”, 12월 27일.
한공식. (2018). 미래사회 변화에 대한 국회의 선제적 대응: 국회미래연구원법안 본회의 의결. 「국회보」, 1월, 30-31.
한국경제연구원. (2007). 「차기정부의 공공부문 개혁방향 총론」.
__________. (2007). 「잘사는 나라 행복한 국민 미래한국비전 보고서」.
한국교육개발원. (2010). 「국립대학 법인화 정책 연구」.
한국금융연구원. (2007). 독일과 뉴질랜드의 우정민영화 사례. 「국제금융 이슈」.

한국농촌경제연구원. (2016). 식품수급표 2015.
한국일보. “가뭄 vs 녹조라떼… 4대강 보 개방의 딜레마”, 2017. 6. 1.
한국정보화진흥원. (2011). 미래 통일한국 시나리오와 국가정보화 정책, 「IT & Strategy 제2호(2011. 4. 19.)」.
한국행정연구원. (2008). 「한국행정 60년: 1948-2008」. 서울: 법문사.
한나라당. (2007). 「일류국가 희망공동체 대한민국」. 제17대 대통령선거 한나라당 정책공약집.
_______. (2011). 「한나라당 뉴 비전」. 여의도연구소 비전위원회 공청회 자료집 2011-1.
한동효. (2012). 역대정부의 자치경찰제 도입 실패요인에 관한 연구. 「지방정부연구」, 16(2): 175-199.
행정안전부. (2017). 행정기관위원회현황.
현대경제연구원. (2007). 차기정부의 주요 정책방향. 「VIP Report」.
현대경제연구원. (2013). 최근 관광·레저산업의 주요 특징 및 시사점. 「현안과 과제 이슈리포트」, 2013. 11.
홍성걸. (2009). 이명박 정부의 IT정책 추진체계: IT 컨트롤타워 설치 필요성과 효율적 운영을 위한 제언. 「정보화정책」, 16(4): 27-48.
______. (2012). 새 정부에서의 산업정책 거버넌스 개편 관련 주요 이슈에 대한 소고. 한국정책학회 2012년 추계학술대회 발표논문집.
홍준형. (2017). 「행정법」. 법문사.
환경부. (2017). 대기환경연보.
황문규. (2015). 제주자치경찰 비판에 대한 비판적 고찰: 제주자치경찰의 정체성을 중심으로. 「경찰학논총」, 10(2): 211-237.
황문규·최천근. (2013). 자치경찰제 추진에 있어 검경수사권 조정에 대한 고찰. 「형사정책연구」, 299-330.
황윤원. (2006). 정부부문 싱크탱크의 실태분석과 발전방향. 「한국거버넌스학회보」, 13(3): 385-416.
황혜신. (2008). 행정개혁. 「한국행정 60년」. 서울: 법문사.

Bolman, Lee G. and Terrence E. Deal. (1985). *Modern Approaches to Understanding and Managing Organizations*. San Francisco: Jossey-Bass Publishers.

Cohen, Steven and William Eimicke. (1995). *The New Effective Public Manager*. San Francisco: Jossey-Bass Publishers.

Edler, Jacob. (2010). *Demand-Based Innovation Policy. The Theory and Practice Innovation Policy*. Edward Elgar.

Gortner, Harold F., Julianne Mahler, and Jeanne Bell Nicholson. (1997). *Organization Theory: A Public Perspective*. New York: Harcourt Brace College Publishers.

Kamensky, J. (1996). Role of Reinvention Government Movement in Federal Management Reform. *Public Administration Review*, 56(3): 247-256.

Kettle, Donal F. (2000). *The Global Public Management Revolution: A Report on the Transformation of Governance*. Washington D.C.: Brookings Institution Press.

Peters, B. G. (1992). Government Reorganization: A Theoretical Analysis. *International Political Science Review*, 13(2):199-217.

__________. (1995). *The Politics of Bureaucracy*. New York: Longman.

Rainey, Hal G. (2014). *Understanding and Managing Public Organizations*, Fifth Edition. Wiley .

Simon, Herbert A. (1946). The Proverbs of Administration. *Public Administration Review*. 6(1): 53-67.

Thomas, Craig W. (1993). Reorganizing Public Organizations: Alternatives, Objectives , and Evidence. *Journal of Public Administration Research and Theory*. 3(4): 457-486.

Ziller, J. (2006). *Organising the Central State Administration: Policies and Instrument*. Paris: OECD.

보론

새 대통령의 60일 과제

“

이 글은 2017년 5월 2일 대한상공회의소에서 열린 서울대 스마트지식사회연구단과 한국인사행정학회가 공동주최한 ‘새 대통령의 60일 과제’ 세미나에서 저자가 발표한 발제문이다.

”

1. 머리말

2017년 5월 10일 당선이 확정되고 바로 임기가 시작되는 제19대 대통령에게는 큰 영광에 상응하는 수많은 임무가 부여된다. 당선 후 취임까지 약 67일의 준비기간을 갖는 통상의 대통령과 달리 당선일부터 대통령으로서 임무를 시작하면서[1] 동시에 새 정부의 주요 인사를 선임하여야 한다. 당장 대통령비서실 정무직, 국무총리 및 국무위원 등 전 정부 인사와 동거하면서 새로운 정부를 구성한다는 것이 결코 쉬운 과제가 아닐 것이다. 또한 새 대통령은 선거 과정에서 제시한 수많은 공약을 다시 한번 정리하여 국민의 기대에 부응하는 새 정부의 경제발전과 일자리창출, 정치개혁과 사회통합의 비전과 실천방안을 제시하여야 한다.

새 대통령은 당선증을 교부받고 임기 개시와 동시에 최대한 빨리 대통령비서실장을 임명하고 민정수석과 인사수석 등 인사와 검증을 위한 대통령비서진을 임명함으로써 자신을 보좌할 대통령비서실 구성을 시작해야 한다. 대통령비서실은 본래적으로 정부운영의 핵심 조직이기도 하지만 새 대통령은 자신의 국정운영 철학에 동의하는 사람으로 구성된 대통령비서실을 바탕으로 국무총리를 비롯한 새 정부의 주요 정무직[2] 인사를 원하는 방향으로 추진할 수 있기 때문이다. 또한 대통령비서실의 경우 다른 정

1) 새 대통령으로서 임기 시작 60일은 대선 기간 동안 밀려온 미결정 사안과 새 정부의 기조를 다지는 수많은 현안에 대하여 결정해야 하는 시기이다. 역대 정부 대통령 취임 후 60일의 대통령 관련 주요 사안은 〈부록 4〉로 정리하였다.

2) 대통령이 임명하는 행정부 내 좁은 의미의 정무직은 총 129명이다(〈부록 3〉 참고). 이 숫자에 포함되지 않은 장·차관급에 상당하는 국립대학교 총장, 군 대장, 주요국 대사, 검찰(총장과 차장 제외한 고검장급) 등을 추가한다면 넓은 의미의 정무직은 150명을 훌쩍 넘어선다.

부조직과 달리 정원과 직위를 정하는 직제 작업을 신속히 할 수 있고, 인사청문 절차를 거치지 않기에 비교적 신속히 인선을 마무리할 수 있다. 따라서 19대 대통령은 신속한 대통령비서실의 구성과 인선에 최우선 순위를 두어야 한다.

또한 새 대통령은 '인수위원회' 구성도 서둘러야 한다.[3] 「대통령직 인수에 관한 법률」 제6조 제2항("위원회는 대통령 임기 시작일 이후 30일의 범위에서 존속한다.")에 따르면 제19대 대통령선거는 궐위에 따른 보궐선거이므로 당선과 동시에 대통령 임기가 시작됨에 따라 인수위원회는 최대 30일까지 운영될 수 있다. 대통령 임기를 시작했기 때문에 역대 인수위원회와 유사한 기능을 하는 대통령자문위원회(가칭 '정부설계위원회')를 대통령훈령이나 대통령령으로 설치할 수도 있을 것이다. 이 경우에도 한 달 이상 운영될 경우 새로 정무직 인사가 보임됨에 따라 위원회와 이들 정무직 인사 간에 정부인수 관련 기능 중복 현상이 발생할 수 있기에 실제 '인수위원회' 운영 일수는 한 달을 초과하기 어려울 것이다.

역대 인수위원회와 비슷한 역할을 할 '인수위원회'는 설치 근거가 인수법, 대통령령, 또는 대통령훈령이든 그 기능과 운영 기간은 별 차이가 없을 것으로 예상된다.[4] 따라서 편의상 해당 위원회를 인수위원회로 부르기로 한다. 새 정부의 대통령비서실과 국무총리, 국무위원과 중앙행정기관장 등 인사청문 후보자들의 인사검증 작업을 효과적으로 진행하고 선거

3) 일반적으로 「대통령직 인수에 관한 법률」에 따라 대통령당선인을 보좌하여 대통령직의 인수와 관련된 업무를 담당하는 대통령직인수위원회가 설치되고 취임일 전까지 약 60여 일 준비작업을 하게 된다. 인수법에 따라 당선인에게 사실상 대통령에 준하는 지위와 권한이 주어지고 인수 업무는 인수위원회 중심으로 이루어지고 인수위원회는 새로 출범하는 정부의 모태가 된다.

4) 새 대통령은 인수위원회 없이 대통령직을 인수할 수도 있다. 인수위원회를 구성하지 않을 경우 새 대통령은 선거 후에도 실질적으로 소속 정당의 대표지도자의 위상을 갖고 있으므로 여당을 중심으로 공약을 재검토하고 새로운 정책을 구상할 수 있을 것이다.

공약을 정리하고 국정운영을 위한 기존 정책들을 검토하기 위해서는 30일 내의 기간이지만 인수위원회를 설치·운영하는 것이 바람직하다. 대통령 비서실 구성과 인선에도 짧지 않은 인사검증 기간이 소요되므로 검증부담이 상대적으로 덜한 인수위원으로 신속히 임명하여 대통령직 인수활동을 하게 할 수 있다.

특히, 인수위원회 위원들이 대통령비서실 정무직으로 임명되거나 국무총리 및 국무위원 후보자들로 지명될 경우, 임명 또는 지명 전부터 인수위원 자격으로 국정에 대한 이해를 높이면서 정무직으로 임명 이후 인수위원 경험을 자연스럽게 업무에 이어갈 수 있는 장점이 있다. 역대 정부에서도 인수위원들이 대통령비서실 또는 내각의 주요 직위를 맡았는데, 19대 대통령의 경우 더욱 적극적으로 인수위원회 인사를 새 정부 정무직의 예비인사풀(pool)로 활용할 필요가 있다.

이 글에서는 제19대 대통령 임기 시작 이후 대통령비서실과 인수위원회 구성, 국무총리, 국무위원 및 중앙행정기관장 인선, 그리고 국정과제 정립 등을 중심으로 새 대통령의 의사결정에 관련된 사항을 체계적으로 정리한다. 이를 통해 새 대통령이 보다 효율적으로 국정을 수행할 수 있도록 도움을 주고자 한다.

2. 대통령비서실 구성과 인선

새 대통령은 임기 시작일인 5월 10일 청와대로 입주해야 하고 취임식도 하루 이틀 내에 할 것으로 예상된다.[5] 따라서 대통령은 최대한 빨리 자신의 보좌인력을 대통령비서실로 충원하여야 한다.

1) 역대 대통령비서실 구성

노무현 정부, 이명박 정부, 박근혜 정부를 대상으로 대통령비서실 구성을 살펴보면 다음과 같다.

(1) 노무현 정부 대통령비서실

노무현 대통령 정부의 초대 대통령비서실(2003. 2. 25.)은 [그림 10-1]과 같이 2실장 5수석 6보좌관 49비서관 체제로 구성하였다. 이후 13차 개편(2006. 1. 6.)에서 안보정책실의 안보실장, 안보수석, 4개 비서관을 신설하여 3실장 8수석 2보좌관 53비서관 체제로 개편했다. 또한 국가안전보장회의(NSC)의 사무처조직을 안보실로 흡수했다. 〈표10-1〉에서 보듯 노무현 정부는 정권 기간 동안 총 16번의 대통령비서실을 개편했다.

5) 「헌법」 제69조에는 취임에 즈음하여 선서한다고 규정되어 있다. 임기 시작 후 1달 또는 2달 경과한 후 취임식을 한다고 해석하기가 어렵다. 취임식을 하지 않거나 임기 시작 후 하루 이틀 내 여의도 국회마당이나 의사당 또는 광화문 광장에서 취임식을 할지는 새 대통령의 뜻에 따라 행정자치부(현 행정안전부)가 준비할 것으로 알려졌다.

[그림 10-1] 노무현 정부 대통령비서실 조직 (2003. 2. 25.)

2실장 5수석 6보좌관 49비서관

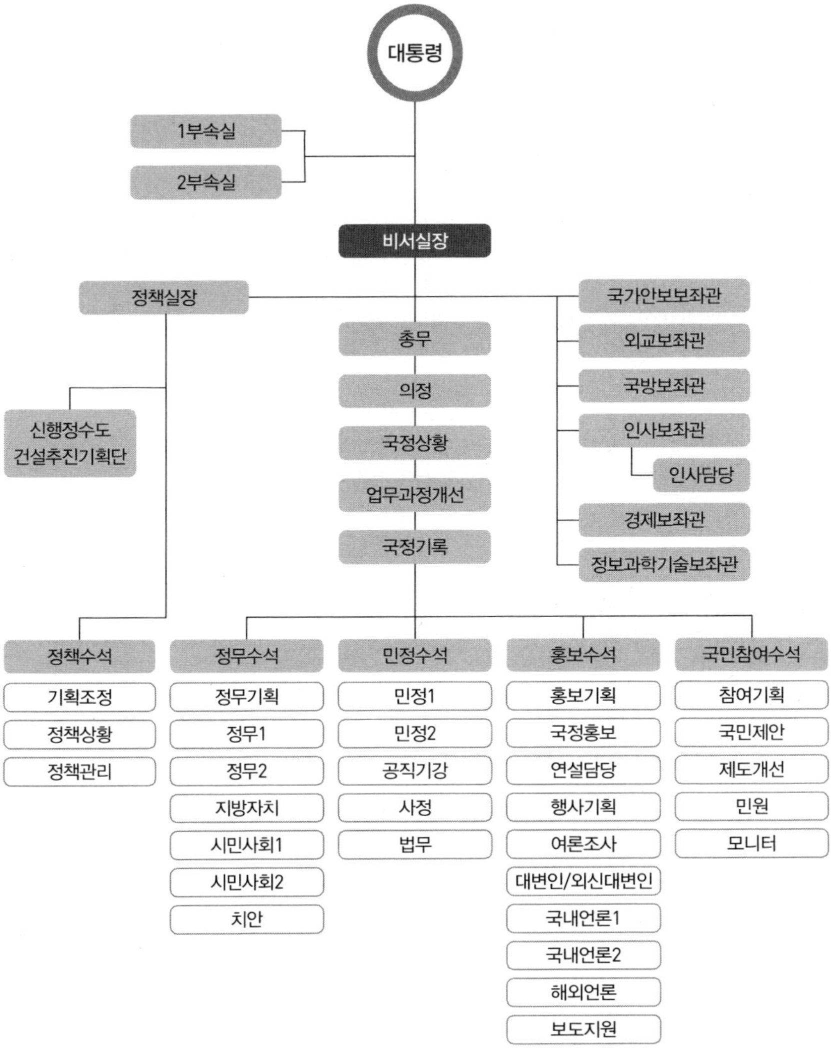

〈표 10-1〉 노무현 정부 대통령비서실 연혁

설치근거	2003년 2월 25일 제정된 〈대통령비서실직제〉에 의해 신설된 대통령비서실은 2008년 2월 29일까지 존속했다.
개편내용	• '03. 2. 25.: 2실장 5수석 6보좌관 49비서관 • '03. 5. 7.: 2실장 5수석 6보좌관 44비서관 • '03. 8. 25.: 2실장 5수석 6보좌관 41비서관 • '03. 9. 19.: 2실장 5수석 6보좌관 41비서관 • '03. 12. 22.: 2실장 6수석 5보좌관 40비서관 • '04. 5. 17.: 2실장 6수석 5보좌관 48비서관 • '04. 12. 24.: 2실장 6수석 5보좌관 47비서관 • '05. 1. 6.: 2실장 6수석 5보좌관 48비서관 • '05. 2. 25.: 2실장 6수석 5보좌관 48비서관 • '05. 4. 8.: 2실장 7수석 4보좌관 49비서관 • '05. 7. 11.: 2실장 7수석 4보좌관 49비서관 • '05. 11. 4.: 2실장 7수석 4보좌관 49비서관 • '06. 1. 27.: 3실장 8수석 2보좌관 53비서관 • '06. 5. 4.: 3실장 8수석 2보좌관 52비서관 • '06. 8. 25.: 3실장 8수석 2보좌관 53비서관 • '07. 4. 20.: 3실장 8수석 2보좌관 53비서관
역대 비서실장	• 제1대 실장 : 문희상('03. 2. 25.~'04. 2. 1.) • 제2대 실장 : 김우식('04. 2. 1.~'05. 8. 1.) • 제3대 실장 : 이병완('05. 8. 25.~'07. 3. 12.) • 제4대 실장 : 문재인('07. 3. 12.~'08. 2. 24.)

출처: 대통령기록관 대통령기록연구실(www.pa.go.kr/research).

(2) 이명박 정부 대통령실

이명박 정부는 [그림 10-2]와 같이 1실장 1처장 7수석 42비서관 체제로 초대 대통령실을 구성하였다(2008. 3. 3.). 이후 6차 개편(2009. 9. 23.)에서 정책실장, 메시지기획관, 인사기획관, 정부특보, IT특보, 홍보수석실과 국제경제보좌관, 공직기강비서관을 신설하여 2실장 1처장 8수석 2기획관 6특보 44비서관으로 개편하였다. 〈표 10-2〉에서 보듯 이명박 정부는 집권 동안 총 14번의 대통령실 개편을 단행했다.

[그림 10-2] 이명박 정부 대통령실 조직

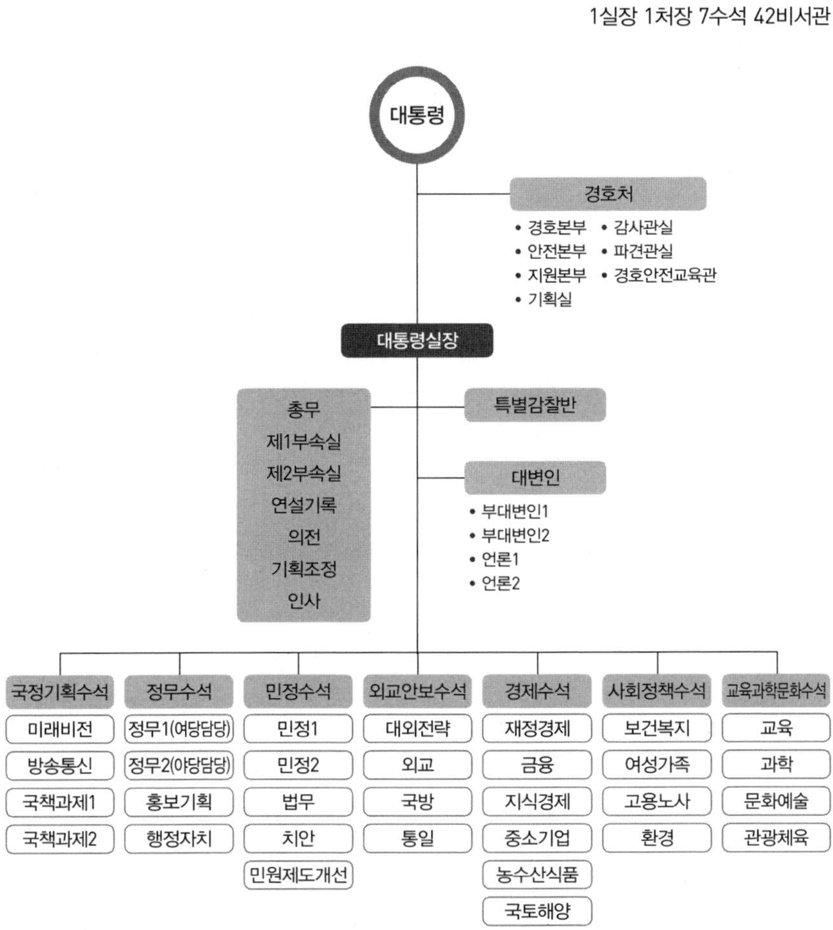

〈표 10-2〉 이명박 정부 대통령실 연혁

설치근거	대통령실은 2008년 2월 29일 제정된 〈대통령실과 그 소속기관 직제〉에 의해 신설되었고, 2013년 2월 24일까지 존속하였다.
개편내용	• '08. 3. 3.: 1실장 1처장 7수석 42비서관 • '08. 6. 24.: 1실장 1처장 7수석 1기획관 4특보 46비서관 • '08. 7. 25.: 1실장 1처장 7수석 1기획관 4특보 46비서관 • '09. 1. 1.: 1실장 1처장 7수석 1기획관 4특보 43비서관 • '09. 2. 10.: 1실장 1처장 7수석 1기획관 4특보 43비서관 • '09. 8. 31.: 2실장 1처장 8수석 2기획관 6특보 44비서관 • '09. 9. 23.: 2실장 1처장 8수석 3기획관 6특보 43비서관 • '10. 5. 28.: 2실장 1처장 8수석 3기획관 6특보 43비서관 • '10. 7. 7.: 2실장 1처장 8수석 4기획관 44비서관 • '10. 12. 30.: 2실장 1처장 9수석 3기획관 47비서관 • '11. 9. 7.: 2실장 1처장 9수석 4기획관 45비서관 • '11. 12. 12: 2실장 1처장 9수석 3기획관 47비서관 • '12. 1. 13.: 2실장 1처장 9수석 4기획관 47비서관 • '12. 8. 8.: 2실장 1처장 9수석 5기획관 46비서관
역대 비서실장	• 제1대 실장 : 류우익('08. 2. 25.~'08. 6. 10.) • 제2대 실장 : 정정길('08. 6. 20.~'10. 6. 3.) • 제3대 실장 : 임태희('10. 7. 16.~'11. 11. 30.) • 제4대 실장 : 하금열('11. 12. 12.~'13. 2. 24.)

출처: 대통령기록관 대통령기록연구실(www.pa.go.kr/research).

(3) 박근혜 정부 대통령비서실

박근혜 정부는 3실장 9수석 41비서관(2013. 3. 22.) 체제로 청와대를 구성하였다. 기존의 대통령실을 대통령비서실과 대통령경호실(대통령실 경호처에서 승격)로 분리하였으며, 국가안보실을 신설하였다.[6] 박근혜 정부의 대통령비서실장은 제1대 비서실장 허태열(2013. 2. 25.~2013. 8. 4.), 제2대 비서실장 김기춘(2013. 8. 5.~2015. 2. 22.), 제3대 비서실장 이병기(2015. 3. 1.~2016. 5. 15.), 제4대 비서실장 이원종(2016. 5.

6) 박근혜 정부 정부조직법 개편안 확정날짜 기준. 대통령비서실은 2013년 3월 23일에 기존의 〈대통령실과 그 소속기관 직제〉를 폐지하고, 〈대통령비서실 직제〉에 의해 신설되었다.

16. ~2016. 10. 30.), 제5대 비서실장 한광옥(2016. 11. 3. ~현재)이다.

또한 박근혜 정부는 인사수석비서관 신설(3실 10수석 체제로 개편: 2014. 6. 26.)과 기존의 국정기획수석비서관실을 정책조정수석비서관실로 개편, 그리고 7명의 대통령 특별보좌관단 임명 발표(3실 10수석 7특보 체제로 개편: 2015. 1. 23.) 등의 개편을 단행했다.

[그림 10-3] 박근혜 정부 국가안보실 조직

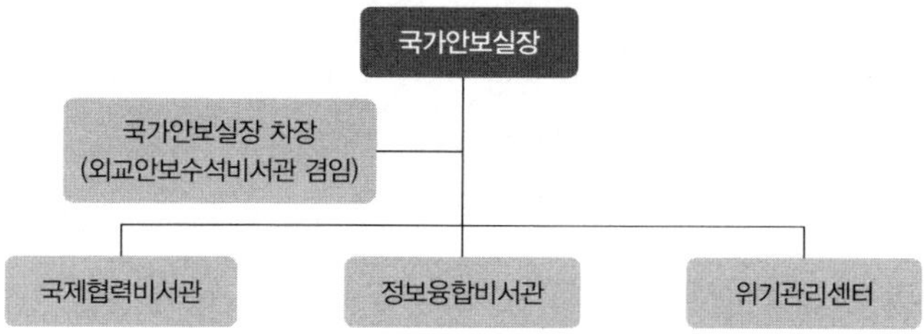

[그림 10-4] 박근혜 정부 대통령비서실 조직

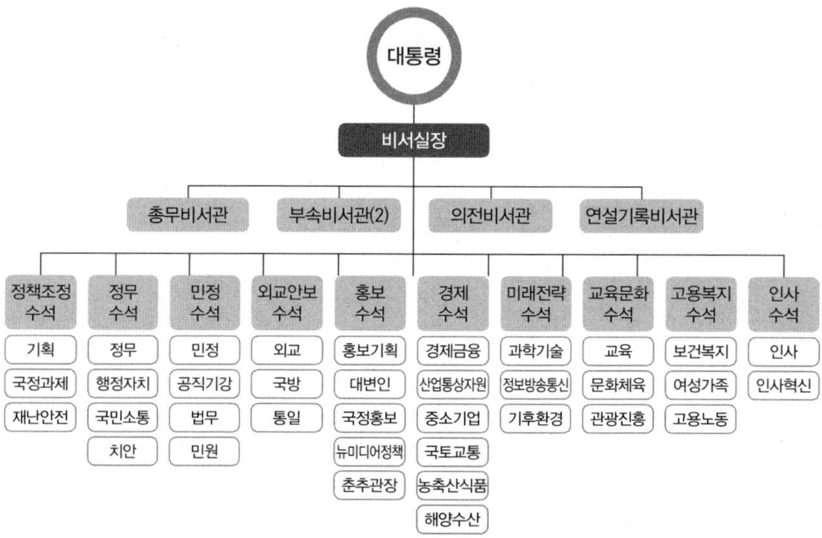

2) 새 정부의 대통령비서실 구성

새 대통령은 현재의 대통령비서실, 국가안보실, 대통령경호실의 3실 체제를 유지할지 아니면 대통령비서실과 대통령경호실의 2실 체제를 유지할지를 먼저 결정하여야 한다. 노무현 정부는 대통령비서실과 대통령경호실을 두면서 대통령비서실장과 정책실장의 2실 체제에서 안보실장을 추가하여 3실장 체제로 운영하였다. 이명박 정부는 1실장 체제에서 비서실 내 정책실장과 경호처장을 두었다. 이후에 정책실장을 추가하여 2실장 체제로 운영되었다. 그리고 박근혜 정부는 3실(비서실, 국가안보실, 경호실) 체제에서 각 실별로 장관급 실장을 두었다.

새 정부에서는 출범과 동시에 많은 현안 과제들을 처리해야 하기 때문에 현재의 대통령비서실, 국가안보실, 대통령경호실 체제를 한시적으로 유지하되, 대통령비서실과 국가안보실의 기능은 유기적으로 연계되어야 하므로 대통령비서실로 통합하고 대통령경호실을 별도로 두는 2실 체제로 개편하는 것이 적절하다고 본다. 국가안보실과 대통령비서실 통합은 정부조직법 개정사안이므로 법률개정 전에는 국가안보실장을 임명하고 개정 이후에는 안보수석비서관으로 두게 된다.

대통령비서실에서 대통령 보좌적 성격의 수석비서관과 정책기획조정 성격의 수석비서관으로 나눌 경우, 보좌적 성격의 외교국방, 정무, 홍보, 민정, 인사 수석비서관을 우선적으로 충원한다. 정책 기획조정 성격의 경제, 과학정보, 교육문화, 고용복지 수석비서관 등 소관 몇 개 부처를 담당하는 수석비서관은 국무총리실(국무조정실) 기능과의 중복 해소 차원에서 나중에 충원하거나 작은 대통령비서실을 지향할 경우 기존 경제, 미래전략, 교육문화, 고용복지 수석비서관은 폐지하고 대신 정책기획수석과 경제보좌관 정도로 간소화할 수 있을 것이다.

3) 새 정부의 대통령비서실 인선

새 대통령은 현재의 3실 체제의 대통령비서실장, 대통령경호실장, 국가안보실장(법률 개정 후 안보수석)을 최우선적으로 임명한 이후에 이들과 상의하여 수석비서관 체제를 정립하고 대통령비서실 직제를 개정한 이후에 새로운 직제에 따라 수석들을 임명할 수 있다. 수석비서관의 경우 인사수석과 민정수석을 최우선으로 임명해야 한다. 그리고 다음으로 정무수석, 홍보수석(대변인), 정책기획수석을 임명하고, 마지막으로 경제, 사회, 문화 관련 수석비서관들을 임명하면 된다.

차우원(2013)은 대통령비서실 인사와 관련해서 대통령의 임명 행위에 영향을 미치는 요인으로는 정책 환경(정치적 환경, 경제적 환경, 시대적 요구), 대통령 개인적 성향(성격, 정치적 이념, 관료를 보는 시각), 대상 직위 특성(직위와 소속 부서 업무)을 제시하고 있다. 그리고 대통령 인사권 행사의 기준으로 인사 효율성은 중립적 능력(전문성, 제도화)과 대응적 능력(정치화, 보상)을, 인사 형평성은 대표성(지역, 직능)과 형평성(학력, 성별)을 제시하고 있다.

역대 정부의 초대 대통령비서실장을 살펴보면, 노무현 대통령 당선인은 재선의원으로 대통령 정무수석을 지냈고 노무현 대통령 후보의 대선기획단장으로 활약했던 문희상 민주당 의원(2003. 1. 8.), 이명박 대통령 당선인은 서울대 지리학과 교수로 이명박 당선인의 싱크탱크인 국제정책연구원 원장 출신인 류우익 교수(2008. 1. 26.), 박근혜 대통령 당선자는 관선 도지사와 3선 국회의원을 지낸 허태열 전 의원(2013. 2. 18.)을 각각 지명했다.

대통령비서실장은 새 대통령의 첫 인선이기도 하고 앞으로 모든 새 정부 인선을 대통령과 함께 책임질 사람이기에 매우 중요한 직위이다. 여소야대의 국회에서의 수많은 인사청문회를 감안한다면 고도의 정치적 감각을 지닌 인물로 충원되어야 할 것이다. 대통령은 단독으로 인선하지 말고 여당 선거대책위원회의 주요 인사들의 추천 형식을 밟고 비서실장을 선임할 필요가 있다.

또한 새 정부에서 국가안보실장과 경호실장 직급을 현재의 장관급에서 차관급으로 하향 조정할 계획이면 이에 상응하는 경력을 가진 인사를 선임해야 한다. 비서실장 다음으로 안보실장, 경호실장과 함께 인사수석과 민정수석을 우선 임명해야 하는 것은 후속 정무직 인사에 대한 인사검증 작업을 인사수석과 민정수석이 담당하기 때문이다. 전 정부의 기존 인사파일에서 출생, 가족관계, 병력, 재산, 학력, 상훈, 전과(법 위반) 등의 객관적 사실 정보는 참조자료로 활용한다면 인사검증의 기간을 단축할 수 있을 것이다. 새 정부의 대통령비서실(국가안보실 포함) 구성 관련 일정은 아래 〈표 10-3〉과 같다.

〈표 10-3〉 대통령비서실 관련 일정

일 자	의사결정
5. 11.	대통령비서실장 임명
5. 12.	대통령비서실 직제안 확정
5. 13.~5. 18.	안보실장, 경호실장, 인사수석, 민정수석 임명
5. 14.~5. 20.	정책기획, 정무, 홍보 등 나머지 수석비서관 임명
5. 14.~6. 10.	대통령비서실, 국가안보실 비서관, 행정관 임명 완료

3. 인수위원회 구성과 위원 선임

1) 인수위원회의 기능

통상의 경우 인수위원회의 실제 주요한 활동은 대통령 취임 전에 이루어지고 대통령 취임 후 30일 기간에는 인수위원회 활동 결과를 정리하여 백서 발간작업을 수행한다. 하지만 제19대 대통령의 경우 인수위원회는 대통령 임기 개시일(2017. 5. 10.) 후 30일(2017. 6. 8.)까지만 활동할 수 있다.[7] 따라서 인수위원회는 대통령 임기 시작 후 30일 동안 실제 주요한 활동을 압축적으로 수행해야만 한다. 인수위원회의 주요 기능으로는 국무총리와 국무위원 및 중앙행정기관장 후보자에 대한 검증, 중앙행정기관으로부터 보고받은 정부의 조직·기능·예산 등 기본사항과 주요 정책의 진행 현황 검토, 새 정부의 정책기조·국정비전·국정과제 등 설정 및 주요 정책 중 변경해야 할 정책의 선별 등이다.

비록 국무총리, 장관 등 주요 정무직 인사에 대하여 새 대통령과 대통령비서실장 및 핵심 참모가 의사결정을 하지만 정무직 인사에 대한 후보군 명부를 작성하고 검증하는 초기 단계 선발 절차는 인수위원회가 수행하는 것이 적절하다. 새 정부의 경우 대통령비서실의 예비후보자 선발과 인사검증팀이 구성되어 인사 및 검증 시스템을 본격적으로 운용할 때까지 한시적으로 인수위원회가 국무총리와 국무위원 및 중앙행정기관장 등 예

---

7) 대통령당선이 확정되는 순간부터 당선된 대통령후보는 인수법에 따라 대통령당선인의 지위와 권한을 가지게 된다. 통상 개표가 완료되는 선거 다음 날 「공직선거법」 제187조에 따라 중앙선거관리위원회 위원장이 당선인을 공고하고 지체 없이 당선인에게 당선증을 교부하게 된다.

비후보자들에 대한 기초적 인사검증 활동을 할 수 있다.[8)]

전 정부 인사와의 동거 상황에서 새 대통령이 새 정부의 주요 인선을 제대로 하기 위해서는 신속하고도 엄정한 검증을 해야 하고 이를 위한 검증 인력을 인수위원회와 대통령비서실에 둘 수밖에 없을 것이다. 만약 대통령비서실과 인수위원회가 아닌 비정부기구로 검증이나 인사추천을 할 경우 비선 시비로 여론의 엄청난 비난을 초래할 것이다.

따라서 인수위원회에서 초기 인사검증은 매우 중요하다. 노무현 당선인의 경우 내각과 청와대 인선에 대해서 '참모진'을 우선 구성하여 이들로 하여금 국무위원 후보들을 검증하도록 했다. 즉, 내각 인선에 앞서 문희상 비서실장, 유인태 정무수석, 문재인 민정수석, 정찬용 인사보좌관을 내정한 이후에 이들로 하여금 인사추천과 검증 작업을 주도하도록 하였다. 또한 추천된 주요직 후보자에 대한 사정기관의 기초자료에 '다면평가'를 실시하여 인사검증 자료로 활용하였다. 노무현 정부는 복수의 인물을 검증 과정에서 언론에 노출시켜 언론평가를 받도록 하여 인선의 기준으로 삼기도 했다.

이명박 정부는 인사보안에는 특별한 관심을 기울이지 않고 전문성을 우선시하여 국정관리에 부담을 주지 않는 범위 내에서 약간의 흠결을 무시하는 양태를 보이기도 했다. 이명박 당선인은 당선인비서실 내에 경찰, 검찰, 국세청 인력과 함께 국회에서 인사청문을 여러 차례 경험한 보좌진 등으로 '인사검증팀'을 두어 주요 후보군을 압축하고 이명박 당선인에게 보고하는 식으로 인선작업을 진행했다. 이는 정권교체로 인하여 노무현 정부가 축적한 인사자료와 시스템을 활용하기가 어려웠기 때문이다.[9)]

---

8) 제16대 대통령직인수위원회(노무현 정부 출범 준비)는 장관에 대한 우편·온라인 국민추천 절차를 진행하기도 하였다.

9) 연합뉴스. (2013). "역대정권, 인수위 단계에서 인사검증 어떻게 했나", 12. 31.

인사검증 과정은 철저하게 이루어져야 하며 이 과정에서 청와대는 국회 입장을 최대한 반영하여야 하고 국회는 인사청문 후보자의 도덕성과 정책수행 능력을 이원화하여 검증하여야 한다. 그리고 무엇보다 대통령의 인사후보자에 대한 정책 및 능력 중심의 인사검증 자세가 필요하다(이선우, 2013). 그리고 대통령은 여야 정당 대표나 소관 상임위원회 등을 포함한 국회와 긴밀하게 사전적으로 협의·조정하는 것도 필요하다(임지봉, 2014).

미국의 경우는 백악관 인사실(the Office of Presidential Personnel, OPP)에서 임용대상 직위에 따라 응시원서(PAA) 제출자를 포함하여 상·하원 의원, 백악관 직원, 각종 단체·협회 등으로부터 추천된 잠재적 후보자들의 능력·경력·성품·정책이념 성향·충성도·인준 예상 반응 등 제반 요소를 고려하여 후보자를 물색한다. 또한 출신지역을 고려하기도 한다. 대통령이 인사실과 비서실장을 통해 검토·보고된 후보자들 중 한 명을 지명 예정자로 결정하면 인사실은 이를 법률고문실로 넘기고 이후에 법률고문실에서 지명예정자에 대한 본격적인 후보자 검증을 주관한다(전충렬·김판석, 2014).[10)]

19대 인수위원회의 경우 역대 인수위원회와 달리 대통령비서실 등 대통령 소속 기관의 충원을 위한 예비인력풀로서 인수위원들을 활용하는 방안

---

10) 공직후보자 검증은 백악관 내부 서식인 개인자료진술서를 본인으로부터 직접 받아 검토한다. 이후에 국가안보직위질문서(QNSP)를 작성·제출 받아 연방수사국(FBI)으로 하여금 포괄적 배경조사를 실시한다. 하지만 FBI는 사실관계만 적시하고 분석이나 판단은 하지 않는다. 또한 국세청(IRS)으로부터 본인의 최근 3년간 납세내역을 포함 조사하며 본인으로부터 재산공개보고서를 작성·제출 받아 임용예정 부처 윤리담당관실(DAEOs)과 정부윤리처(OGE)로 하여금 재정조사를 하게 한다. 또한 개인정보제공동의서와 의료정보제공동의서도 같이 요청된다. 법률고문실은 조사결과를 바탕으로 최종 적격성 판단을 하는데 보통 한 달 정도가 소요되고 검증이 마무리되면 대통령 인사실에 통보된다(전충렬·김판석, 2014).

도 고려해 볼 수가 있다. 왜냐하면 인수위원들은 인수위원회 활동들을 통하여 새 대통령의 국정운영 방향을 공유하게 되고 어느 정도 인사검증을 거칠 수가 있기 때문이다. 게다가 새 정부 인수위는 최대 활동기간이 30일도 채 되지 못하는 상황에서 인수위원회 기능을 수행하기 위한 목적만으로 인수위원회 인력풀을 구성하기에는 어려움이 있을 것이다.

만약 새 정부에서 대규모 정부조직 개편을 단행할 경우에는 인수위원회를 활용하거나 정부 내에 별도의 위원회(정부조직개편위원회)를 설치 운영하는 방안이 있다.[11] 소규모 정부조직 개편을 할 경우에는 인수위원회의 한 분과위원회(전략기획) 내의 부서 또는 작업반 형태의 조직이 담당할 수 있다. 하지만 19대 대통령의 정부는 정부조직법을 개정하고 내각을 구성할 시간적 여유가 없기에 정부조직 개편 작업을 대통령 임기 초기에 단행할 개연성은 거의 없다. 다만 미래창조과학부의 명칭 변경, '해양경찰청' 복원 등의 미세조정 수준의 정부조직법 개정은 인수위원회 검토의견으로 제시될 수 있다.

요약하자면, 19대 대통령직인수위원회의 기능으로 첫째, 국무총리와 국무위원 및 중앙행정기관장 예비후보자 인력풀의 작성과 검증을 위한 기초 활동이다. 둘째, 정부업무현황 파악, 국정과제 설정과 주요 정책 변경 검토, 정부조직개편안 제시이다. 셋째, 초기 대통령비서실 인적 구성과 운영의 지원 등이다.

11) 15대 김대중 대통령 취임 전에 인수위원회와 별도로 설치된 정부개편심의위원회에서 정부조직 개편 시안을 작성하였다. 다만 정부개편심의위원회는 인수위원회의 특별활동예산을 사용하였다. 17대 인수위원회에서는 인수위원회 내에 설치된 정부조직 TF팀(팀장: 박재완 인수위원)이 주도적으로 정부조직개편안을 작성하였다. 18대 인수위원회에서는 인수위원회 내에 국정기획조정분과위원회(간사: 유민봉 인수위원)가 정부조직개편안을 작성하였다.

2) 인수위원회 구성

인수법은 인수위원회를 위원장 1인, 부위원장 1인, 24인 이내의 위원으로 구성하며 전문위원과 사무직원을 둘 수 있게 규정하고 있다. 「인수법 시행령」 제4조에 따라 인수위원회 내에 분과위원회와 자문위원회, 실·팀 등의 하부조직과 대변인(인수위원)을 둘 수 있다. 새 정부 예비인력풀의 관점에서 인수위원 수는 가능한 최대한인 24인으로 할 필요가 있다.

16대 인수위원회에서는 위원장(임채정)하에 부위원장(김진표), 6개 분과위원회와 국민참여센터를 두었다. 분과위원회는 기획조정, 정무, 외교·통일·안보, 경제1, 경제2, 여성·사회·문화 등 6개를 두었고 분과위원회는 간사 1인, 위원 3인(기획조정은 1인)으로 구성되었고 국민참여센터는 본부장 1인과 부본부장 1인을 두어 전체 인수위원회는 위원장, 부위원장, 24인의 위원 등 26인으로 구성하였다. 16대 인수위원회는 정부조직의 구조적 개편은 하지 않는다는 당선인의 방침에 따라 정부조직 개편 기능을 전혀 수행하지 않았다. 대통령취임식 준비는 분과위원회와 별도로 '취임행사준비위원회', '취임행사실행준비위원회', '취임행사준비팀'을 설치하였다.

17대 인수위원회에서는 위원장(이경숙)하에 부위원장(김형오), 7개 분과위원회와 인수위원장 직속으로 국가경쟁력강화특별위원회를 두었다. 7개의 분과위원회는 기획조정, 정무, 외교통일안보, 법무행정, 경제1, 경제2, 사회교육문화 분과위원회로, 간사 1인과 추가로 1~2인의 위원을 두었다. 또한 국민성공정책제안센터(센터장 이상목)를 별도 설치하여 위원장, 부위원장, 센터장, 21인의 위원 등 24인으로 구성하였다. 국가경쟁력강화특별위원회는 2인의 위원장(사공일, 데이비드 앨든)과 2인의 부위원장(김형오, 윤진식)을 두었으며, 투자유치, 정부혁신·규제개혁, 기후·변화·에너지대책, 한반도 대운하, 새만금, 과학비즈니스벨트 등 6개의 TF팀을 두어 각각 1인의 위원을 배치하였다. 분과위 및 특별위원회를 합한 전체 인수위원회 인원은 184명으로 16대 인수위원회에 비해 약 20% 줄어들었다.

18대 인수위원회는 비교적 늦은 2013년 1월 6일 출범하였는데, 위원장(김용준)하에 부위원장(진영), 9개 분과위원회와 대변인실, 행정실을 두었고 산하조직으로 국민대통합위원회(위원장: 한광옥 인수위원)와 청년특별위원회를 두었다. 9개의 분과위원회는 국정기획조정, 정무, 외교국방통일, 경제1, 경제2, 법질서사회안전, 교육과학, 고용복지, 여성문화 분과위원회로, 간사 1인과 추가로 1~2인의 인수위원을 두었고, 행정실 소속으로 국민행복제안센터를 별도 설치하였다. 인수위원회는 위원장, 부위원장, 24인의 위원 등 26인으로 구성하였다. 국민대통합위원회에는 한광옥 위원장(인수위원)과 김경재, 인요한, 윤주경 부위원장이 임명되었고 청년특별위원회는 김상민 위원장이 임명되었다. 위원장, 부위원장, 인수위원 24인(위원 1인은 중도사퇴),[12] 전문위원·실무위원 128명 등 총 153명으로 구성되어 17대 인수위보다 줄어든 규모였다.

19대 인수위원회에서는 운영기간도 짧고 대통령비서실이 진용을 갖추면 인수위의 기능이 줄어들 것이므로 작은 규모로 인수위원회를 구성하는 것이 적절하다고 본다. 위원장 1인, 부위원장 1인, 인수위원 24인, 전문위원 50인, 직원 50인, 자문위원 50인 등의 인력 규모를 제안한다. 그리고 인수위원 24인은 법정 최대로서 그중 다수는 곧바로 국무위원 또는 장관(급) 후보자로 지명될 수 있도록 하여 인수위원회 업무경험과 새 정부 정무직 업무경험이 자연스럽게 이어질 수 있게 하여야 한다.[13]

12) 외교국방통일분과 최대석 인수위원은 2013년 1월 13일 사퇴하였다.

13) 인수위원 중 간사위원의 경우 인수위원회의 업무연속성을 감안하여 인수위원회 기간 동안은 정무직 인선에 포함되지 않을 인사로 임명할 필요가 있다.

〈표 10-4〉 제19대 인수위원회 분과위원회

분과위원회	인수위원	소관 기관
기획행정안보 분과위원회	간사, 위원 6인	대통령비서실, 국가안보실, 대통령경호실, 국무총리비서실, 국무조정실, 감사원, 국가정보원, 행정자치부(경찰청), 국민안전처, 법제처, 국민권익위원회, 법무부(검찰청), 국가보훈처, 국가인권위원회*, 외교부, 통일부, 국방부(병무청, 방위사업청)
경제산업 분과위원회	간사, 위원 4인	기획재정부(국세청, 관세청, 조달청, 통계청), 공정거래위원회, 금융위원회(금융감독원), 한국은행*, 산업통상자원부(특허청, 중소기업청)
농림국토환경 분과위원회	간사, 위원 4인	농림축산식품부(농촌진흥청, 산림청), 식품의약품안전처, 국토교통부(행정중심복합도시건설청, 새만금개발청), 해양수산부, 환경부(기상청)
교육문화복지 분과위원회	간사, 위원 4인	미래창조과학부, 방송통신위원회, 교육부, 원자력안전위원회, 문화체육관광부(문화재청), 보건복지부, 여성가족부, 고용노동부
국민정책제안 센터	위원 1인	-

주: * 표시 기관은 대통령 소속기관이 아닌 독립기관이나 해당 기관의 동의를 받는 것을 전제로 업무 파악 차원에서 보고를 받음.

또한 분과위원회를 어떻게 구성하는가는 향후 새로운 정부의 정책기조 설정과 정책 변경 검토, 정부조직 개편에 영향을 미치게 된다. 16대 인수위원회는 6개 분과, 17대 인수위원회는 7개 분과, 18대 인수위원회는 9개 분과를 두었다. 하지만 제19대 인수위원회에서는 짧은 인수위원회 운영기간을 고려하여 〈표 10-4〉와 같이 기획행정안보, 경제산업, 농림국토환경, 교육문화복지 등 4개 분과와 국민정책제안센터를 두는 것을 제안한다.

각 분과위원회는 5~7인의 인수위원으로 구성되고 인수위원 중 1인을 간사로 지명한다. 위원장 1인, 부위원장 1인, 인수위원 24인으로 인수위원회를 구성하며, 위원장은 분과위원회별로 15인 내외의 자문위원을 위촉한다. 인수위원회 위원장 소속의 대변인(인수위원)을 두어 인수위원회의 대외 의사표현은 대변인을 통하게 하여 인수위원회의 혼선을 최소화한다.

제19대 인수위원회 4개 분과위원회에 대해서 살펴보면 다음과 같다. 첫째, 기획행정안보 분과위원회는 소관기관에 대한 업무 인수활동과 함께 분과위원회 활동방향을 기획·조정하고 대통령 국무총리 보좌기관, 일반행정, 외교국방 등의 기관의 기능과 조직에 대한 보고를 받고 정책방향을 조율한다. 또한 새 정부 내각인선 후보자들에 대한 초기 인사검증을 담당한다. 둘째, 경제산업 분과위원회는 재정, 금융, 산업, 중소기업 등의 기관의 기능과 조직에 대한 보고를 받고 정책방향을 조율한다. 셋째, 농림국토환경 분과위원회는 농림, 식품, 국토교통, 환경, 해양수산 등의 기관의 기능과 조직에 대한 보고를 받고 정책방향을 조율한다. 넷째, 교육문화복지 분과위원회는 교육, 문화, 보건복지, 노동 등의 기관의 기능과 조직에 대한 보고를 받고 정책방향을 조율한다. 위원장은 분과위원회별로 상근하지는 않으나 정책회의에 참석할 수 있는 전문가들을 자문위원으로 위촉한다.

3) 인수위원회 선임

새 대통령은 임기 첫날 5월 10일부터 대통령비서실, 국가안보실, 대통령경호실의 정무직과 인수위원회 위원 인선을 동시에 착수하여야 한다. 인수위원회 위원의 경우 여당 등 정부 외부에서 지원하는 사람으로 선정할지 아니면 새 정부의 정무직으로 일할 사람으로 선정할지를 결정하여야 한다. 이미 2017년 예산이 집행되고 있고 2018년 예산의 편성지침이 짜여 있는 상황에서 인수위원은 인수위원회 활동을 통해 얻은 지식과 정보를 새 행정부 참여 인사에게 제공하고 행정부 외곽에 머무는 것은 비효율적이다. 인수위원회의 활동기간 동안 얻은 지식과 정보는 새 행정부에서 즉시 활용되어야 한다. 따라서 16대 인수위원회와 같이 인수위원의 과반수가 정무직으로 정부의 주요 역할을 담당하는 것이 지식과 인력활용 면에서 효과적인 방안이다.

16대 인수위원회의 인수위원 대부분은 노무현 정부 5년 동안 장·차관급 요직에 임용되었다. 그리고 17대 인수위원회에서는 인수위원들이 정무직으로 바로 임용된 경우는 많지 않았다. 초대 내각에는 강만수 기획재정부 장관이 유일하고, 박재완·곽승준·이주호 인수위원이 대통령실 수석비서관으로 이후 임용되었다. 정동기·이동관·윤진식 위원이 민정수석, 홍보수석, 정책실장을 지냈다. 강만수·박재완·현인택·이주호·최경환·이달곤·진수희 인수위원이 장관을 역임하였고, 백용호 인수위원이 공정거래위원장, 국세청장, 정책실장을 역임하였다. 18대 인수위원회 인수위원 중에는 윤병세 위원이 외교부, 서승환 위원이 국토교통부 장관으로, 김장수 위원이 국가안보실장, 유민봉 위원이 국정기획, 모철민 위원이 교육문화, 김현숙 위원이 고용복지 수석비서관으로 임명되었다.

새 대통령의 인사 중 가장 중요한 인사는 대통령비서실장과 국무총리 내정이다. 인수위원회 위원장을 대통령비서실장 또는 국무총리 내정자와 동일인으로 지명할지 아닐지를 검토해 볼 필요가 있다.[14] 대통령비서실은 새 대통령 취임 즉시 작동되어야 하고 대통령비서실 인선이 우선적으로 진행되어야 하므로 대통령비서실장이 인수위원장을 겸임하기가 불가능하다.

또한 인수위원회 위원장을 국무총리 후보자로 지명할 경우에는 인수업무를 총괄하고 이후 국정을 연속적으로 통할할 수 있다는 점에서 긍정적 측면이 있다. 한편 여소야대의 국회 의석분포를 감안한다면 국회 인준동의 과정이 순탄하지 않을 것으로 전망되어 국무총리 후보자 선임에서 매

14) 2002년 12월에서 2003년 2월 기간 동안 노무현 당선인은 임채정 인수위원장, 문희상 대통령비서실장 내정자, 고건 국무총리 내정자를 임명·지명하였다. 2007년 12월에서 2008년 2월 기간 동안 이명박 당선인은 이경숙 인수위원장, 류우익 대통령실장 내정자, 한승수 국무총리 후보자를 임명·지명하였다. 박근혜 당선인은 허태열 비서실장을 임명하고, 인수위원회 위원장인 김용준을 국무총리 후보자로 지명하였다가 김 후보가 낙마하고 정홍원을 국무총리 후보자로 지명하였다.

우 엄격한 인선기준이 적용되고 치밀한 검증이 이루어져야 하므로 적지 않은 기간이 소요될 것이고, 국무총리 후보자가 인수위원회를 총괄할 시간적 여유가 없을 것이다.

새 정부에서는 대통령 취임과 동시에 시급히 인수위원회가 출범되어야 하기 때문에 인수위원장은 조기에 선임되어야 하고, 국무총리 후보자는 지명에 기간이 소요되고 지명 후에는 국회 인준동의 절차를 충실히 준비해야 하므로 한 사람을 인수위원장과 국무총리 후보자로 동시에 지명하기는 불가능하다. 다만 인수위원장을 검증한 후 국무총리로 지명할 수는 있다. 그러나 18대 인수위원회 위원장이 국무총리 후보자로 지명되고 낙마하는 한 주간 동안 인수위원회가 거의 마비된 경험을 참조하여야 한다. 인수위원장을 새 정부의 첫 국무총리 후보자로 지명할 경우 인수위원회와 청문준비의 이질적인 두 업무가 겹쳐서 혼란이 야기될 수 있다고 본다. 따라서 인수위원장은 실무형으로 인선하고, 국무총리 후보자는 정치적 경륜이 풍부한 인물로 선임하는 것이 좋겠다.

새 대통령은 인수위원장, 부위원장, 인수위원을 성별, 연령대, 직능, 지역, 출신대학 분포 등을 고려하여 인선하여야 한다. 대통령은 먼저 대통령비서실장을 임명하고 다음으로 인수위원장을 내정하고 대통령 선거대책위원회 공동위원장들의 추천을 받아 최종적으로 인수위원을 선임한다. 그리고 이후에 국무총리 후보자는 검증을 충분히 한 후 대통령비서실과 여당과 상의한 후 지명하는 것이 적절하다.

인수위원의 다수가 새 정부의 정무직으로 참여한다면 인수위원의 절대다수는 50대 초반에서 60대 초반 정도의 연령대에 지역대표성, 직종대표성 또는 전문성을 갖춘 인사로 구성하는 것이 좋겠다. 또한 인수위원의 출신은 정치인, 경제·법조인, 학계·연구계 전문가 각각 1/3씩 배분하는 것이 좋고, 출신 지역, 출신 대학교, 성별에 대한 안배도 필요하다.

인수위원회는 늦어도 5월 16일까지는 출범하여야 한다. 그리고 인수위원회 위원장, 부위원장, 4인의 간사 내정자가 회의를 통해 전문위원을 선임하며 사무직원은 각 분과위원회에서 선임한다. 전문위원은 50명, 사무직원은 50명, 자문위원 50명 정도로 충원한다. 전문위원은 구성도 인수위원 구성과 유사하게 정치인, 경제·법조인, 학계·연구계로 1/3 비율로 배분하는 것이 적절하다. 행정기관과 공공기관에서 파견을 받는 공무원과 직원은 3~5급(상당)에서 선발해서 인수위원과 전문위원을 순수하게 사무 지원하는 역할을 수행하게 하여야 한다.

인수위원회 공간은 현 대통령과 국무총리, 그리고 정부서울청사와 멀지 않는 곳에 위치하여야 한다. 13대 취임준비위원회는 삼청동 한국금융연수원 별관, 14대 인수위원회는 여의도동 뉴서울빌딩, 15대 인수위원회는 삼청동 교육행정연수원, 16대 인수위원회는 정부중앙청사 별관, 17대와 18대 인수위원회는 삼청동 한국금융연수원을 사용하였다. 19대 인수위원회도 삼청동 한국금융연수원을 사용하는 것이 좋을 것이다.[15] 새 정부의 인수위원회 관련 일정들을 살펴보면 〈표 10-5〉와 같다.

〈표 10-5〉 인수위원회 관련 일정

일 자	의사결정
5. 11.	인수위원회 조직안 확정, 인수위원회 공간 결정
5. 13.	인수위원장 및 부위원장 임명, 간사 내정
5. 14.	인수위원 임명
5. 16.	전문위원 임명, 인수위원회 출범
6. 8.	인수위원회 해단식

15) 인수위원회 상근인력 규모가 15대에는 208명, 16대에는 247명, 17대에는 184명, 18대에는 153명이었는데, 서울 강북 시내에 상근직 200명 정도를 수용할 수 있는 사무실 공간을 확보하는 것이 쉽지 않을 것이다.

4. 국무총리, 국무위원 및 중앙행정기관장 인선

1) 국무총리 인선

국무총리는 국무회의 부의장으로서 대통령을 보좌하고 행정각부를 통할할 수 있는 행정부 2인자로서 헌법적 상징성을 가지고 있다. 국무총리 유형을 정치인, 관료, 외부인과 같은 출신경력으로 나누고 국무총리 임명 당시 국정변화의 필요성에 의해서 선호되는 총리 유형과 대통령이 선호하는 총리 유형으로 구분이 가능하다. 이 두 선호 간의 갈등이 발생할 때 대통령의 정치적 기반의 강약에 의해 우선순위가 결정되는 균형역학(equilibrium process) 모형을 적용하여 1998년 이후 국무총리 임명 사례를 설명할 수 있다(권일웅·박찬영, 2016). 하지만 노무현 정부, 이명박 정부, 박근혜 정부의 초대 국무총리는 국정변화의 필요성에 의해서 선호되는 총리보다는 대통령이 선호하는 총리 유형으로 결정되었다고 본다.[16)]

16) 이런 국무총리 임명에는 대통령 당선 시 득표율에 따른 정치적 기반의 강약과 여야 간 정권교체 여부 등의 국정운영 변화의 필요성 여부에 따른 정치적 환경에 의해 영향을 받게 된다. 예를 들면, 여야 간 정권교체를 통해서나 정권교체 없이 당선된 대통령의 임기 초반에 정치적 기반이 강하다면 정치인이 임명될 것이고 여야 간 정권교체를 통해서나 정권교체 없이 당선된 대통령의 임기 초반에 정치적 기반이 약하다면 정치인이나 외부인이 임명될 가능성이 높다. 1998년 이후 25명의 총리 임명 사례를 적용해서 분석해본 결과 실제로 임명된 총리 유형의 70% 이상을 이론적 모형으로 설명할 수 있었다. 하지만 초대 국무총리에서는 위와 같은 상황이 반영되고 있지는 않다. 예를 들면, 노무현 대통령의 경우 48.9%로 당선되었지만 2위인 이회창 후보와의 격차가 2.3%p(약 57만 표)에 불과했고 국회가 여소야대였다는 점에서 임기 초반 정치적 기반은 약했다. 그러나 초대 국무총리로 국회의원과 관료출신인 고건 총리가 임명되었다. 이명박 대통령의 경우 48.7%의 득표율을 얻었고 2위와의 격차가 22.6%p가 났기 때문에 정치적 기반이 강했다. 실제로 이명박 정부는 초대 총리로 제13대, 제15대, 제16대 국회의원을 역임한 학자출신의 정치인 한승수 국무총리를 임명했다. 박근혜 대통령의 경우 최초 과반의 득표율(51.6%)로 당선되었고 대통령 소속 정당이 과반수 의석을 차

새 정부의 국무총리 후보자는 새 대통령이 대통령비서실장, 공동선대위원장들, 주요 정당대표, 국가원로급 인사들의 의견을 수렴하여 선정하여야 한다. 국무총리 후보자의 경우 출신지역과 여소야대의 국회 상황을 고려하여 늦어도 5월 24일까지는 총리 후보자를 발표하는 것이 적절하다. 하지만 국무총리 후보자에 대한 인사검증이 철저하지 못하여 지명된 총리 후보자가 자진사퇴하게 되면 오히려 총리인선이 늦추어지기 때문에 철저한 인사검증을 통해서 신중하게 총리 후보자를 지명해야 할 것이다.

역대 정부의 초대 국무총리 후보자를 살펴보면 노무현 정부의 고건 국무총리(65세, 서울대)의 경우 전남도지사, 교통부 장관, 농수산부 장관, 내무부 장관, 서울시장, 국무총리를 역임한 경험이 있는 행정관료 출신이었다. 또한 이명박 정부의 한승수 국무총리(69세, 연세대)는 3선 국회의원, 상공부 장관, 미국주재 대사, 대통령 비서실장, 부총리겸 재정경제원장관, 외교통상부 장관 등을 역임했다. 그리고 박근혜 정부의 정홍원 국무총리(69세, 성균관대)는 법무연수원장과 대한법률구조공단 이사장을 지낸 법조인 출신이었다.

그리고 노무현 정부에서 박근혜 정부까지 초대 국무총리 후보자 지명에서 국회에서의 임명동의안 가결까지 걸리는 시간을 살펴보면 다음과 같다. 노무현 정부의 고건 국무총리 후보자와 이명박 정부의 한승수 국무총리 후보자는 대통령이 당선된 후 각각 31일과 36일 만에 지명되었다. 반면에 박근혜 정부의 정홍원 총리의 경우 김용준 총리후보자의 자진사퇴 여파로 당선 후 50일 만에 국무총리 후보자로 지명되었다. 그리고 국회는 이들 정부 초대 국무총리 후보자에 대한 국회인사청문회를 모두 2월 20일과

지하고 있었지만 초대 국무총리로는 검찰 출신으로 법무연수원장과 중앙선거관리위원회 상임위원을 역임한 법조인 출신의 외부인인 정홍원 전 대한법률구조공단 이사장을 임명했다(권일웅·박찬영, 2016).

21일 이틀간 개최하여 2월 26일에 국회에서 임명동의안을 처리했다.[17] 따라서 초대 국무총리 후보자 지명 공식 발표에서 국회 임명동의안 처리까지 걸린 시간은 노무현 정부는 35일, 이명박 정부 29일, 박근혜 정부 33일로 평균적으로 32.3일 정도가 걸렸다.

새 대통령의 국무총리 후보자는 대통령의 경력을 보완할 수 있는 경력을 가지고 대통령의 국정철학과 이념에 동조하는 자 중에서 선임하여야 한다. 새 정부의 첫 국무총리는 국회·정당의 정치 경험이 풍부한 정당의 대표나 원내대표의 경력을 가진 다선의 전·현직 국회의원 또는 광역단체장이면 좋을 것이다. 왜냐하면 현재 여소야대의 국회 의석분포를 감안한다면 협력 정당의 당원이거나 당원이었던 정치인 출신이 국회 내 정당간 타협을 이루는 데 도움이 될 것이다.

또한 국무총리 인준은 출석 국회의원의 과반수의 찬성을 요구하기에 여소야대 상황에서 야당 국회의원의 일부가 찬성하여야 한다. 따라서 대통령은 야당이 수용할 수 있는 정치적 포용력을 가진 인사를 국무총리 후보자로 선임하여 국회의 동의를 요청하여야 한다. 그리고 국무회의 등 헌법과 법률에 따라 국무총리의 역할이 불가피하기에 새 국무총리가 임명

17) 예를 들면, 노무현 정부(2002년 12월 19일 당선확정)의 첫 국무총리인 고건 후보자의 경우 2003년 1월 20일 내정이 되어 1월 22일 국무총리 후보자 지명 공식 발표 이후 2003년 2월 20일과 21일 이틀간 국회의 인사청문회를 거쳐서 2003년 2월 26일 국회에서 임명동의안(66.3%)이 통과되었다. 또한 이명박 정부(2007년 12월 19일 당선확정)의 첫 국무총리인 한승수 후보자는 2008년 1월 25일에 내정되어 1월 28일에 국무총리 후보자 지명 발표 후 2월 20일과 21일 이틀간 국회의 인사청문회를 거쳐서 2003년 2월 26일 국회에서 임명동의안(64.4%)이 통과되었다. 반면에 박근혜 정부(2012년 12월 19일 당선확정)의 경우 1월 24일에 첫 국무총리 후보자 지명된 김용준 18대 대통령직 인수위원회 위원장(전 헌재소장)이 5일 후인 1월 29일에 자진사퇴함으로써 2013년 2월 8일에 정홍원 후보자를 국무총리 후보로 공식 지명하였다. 이후에 2월 20일과 21일 이틀간 국회의 인사청문회를 거쳐서 2003년 2월 26일 국회에서 임명동의안(72.4%)이 통과되었다.

〈표 10-6〉 국무총리 선임 일정

일 자	의사결정
5. 13.	국가원로 초청 만남에서 국정방향 및 국무총리 후보자군 의견 청취
5. 14.	정당 대표 만남에서 국정방향 및 국무총리 후보자군 의견 청취
5. 15.	선거대책위원회 공동위원장 등 만남에서 국정방향 및 국무총리 후보자군 의견 청취
5. 16.	검증대상 후보자군 선발(7인 정도)
5. 21.	국무총리 3배수로 압축, 여론 동향 조사
5. 25.	복수의 후보자 면접
5. 29.	국무총리 후보자 발표
6. 2.	국무총리 국회 인준동의 요청
6. 14.~6. 15.	국무총리 국회 인준청문회 개최
6. 21.	국회 국무총리 임명동의안 통과
6. 23.	국무총리 임명

될 때까지 기존 국무총리는 유임되어야 한다. 국무총리 선임 관련 일정은 〈표 10-6〉과 같이 정리된다.

2) 국무위원 등 국회인사청문회 대상자 인선

새 정부가 출범하게 되면 행정각부 장관인 국무위원 18명(국민안전처 장관 포함)의 경우 전원을 새로 임명하게 되고 차관급 처장과 청장도 새로 임명하게 된다. 또한 국무위원, 국가정보원장, 방송통신위원장(현재 공석), 국세청장 등은 국회인사청문회 절차를 거쳐야 한다.[18)]

18) 「국회법」 제65조의 2에 따르면 인사청문회 대상자는 대통령이 각각 임명하는 헌법재판소 재판관·중앙선거관리위원회 위원·국무위원·방송통신위원회 위원장·국가정보원장·공정거래위원회 위원장·금융위원회 위원장·국가인권위원회 위원장·국세청장·검찰총장·경찰청장·합동참모의장·한국은행 총재·특별감찰관 또는 한국방송공사 사장의 후보자이다. 국민권익위원회 위원장과 원자력안전위원회 위원장은 청문회 대상에 포함되어 있지 않다.

새 대통령은 국정혼란을 최소화하고 조기 국정안정을 위해 행정각부 장관을 조기에 임명하여야 한다. 따라서 장관 후보자의 지명시기를 국무총리 후보자 지명 이후로 미루지 말고 기존 국무총리의 제청을 받아 장관 후보자를 지명할 필요가 있다. 장관 후보자 지명에서부터 국회인사청문회, 임명까지 제법 긴 기간이 소요되어 왔다. 행정각부 장관인 국무위원에 대한 국회인사청문회가 도입된 이명박 정부와 박근혜 정부를 중심으로 국무위원 내정에서 국회인사청문회까지 걸린 평균적인 기간을 살펴보면 이명박 정부는 11.6일, 박근혜 정부는 20.4일이 걸렸다.[19)]

새 정부 출범시점에 합동참모의장(2017. 9.), 감사원장(2017. 12.), 공정거래위원장(2017. 12.), 검찰총장(2017. 12.), 금융위원장(2018. 3.), 국가인권위원장(2018. 8.), 경찰청장(2018. 8.), 한국방송공사 사장(2018. 11.), 국민권익위원장(2018. 12.), 원자력안전위원장(차관급, 2019. 4.) 등은 아직 임기가 남아있다. 따라서 새 정부 출범 후 곧바로 이들을 경질하는 것은 바람직하지 않으며 잔여 임기를 존중할지 여부는 신중히 판단하여야 한다.[20)]

현재 공석인 방송통신위원장, 관행상 경제부처 장관직과 유사하게 임면

---

19) 이명박 정부의 경우 2008년 2월 18일에 기획재정부 등 15개 행정각부 장관 후보자를 발표한 9일 후인 2월 27일과 28일에 이들 초대내각에 대해 일괄적으로 국회인사청문회를 진행했다. 그리고 3월 12일까지 중도에 자진사퇴한 환경부, 통일부, 여성부 후보자들 추가 인선 대상자들에 대한 인사청문회를 마무리했다. 반면에 박근혜 정부는 2013년 2월 13일과 2월 17일 2차에 걸쳐서 기획재정부 등 17개 행정각부 장관 후보자를 발표한 이후에 이들에 대한 국회인사청문회를 2월 27일부터 시작하여 국방부장관 연임 결정과 중도 자진사퇴한 미래창조과학부 추가 후보자에 대한 인사청문회를 4월 2일까지 진행했다(〈부록 2〉).

20) 감사원은 헌법에 직무상 독립이 규정된 기관이고 국가인권위원회는 무소속 독립기구이므로 감사원장의 임기 4년과 국가인권위원장의 임기 3년은 보장되는 것이 필요하다. 검찰총장의 임기 2년, 한국방송공사 사장의 임기 3년도 기관의 독립성 확보 차원에서 보장되는 것이 바람직하다.

된 금융위원장, 공정거래위원장은 정부출범 초기에 새로이 임명하는 것이 적절하다고 본다. 그리고 경찰청장의 경우는 보안과 경호 업무 성격상 의원면직 사표를 받은 후 유임 또는 경질을 신속히 판단해야 한다.

행정각부 장관의 인선에서는 연령, 성별, 출신지역과 출신대학 및 경력 등을 고려해야 하고, 개혁성향과 안정적 경륜을 가진 장관들이 균형을 이룰 필요도 있다. 장·차관 등 정무직 기관장을 임용할 때 장관(급)에서는 국회의원 경력이 있는 자의 비율을 최소 1/4로 유지하는 것이 바람직하다.[21] 역대 정부 초대 내각 중에서 정치인들은 노무현 정부는 19명 중 4명(김두관, 김영진, 김화중, 한명숙), 이명박 정부 0명, 박근혜 정부는 17명 중 3명(유정복, 진영, 조윤선)으로 정치인이 차지하는 비중이 높지 않았다.

국회의 위상과 권한이 날로 증대되고 있고 여소야대의 상황을 고려한다면 비교적 높은 비율로 정치인을 장관급으로 충원하는 것이 필요하다고 본다. 경력직 공무원 출신의 장관급 임명은 지양함으로써 장관과 공무원 부하 직원 간의 정향의 차별성을 확보하는 것이 필요하다. 또한 행정 경험이 부족한 교수 또는 전문가를 바로 장관 또는 장관급 독임제 기관장 직에 임명함에는 신중을 기해야 할 것이다.

전례를 보면 대부분의 정무직은 새 대통령 출범 후에 의원면직 방식으로 바뀌게 된다. 그런데 방송통신위원회, 공정거래위원회, 국민권익위원회, 국가인권위원회(무소속) 등 행정위원회의 경우 위원장, 부위원장, 상임위원의 임기가 남아 있을 경우가 있는데 이때 어떤 기준으로 경질할 것

21) 노무현 정부의 경우 관료와 정치인이 각각 4명, 학자가 6명으로 각 정부 초대 내각 후보자들 중 정치인이 차지하는 비율이 가장 높았다. 이명박 정부에서는 전직 관료 6명, 학자 3명, 기업인 2명이었고, 박근혜 정부에서는 관료와 학자가 각각 6명, 정치인 3명 순으로 비중을 차지했다(조명성, 2014). 이런 역대 정부의 초대 내각 후보자들의 명단과 연령, 성별, 출신지역, 출신대학, 경력 등에 대해서는 〈부록 1〉에 제시되어 있다.

〈표 10-7〉 국회 인사청문회 대상자 선임일정

일 자	의사결정
5. 17.~5. 26.	장관, 국가정보원장, 방송통신위원장, 공정거래위원장, 금융위원장 후보자 발표
5. 20.~6. 5.	장관 등 후보자 국회 인사청문회 개최
6. 2.	국세청장, 경찰청장 후보자 발표
6. 2.~6. 10.	장관, 국가정보원장, 방송통신위원장, 공정거래위원장, 금융위원장 임명
6. 7.~6. 10.	국세청장, 경찰청장 후보자 인사청문회 개최
6. 21.~6. 23.	국세청장, 경찰청장 임명

주: 임기가 남아있는 합동참모의장, 감사원장, 검찰총장, 국가인권위원장, 한국방송공사 사장은 제외함

인지를 판단하여야 한다.

임기가 있는 경우 임기를 유지하게 하는 것이 기관 독립성을 확립하는 의미가 있으나 새 대통령 취임에 따라 새 정부가 구성된다는 원칙도 중요하다고 본다. 원칙적으로는 중앙행정기관 기관장은 경질한다는 방침을 정하고, 임기가 있는 기관장의 경우 개인별로 잔여 임기 동안에 재임을 허용할지를 가리는 것이 적절하다. 국회 인사청문회 대상 정무직 선임 일정은 〈표 10-7〉과 같이 정리된다.

3) 국회인사청문회 대상자가 아닌 정무직 인선

국회인사청문회 대상이 아닌 정무직으로는 국무조정실장, 차관 및 차관급 인사, 그리고 주요국가 주재 대사 등이 있다. 국무조정실장(장관급)은 차관회의를 주재하고 새 정부의 초기 의사결정에 아주 중요한 역할을 담당하기 때문에 대통령비서실장 못지않게 중요한 인선일 수 있다. 5월 17일에는 서둘러 국무조정실장을 임명하여야 한다.

일반적으로 차관급 인사의 경우 장관 후보 내정 이후에 하는 것이 원칙

이지만 새 정부의 경우 장관 후보 내정 이전에 임명할 수 있다. 새 장관 임명 전까지는 전 정부의 장관과 동거하는 새 정부의 차관 또는 청장이 새로운 정책을 이끌어가야 하므로 차관(급) 인사는 매우 중요하다. 따라서 새 대통령은 국무조정실장과 차관 및 차관급 인사에 대한 인사검증을 엄격하게 실시하여야 한다.

중앙행정기관인 위원회의 위원장이나 인사청문회 대상이 아닌 국민권익위원장(장관급)과 원자력안전위원장(차관급)의 경우 임기가 남아 있기에 교체대상에서는 제외될 것으로 예상된다. 주요국 대사의 경우 재임기간이 3년 이상인 경우 교체하고 3년 미만인 경우 개별적으로 유임 여부를 결정해야 한다. 미국, 중국, 프랑스 주재 대사는 교체하되, 일본, 러시아, 영국, 독일, UN 주재 대사는 임기가 남은 전문 외교관이어서 유임 여부를 개인별로 판단해야 한다.

〈표 10-8〉 국회 인사청문회 비대상 정무직 선임일정

일 자	의사결정
5. 17.	국무조정실장 임명
5. 18.~6. 1.	차관(급) 임명
6. 12.~6. 14.	미국 · 중국 · (일본 · 러시아) 주재 대사 내정자 발표
6. 19.~6. 21.	(영국) · 프랑스 · (독일 · UN) 주재 대사 등 내정자 발표

주: ( )은 재임기간이 3년 미만으로 유임을 검토할 수 있음

5. 국정과제 설정과 정책검토

1) 새 정부 국정과제 설정

새 정부는 선거 과정에서 대통령이 대선후보로서 제시한 공약을 바탕으로 국정비전과 국정과제를 도출하여야 한다. 인수위원회와 대통령비서실은 국정비전으로 공정, 개혁, 혁신, 신뢰, 소통, 공감, 상생, 통합 등 대선과정에서 주창된 가치들을 아우르는 국정비전을 제시하여야 한다. 김대중, 노무현, 이명박 정부는 100대 국정과제를 선정하였고 박근혜 정부는 140대 과제를 선정하였다. 대통령 임기 5년 동안 추진할 과제로 100개는 지나치게 많으며 50개 과제는 좀 적다는 판단이다. 따라서 국정비전에 따른 4~5대 부문별 국정목표하에 70~80개 국정과제를 도출하는 것이 좋겠다.

25인의 각부 장관과 장관급 원장·위원장을 감안하여 장관(급)별로 약 3개 과제가 할당되는 것을 고려하여 행운이 가득한 숫자인 77개를 제안한다. 선정된 77개 과제를 대통령과제로 명칭하고 대통령비서실에서 지속적으로 점검하겠다고 천명한다. 대통령과제를 구체화하는 실천계획을 인수위원회 백서(『대한민국 희망의 약속』 또는 『함께 만드는 대한민국의 꿈』)에 담아서 확정한다.

국정과제 후보군은 선거공약에 포함된 과제에서 우선 선별하되 타 대선 후보의 공약에서도 선별할 수 있다. 정부, 정부출연 정책연구기관, 국회, 언론, 학계에서 제안한 과제와 '국민정책제안'에서 도출된 과제 중에서도 선별하는 것이 바람직하다. 국정과제 설정 관련 일정은 〈표 10-9〉와 같다.

〈표 10-9〉 국정과제 설정 일정

일자	의사결정
5. 15.	선대위 공약을 바탕으로 국정기조 검토안 작성
5. 17.	'국민정책제안센터' 인터넷서비스 개시
5. 22.	인수위원회 국정비전, 국정목표 확정
5. 24.	국정과제 대분류안 작성
5. 25.~6. 2.	각 분과위원회 국정과제 발굴, 검토
6. 6.	국정과제 검토 인수위원 회의
6. 8.	국정비전과 77개 대통령과제안 발표
6. 9.~6. 23.	대통령과제 세부과제 작성(대통령비서실)
6. 30.	대통령과제 실천계획 작성(대통령비서실, 주무행정기관)
7. 7.	19대 인수위원회 백서 인쇄본 확정
7. 14.	인수위원회 백서 배포

2) 주요 정책 긴급 재검토 대상

인수위원회는 새 정부 출범 초기에 긴급하게 수정하거나 중단해야 할 단계의 기존 정부정책을 선별하여 검토하는 역할을 수행한다. 16대 인수위원회는 김대중 정부의 공기업 민영화 추진을 중단하고 나중에 백지화하였다. 기존 정부를 상당부분 인계받는 성격이었던 16대 인수위원회와는 달리, 17대 인수위원회는 정권교체에 의해 출범하는 정부를 준비하는 단계인 만큼 기존 정책에 대한 재검토가 상당부분 이루어졌다. 예시로 햇볕정책으로 대표되던 대북정책을 핵 폐기를 전제로 한 조건부적 지원 방침으로 변경하였다. 18대 인수위원회는 이명박 정부의 저탄소녹색성장정책, 대외자원개발정책에 대한 대폭적인 정책기조 수정이 있었다.

대통령비서실이 자리 잡기 전에는 인수위원회가 긴급 정책조정 사안을 다루지만 대통령비서실의 인력이 충원되고 인수인계가 완료된 후에는 대통령비서실이 정책조정 역할을 주도하게 된다. 따라서 인수위원회는 2018

년 정부예산편성 지침, 조선산업 구조조정 방안, 가계부채대책 등이 긴급 재검토 대상이 될 수 있다.

3) 정책 조정 검토 대상

인수위원회는 전 정부의 정책을 검토한 후에 정책들을 진행중단, 정책방향 수정, 축소, 진행 등으로 분류하게 된다. 새 정부가 지향하는 정부투명성과 국민참여 제고, 창업과 중소기업 지원, 규제개혁, 교육개혁 등의 주요 정책기조 강화와 전환에 관련된 정책들이 주요 검토 대상이 될 것이다. 그리고 인수위원회는 대통령 탄핵소추 이후 새 대통령 취임까지의 과도기 동안 공직사회가 미루어놓은 정책이나 사업에 대한 진행 여부의 결정도 하여야 한다. 또한 인수위원회와 대통령비서실(정책기획수석실)은 부실기업과 금융기관 정리, 법인세 인상, 성장동력산업 선정, 지능사회 대응, 현역병 대우 개선 등 대통령선거 과정에서 제기된 많은 이슈와 관련된 정책과 제도의 정비방안도 제시하여야 한다. 정책을 중단하거나 축소할 경우에는 보완대책도 함께 제시하여야 한다. 정책검토 일정은 〈표 10-10〉과 같다.

〈표 10-10〉 정책검토 일정

일자	의사결정
5. 14.	여당 선거대책위원회 검토 대상 정책후보군 전달
5. 19.	검토 대상 정책 후보군 확정
5. 20.~5. 27.	검토 대상 정책 분석, 평가
5. 30.	진행중단, 정책방향 수정, 축소, 진행 등으로 분류 확정
5. 31.~6. 2.	주무 행정기관에 전달, 의견수렴
6. 4.	진행중단, 정책방향 수정, 축소 대상 정책과 보완대책 발표

6. 정부조직 개편

국회에서 논란이 예상되는 중폭 이상의 정부조직 개편은 정치적으로 바람직하지 않고 실현가능성도 매우 낮기에 소폭의 조직 개편을 추진하거나 조직 개편을 당분간 하지 않을 가능성이 크다. 한 달도 되지 않은 짧은 인수위원회 활동 기간 동안 조직 개편을 논의하고 검토하여 정부조직법과 관련 법률 개정이 수반되는 정부조직 개편을 추진하는 것에는 무리가 따른다. 다만 새 정부가 박근혜 정부와 다르다는 것을 보여주기 위한 최소한의 정부조직법 개정을 할 수 있다. 박근혜 정부의 색깔이 지나치게 강한 미래창조과학부의 명칭을 '과학기술정보부'로 변경하거나 국민안전처의 해양경비안전본부를 해양경찰청으로 변경(국민안전처의 국민안전부로의 변경이 수반됨)하거나 대통령비서실과 국가안보실을 통합하는 내용의 정부조직 개편을 추진한다면,[22] 가능한 빨리 국회에서 여당의원들이 정부조직법 개정안을 발의하여야 한다.[23] 정부조직개편안은 대통령비서실 정책기획수석실과 인수위원회와 협의하여 작성한다. 대통령의 재가를 받아 개편안을 확정하고 각 정당과 사전협의 절차를 밟은 후 5월 24일경에 여당의원 전원 명의로 정부조직법 개정안을 발의한다. 대통령비서실(정책기획수석실)과 국무조정실은 발의된 법률개정안의 국회심의 과정을 모니터

22) 그 외에도 고위공직자비리수사처(공수처) 신설, 중소기업청의 부 승격 등이 고려될 수 있으나 공수처는 일부 정당의 반대가 있을 수 있고 중소기업청의 승격도 수반되는 관련 법령의 개정사항이 있어 2018년 이후로 개편 시기를 정하는 것이 적절하다고 본다.

23) 국회 인사청문에 영향을 주지 않는 개편안을 제시하여야 한다. 국민안전처장과 미래창조과학부 장관은 국무위원이므로 현행 법률에 따라 인사청문절차를 밟으면 되고 법이 개정되어 명칭이 변경되어도 장관은 그대로 유임된다. 국가안보실장과 청장은 인사청문대상이 아니다.

링하고 자료 작성과 외부 홍보 등을 지원한다.

기존 정부조직 체계에서 정무직 인선을 한다면 최소 6개월에서 1년 동안은 새로 임명된 인사가 업무를 지속하게 해야 한다. 따라서 본격적인 정부조직 개편은 2018년 이후 시행될 수밖에 없다고 본다. 인수위원회 종료 후 곧바로 대통령자문 '정부혁신위원회'를 설치하고 그 위원회에서 본격적인 정부조직개편안을 적어도 6개월 동안 검토하고 완성하여 정부에 제안하게 한다. 정부는 2017년 12월 말에 정부조직법과 행정기관설치 근거 법률의 조직 관련 조항을 제·개정하는 법안을 국회에 제출하고 2018년 상반기에 통과되면 그에 따른 장관 청문회를 거친 후 2019년 1월 1일부터 장관(재)임명과 동시에 새 정부조직을 출범시킨다.

7. 맺음말

지금까지 제19대 대통령 임기 시작일부터 효율적으로 국정을 수행할 수 있도록 하기 위하여 대통령비서실과 인수위원회 구성, 국무총리, 국무위원 및 중앙행정기관장 인선을 중심으로 새 대통령의 의사결정에 관련된 사항을 서술하였다. 요약하면 다음과 같다.

첫째, 새 대통령은 대통령비서실을 조기에 구성하여야 한다. 즉, 전반적인 정책 기능 중심으로 대통령을 보좌하기 위한 외교·국방, 정무, 민정, 인사, 홍보 기능 중심으로 대통령비서실을 구성하여 운영하여야 한다. 또한 정책기획과 거시경제조정 기능을 대통령비서실에 둘 수 있다. 하지만 부처 상위의 소관주의에 따른 정책의 모니터링과 조정 기능은 대통령비서실보다는 국무총리실(국무조정실)에서 수행하는 것이 바람직하다.

둘째, 국무총리와 국무위원 및 중앙행정기관장 후보자에 대한 인사검증과 정부업무현황 파악, 국정과제 설정 및 주요 정책변경 등을 검토하기 위하여 짧은 기간이지만 인수위원회를 설치·운영할 필요가 있다. 인수위원회는 국무총리와 국무위원 후보자들에 대한 초기 인사검증 업무를 수행하는데, 인수위원회 위원들을 대통령비서실 정무직과 장·차관(급) 기관장에 대한 예비인력풀로 활용하는 방안도 고려하는 것이 좋겠다.

셋째, 국무총리 후보자의 경우 출신지역에 대한 안배와 현재의 여소야대 국회상황을 고려할 때 국회·정당의 정치경험이 풍부한 정당의 대표나 원내대표 경력을 보유한 다선의 전·현직 국회의원 등을 고려해 볼 수 있다. 또한 국무위원의 경우 인선에서 연령, 성별, 출신지역과 출신대학 및 경력 등을 고려해야 할 것이다. 특히 여소야대의 상황에서는 장관(급)은 국회의원 경력이 있는 자의 비율을 최소 1/4로 유지하는 것이 바람직하다. 경력직 공무원 출신의 장관은 지양함으로써 공무원 부하 직원 간의 정향의 차별성을 확보하는 것이 필요하다.

그뿐 아니라 새 정부 출범시점에 아직 임기가 남아있는 기관장들을 바로 경질하는 것은 바람직하지 않고 잔여 임기를 존중할지 여부는 신중히 판단하여야 한다. 하지만 현재 공석인 방송통신위원장, 관행상 경제부처 장관직과 유사하게 임면된 금융위원장과 공정거래위원장, 그리고 보안과 경호 업무 성격을 가진 경찰청장 등은 업무성격상 의원면직 사표를 받은 후 유임 또는 경질을 신속하게 판단하여야 한다.

넷째, 새 대통령이 정권 초기에 성공적이고 안정적으로 국정을 운영하는 데 가장 중요한 것은 유능한 인재를 발탁하여 새 정부의 요직에서 역량을 충실히 발휘하게 하는 것이다. 대통령비서실과 인수위원회, 국무총리와 국무위원 및 중앙행정기관장 등에 대한 역량 있는 인사의 선발과 이들에 대한 엄정한 인사검증은 매우 중요한 과제이다. 역대 정부의 인사검증 경험과 선진외국에서 실시하고 있는 고위공직자 인사검증 시스템에 대한 시사점을 통하여 새 정부 주요 인사들을 대상으로 정책수행 능력과 도덕성에 대한 철저한 인사검증이 이루어지도록 하여야 한다. 하지만 당선일로부터 대통령으로서 임무를 수행해야 하는 새 대통령은 새 정부 주요 요직 인사들의 인력풀 확보와 인사검증에 대한 시간이 턱없이 부족하다.

따라서 새 정부 대통령비서실에 예비인사 선발과 검증 담당 팀이 구성되어 본격적으로 인사검증 시스템을 운용할 때까지 한시적으로 역대 인수위원회와 유사한 기능을 하는 '인수위원회'를 설치하여 국무총리와 국무위원 및 중앙행정기관장 등 예비후보자들에 대한 기초적인 인사검증을 담당할 필요가 있다. 인수위원회 검증팀은 점진적으로 대통령비서실 인사·민정 수석비서관실로 이동하게 된다. 그리고 인수위원회 위원들을 새 정부 장관 등 정무직의 예비인력풀로 활용하는 방안도 적극적으로 고려해야 한다.

다섯째, 새 정부는 선거 과정에서 대선후보로서 제시한 공약을 바탕으로 국정비전과 국정과제를 도출하여야 한다. 국정과제의 경우 77개를 선정하여 대통령과제로 명명하고 대통령비서실에서 지속적으로 점검하겠다고 천명하며 대통령과제를 구체화하는 실천계획을 인수위원회 백서에 담아 확정한다. 또한 정부조직 개편의 경우 미래창조과학부의 명칭 변경, 해양경찰청의 복원, 국가안보실과 대통령비서실의 통합 등의 미세조정 수준의 개편안을 추진하는 것을 고려할 수 있다.

이 글에서는 조기 국정안정을 바라는 국민적 열망을 바탕으로 국회의 협조와 여론의 우호적인 분위기, 그리고 국민들의 지지가 지속된다는 것을 전제로 대통령 과제들의 마무리 일정을 제시하였다. 만일 주요 인선에서 편파성, 자격 미흡, 부도덕성 문제가 부각되고 초기 정무직 인사가 무능하거나 부당한 결정을 하면서 여론의 질타를 받게 되고, 정치권과 공직사회의 협조가 약화된다면 새 대통령의 초기 과제들은 7월 8일까지 마무리될 수가 없다. 그렇다면 새 대통령과 정부가 제자리를 잡지 못하고 초기 미완의 과제들이 새로운 정치적 갈등 사안과 섞이면서 국정의 혼란은 이후에도 계속될 수 있다. 따라서 새 대통령과 핵심 집권 집단은 대선 승리의 분위기에서 빨리 벗어나 최고의 역량과 높은 도덕성을 갖춘 인물들을 찾아 모시는 삼고초려의 지혜를 발휘해야 한다. 그래서 새 정부의 통합형 인사가 국정 안정과 혁신의 주춧돌이 되어야 한다. 첫 60일이 대통령 임기 5년의 성패를 좌우한다는 점을 다시 한번 강조한다.

참고문헌

각종 뉴스 및 인터넷 언론정보.

국가리더십연구센터. (2016). 대통령직 인수위원회의 역할과 운영에 관한 연구. 서울대학교 행정대학원.

국가리더십연구센터. (2017). 인수위 없는 차기정부 어떻게 준비할 것인가. 서울대학교 행정대학원 국가정책포럼.

국가법령정보센터: www.law.go.kr

권일웅·박찬영. 국무총리 임명 유형 연구: 정치적 환경과 대통령 선호의 균형역학. 「한국행정학보」, 50(3): 101-130.

김동욱. (2012). 「정부 기능과 조직」. 서울: 법문사

대통령기록관 대통령기록연구실: www.pa.go.kr

이선우. (2013). 인사검증 및 인사청문회제도의 현황과 개선방안. 「한국인사행정학회보」, 12(1): 23-54.

임도빈. (2017). 정부조직개편의 딜레마: 대안은 없나?. 국가정책포럼 정부조직개편에 대한 비판적 성찰. 서울대학교 행정대학원.

임지봉. (2014). 우리나라 국회의 임명동의권과 인사검증시스템. 「헌법학연구」, 20(4): 1-26.

전충렬·김판석. (2014). 미국 연방정부의 고위직 임용체계와 인사청문제도에 대한 사례연구. 「한국인사행정학회보」, 13(2): 1-37.

제16대 대통령직인수위원회백서. (2003). 「대화」.

제17대 대통령직인수위원회백서. (2008). 「성공 그리고 나눔」.

제18대 대통령직인수위원회백서. (2013). 「박근혜정부 희망의 새 시대를 위한 실천과제」.

조명성. (2014). 역대 정부의 조각에 관한 고찰. 「한국인사행정학회보」, 13(1): 199-232.

차우원. (2013). 대통령 비서실 인사와 관한 비교 연구: 김대중·노무현 대통령 비서실 비서관 인사를 중심으로. 서울대학교 행정대학원 석사학위 논문.

최성주. (2017). 한국의 정무직 인사 개선방안: 해외 사례 분석을 중심으로. 「한국인사행정학회보」, 16(1): 51-74.

최준영·전진영. (2012). 행정부 고위공직자에 대한 국회의 임명동의 결정요인: 국회는 왜 고위공직 후보자 임명에 동의하는가?. 「한국정치연구」, 21(2): 23-52.

부록 1 노무현, 이명박, 박근혜 정부 초대 내각 명단

1. 노무현 정부 초대 내각 19명 명단(2003년 2월 27일 발표)

부처명	이름 (연령)	출생지	출신대	주요경력
재정경제부 겸 경제부총리	김진표, (56)	경기	서울대	재경부 세제실장, 재경부 차관, 국무조정실장
교육인적자원부 겸 교육부총리	윤덕홍 (56)	대구	서울대	전국민주화교수협회 공동의장, 대구대 총장
통일부	정세현 (56)	전북	서울대	민족통일연구원장, 통일부차관, 전 통일부 장관
외교통상부	윤영관 (52)	전북	서울대	인수위 외교통일안보분과 간사, 서울대 외교학과 교수
법무부	강금실 (46, 여)	제주	서울대	서울고법 판사, 민변 부회장, 변호사
국방부	조영길 (63)	전남	갑종172기	2군 사령관, 합참의장
행정자치부	김두관 (44)	경남	동아대	남해군수, 지방자치연대 공동대표
과학기술부	박호군 (56)	인천	서울대	한국환경분석학회장, 한국과학기술연구원장
문화관광부	이창동 (49)	대구	경북대	영화감독, 한국예술종합학교 영화과 교수
농림부	김영진 (56)	전남	강진농고	국회의원, 국회 재해특위위원장
산업자원부	윤진식 (57)	충북	고려대	대통령비서실 경제비서관, 관세청장, 재경부 차관
정보통신부	진대제 (51)	경남	서울대	국가과학기술 자문위원, 삼성전자 대표
보건복지부	김화중 (58, 여)	충남	서울대	대한간호협회장, 국회의원
환경부	한명숙 (59, 여)	이북	이화여대	한국여성민우회장, 여성부 장관
노동부	권기홍 (54)	대구	서울대	인수위 사회문화여성분과 간사, 영남대 경제금융학부 교수
여성부	지은희 (56, 여)	서울	이화여대	한국여성단체연합 상임대표, 시민사회단체 연대회의 공동대표
건설교통부	최종찬 (53)	강원	서울대	건교부 차관, 청와대 정책기획수석
해양수산부	허성관 (56)	경남	동아대	인수위 경제1분과 인수위원, 동아대 경영학부 교수
기획예산처	박봉흠 (55)	경남	서울대	기획예산처 기획실장, 기획예산처 차관

출처: KBS 뉴스(참여정부 첫 내각 출범, 2003. 2. 27.); 매일신문(노무현 정부 첫 내각명단, 2003. 2. 28.).

주 1: 교육인적자원부 장관 겸 교육부총리 후보자인 윤덕홍 부총리 후보자는 3월 6일에 발표.

주 2: 초기 내각 발표에는 이영탁 국무조정실장이 포함되어 있었음.

2. 이명박 정부 초대 내각 15명 명단(2008년 2월 18일 발표)

부처명	이름 (연령)	출생지	출신대	주요경력
재정경제부 (기획재정부)	강만수 (63)	경남	서울대	관세청 청장, 재정경제원 차관, 대통령직인수위경제1분과 간사
산업자원부 (지식경제부)	이윤호 (60)	충남	연세대	LG경제연구원 원장, 전경련 상근부회장
건설교통부 (국토해양부)	정종환 (60)	충남	고려대	철도청 청장, 제주 국제자유도시개발센터 이사장, 한국철도시설공단 이사장
농림부 (농림수산식품부)	정운천 (54)	전북	고려대	참다래 유통사업단 대표, 한국농업 CEO연합회 회장
외교통상부	유명환 (62)	경기	서울대	주미 대사관 공사, 외교통상부 차관, 주일 대사
국방부	이상희 (63)	강원	육사	국방부 정책기획국 국장, 육군본부 3군사령관, 합동참모본부 의장
법무부	김경환 (64)	경북	서울대	법무부 차관, 서울고등검찰청 검사장, 법무법인세종 대표변호사
교육인적자원부 (교육과학기술부)	김도연 (56)	서울	서울대	서울대 공대학장, 서울대 재료공학부 교수
노동부	이영희 (65)	경북	서울대	경실련 상임집행위원장, 여의도연구소 초대 소장, 인하대 법대 교수
보건복지부 (보건복지가족부)	김성이 (62)	경북	서울대	한국사회복지학회 이사장, 청소년 보호위원회 위원장, 이화여대 사회복지학 교수
문화관광부 (문화체육관광부)	유인촌 (57)	전북	중앙대	문화방송 6기 공채 탤런트, 중앙대 연극영화학부 교수, 제17대 대통령 취임준비위 부위원장
행정자치부 (행정안전부)	원세훈 (57)	경북	서울대	서울시 상수도사업본부 본부장, 서울시 행정부시장, 서울시체육회 부회장
환경부	박은경 (62, 여)	경기	이화여대	여성환경연대 공동대표, 환경정의 공동대표, 대한 YWCA연합회 회장
	이만의 (63)	전남	조선대	환경부 차관, 환경관리공단 이사장
특임장관 (통일)	남주홍 (56)	전남	건국대	국방대학원 교수, 경기대 정치전문대학원 교수, 대통령직인수위 정무분과 위원
통일부	김하중 (61)	강원	서울대	외교안보수석비서관, 주중국대사관 대사
특임장관 (여성)	이춘호 (62, 여)	충북	이화여대	한국여성유권자연맹 회장, 한국자유총연맹 부총재
여성부	변도윤 (62, 여)	서울	중앙대	서울여성프라자 대표

출처: MBC뉴스(새정부 내각명단 발표, 2008. 2. 18.)

주 1: 한나라당 측 정부조직개편안에서 폐지키로 한 해양수산부, 통일부, 정보통신부, 과학기술부, 여성가족부 5개 부처는 초대 내각 최종확정 발표에서 제외했음.

주 2: 자진사퇴한 박은경, 남주홍, 이춘호 후보자 대신에 이만의(환경부), 김하중(통일부), 변도윤(여성부) 후보자를 추가로 인선했음.

3. 박근혜 정부 초대 내각 17명 명단(2013년 2월 13일, 2월 17일 발표)

부처명	이름(연령)	출생지	출신대	주요경력
기획재정부 겸 경제부총리	현오석 (63)	충북	서울대	한국개발연구원(KDI) 원장
미래창조과학부 (신설)	김종훈 (54)	서울	존스홉킨스대	루슨트테크놀로지스 사장, 알카텔루슨트 CEO
	최문기 (58)	경북	서울대	한국전자통신연구원 원장, 카이스트 경영과학과 교수
교육부	서남수 (61)	서울	서울대	위덕대 총장, 서울장학재단이사
외교통상부 (외교부)	윤병세 (60)	서울	서울대	통일외교안보수석, 인수위원회 외교국방통일분과 인수위원
통일부	류길재 (54)	서울	고려대	북한대학원대학교 교수
법무부	황교안 (56)	서울	성균관대	부산고검장, 법무법인 태평양 변호사
국방부	김병관 (65)	경남	육사	한미연합사 부사령관
	김관진 (60)	전북	육사	국방부(이명박 정부) 장관, 유임
행정안전부 (안전행정부)	유정복 (56)	인천	연세대	김포시장, 국회의원
문화체육관광부	유진룡 (57)	인천	서울대	가톨릭대 한류대학원 초대원장
농림수산식품부 (농림축산식품부)	이동필 (58)	경북	영남대	한국농촌경제연구원 원장
지식경제부 (산업통상자원부)	윤상직 (57)	경북	서울대	지식경제부 1차관
보건복지부	진영 (63)	전북	서울대	국회의원, 대통령직인수위원회 부위원장
환경부	윤성규 (57)	충북	한양대	한양대 연구교수, 제18대 대통령직인수위원회, 법질서·사회안전분과 전문위원
고용노동부	방하남 (56)	전남	한국외대	한국노동연구원 선임연구위원, 제18대 대통령직인수위원회, 고용복지분과 전문위원
여성가족부	조윤선 (47, 여)	서울	서울대	변호사, 제18대 대통령직인수위원회 대변인
국토해양부 (국토교통부)	서승환 (57)	서울	연세대	연세대 경제학과 교수, 제18대 대통령직인수위원회 경제2분과 인수위원, 연세대 국제캠퍼스 부총장
해양수산부 (신설)	윤진숙 (58, 여)	부산	부산여대	한국해양수산개발원 해양연구본부 본부장

출처: 중앙일보(박근혜 정부 2차 인선발표, 2013. 2. 13.); 연합뉴스(박근혜 정부 3차 인선발표, 2013. 2. 17.).

주: 김병관(국방부) 후보자 대신 김관진 국방부 장관이 유임되었고, 김종훈(미래창조과학부) 후보자 대신 최문기 후보자가 내정되었음

부록 2 이명박 · 박근혜 정부 초대 내각 인사청문회 결과

1. 이명박 정부 초대 내각

<table>
<tr><th>부처명</th><th>이름</th><th>후보자
내정시기</th><th>인사청문회
실시시기</th><th>임명여부</th><th>인사청문결과</th></tr>
<tr><td>재정경제부
(기획재정부)</td><td>강만수</td><td rowspan="12">2008년
2월 18일</td><td rowspan="12">2월 27일
~ 28일</td><td>임명</td><td>보고서 채택</td></tr>
<tr><td>산업자원부
(지식경제부)</td><td>이윤호</td><td>임명</td><td>보고서 채택</td></tr>
<tr><td>건설교통부
(국토해양부)</td><td>정종환</td><td>임명</td><td>보고서 채택</td></tr>
<tr><td>농림부
(농림수산식품부)</td><td>정운천</td><td>임명</td><td>보고서 채택</td></tr>
<tr><td>외교통상부</td><td>유명환</td><td>임명</td><td>보고서 채택</td></tr>
<tr><td>국방부</td><td>이상희</td><td>임명</td><td>보고서 채택</td></tr>
<tr><td>법무부</td><td>김경환</td><td>임명</td><td>보고서 채택</td></tr>
<tr><td>교육인적자원부
(교육과학기술부)</td><td>김도연</td><td>임명</td><td>보고서 채택</td></tr>
<tr><td>노동부</td><td>이영희</td><td>임명</td><td>보고서 채택</td></tr>
<tr><td>보건복지부
(보건복지가족부)</td><td>김성이</td><td>임명</td><td>보고서 미채택
(임명 강행)</td></tr>
<tr><td>문화관광부
(문화체육관광부)</td><td>유인촌</td><td>임명</td><td>보고서 채택</td></tr>
<tr><td>행정자치부
(행정안전부)</td><td>원세훈</td><td>임명</td><td>보고서 채택</td></tr>
<tr><td rowspan="3">환경부</td><td rowspan="2">박은경</td><td rowspan="2">2월 18일</td><td rowspan="2"></td><td colspan="2">2월 27일 자진사퇴</td></tr>
<tr><td></td><td></td></tr>
<tr><td>이만의</td><td>3월 2일</td><td>3월 10일</td><td>임명</td><td>보고서 채택</td></tr>
<tr><td rowspan="2">특임장관(통일)
통일부</td><td>남주홍</td><td>2월 18일</td><td></td><td colspan="2">2월 27일 자진사퇴</td></tr>
<tr><td>김하중</td><td>3월 2일</td><td>3월 10일</td><td>임명</td><td>보고서 채택</td></tr>
<tr><td rowspan="2">특임장관(여성)
여성부</td><td>이춘호</td><td>2월 18일</td><td></td><td colspan="2">2월 24일 자진사퇴</td></tr>
<tr><td>변도윤</td><td>3월 4일</td><td>3월 12일</td><td>임명</td><td>보고서 채택</td></tr>
</table>

출처: 최준영·전진영(2012).
주: 김경환, 정종환 후보자는 2월 28일에 인사청문회 실시.

2. 박근혜 정부 초대 내각 명단

부처명	이름	후보자 내정시기	인사청문회 실시시기	임명여부	인사청문결과
외교통상부 (외교부)	윤병세	2013년 2월 13일	2월 28일	임명	보고서 채택
법무부	황교안			임명	보고서 채택
교육부	서남수			임명	보고서 채택
행정안전부 (안전행정부)	유정복		2월 27일	임명	보고서 채택
문화체육관광부	유진룡			임명	보고서 채택
환경부	윤성규	2013년 2월 17일	2월 27일	임명	보고서 채택
기획재정부	현오석		3월 13일	임명	보고서 채택
통일부	류길재		3월 7일	임명	보고서 채택
보건복지부	진영			임명	보고서 채택
국토해양부 (국토교통부)	서승환			임명	보고서 채택
농림수산식품부 (농림축산식품부)	이동필			임명	보고서 채택
여성가족부	조윤선		3월 4일	임명	보고서 채택
고용노동부	방하남			임명	보고서 채택
해양수산부 (신설)	윤진숙		4월 2일	임명	보고서 미채택 (임명강행)
지식경제부 (산업통상자원부)	윤상직		3월 7일	임명	보고서 채택
미래창조과학부 (신설)	김종훈	2월 17일		자진사퇴	임명동의안 철회
	최문기	3월 14일	4월 1일	임명	보고서 미채택 (임명강행)
국방부	김병관	2월 13일	3월 8일	임명실패	보고서 미채택
	김관진	3월 22일 유임 결정			

출처: 경향신문(장관 후보자 인사청문회 27일 시작, 2013. 2. 22.).

부록 3 행정부 정무직 정원 분포(2017. 3. 31. 기준)

기관	장관(급)	차관(급)	총원	비고	기관	장관(급)	차관(급)	총원	비고
총원	30	96	126						
대통령비서실	1	10	11		환경부	1	1	2	
국가안보실	1	1	2		고용노동부	2	1	3	
대통령경호실	1	1	2		여성가족부	1	1	2	
감사원	1	7	8		국토교통부	1	2	3	
방송통신위	1	4	5		해양수산부	1	1	2	
원자력안전위		1	1						
민주평화통일		1	1		국세청		1	1	
특별감찰관		1	1		관세청		1	1	
국무조정실	1	2	3		조달청		1	1	
국무총리비서실		1	1		통계청		1	1	
국민안전처	1	3	4	전문직 2	경찰청		1	1	전문직1
인사혁신처		3	3		병무청		1	1	
법제처		1	1		검찰청	1	1	2	전문직2
보훈처		1	1		방위사업청		1	1	
식품의약품안전처		1	1		문화재청		1	1	
공정거래위	1	1	2		농촌진흥청		1	1	
금융위	1	1	2		산림청		1	1	
국민권익위	1	3	4		중소기업청		1	1	
기획재정부	1	2	3		특허청		1	1	
미래창조과학부	1	2	3		기상청		1	1	
교육부	1	2	3		행복도시건설청		1	1	
외교부	1	3	4		새만금개발청		1	1	
통일부	1	1	2						
법무부	1	1	2		국가인권위	1	3	4	
국방부	1	1	2		개인정보보호위		1	1	
행정자치부	1	7	8	이북5도 5					
문화체육관광부	1	3	4						
농림축산식품부	1	1	2						
산업통상자원부	1	2	3						
보건복지부	1	2	3						

출처: 행정부 국가공무원 정원 현황(본부, 소속기관, 한시조직). 행정자치부 정부조직관리 정보시스템, https://org.moi.go.kr/org/guestLogin.do?method=guestLogin

주 1: 국립대학교, 군, 외교관, 검찰(총장과 차장 제외)에서 정무직 상당 직위 제외하였음.

주 2: 차관, 사무총장, 사무처장, 청장, 부위원장, 상임위원 등이 아닌 정무직 인사로는 교육부 국사편찬위원장, 외교부의 국립외교원장, 국민안전처의 경찰총감(해경), 소방총감, 문화체육관광부의 국립박물관장, 인사혁신처의 국가공무원인재개발원장, 소청심사위원장, 고용노동부의 중앙노동위원장(장관급) 등이 있다.

부록 4 역대 대통령 취임 후 60일간의 주요활동

1. 노무현 정부

날짜	내용
2003. 2. 26.	참여정부 첫 수석회의
2. 27.	노무현 정부 첫 내각 출범
2. 27.	총리인준안 통과
3. 3.	차관급 안정인사 대거발탁 (차관급 34명 인사 단행)
3. 4.	참여정부 첫 국무회의
3. 4.	총리실에 국가안전관리 위원회 설치하기로 결정
3. 6.	첫 통일안보장관회의
3. 7.	참여정부 국정토론회(1일 차)
3. 8.	참여정부 국정토론회(2일 차)
3. 10.	경제관련 단체장과 오찬
3. 20.	국가안전보장회의(NSC) 회의 (150명 규모의 의료부대 이라크전 추가파병 결정)
3. 24.	행정자치부, 지방자치단체의 재정확충을 위해 지방교부세율 2.6% 인상
3. 30.	장관급 3개위 발족: 동북아 경제중심 국가 건설(가칭)/정부혁신 및 지방분권/국가균형발전
3. 31.	부패방지대책 보고회 인사시스템 관련 정책조정 관계장관회의
4. 2.	첫 국회 국정연설
4. 3.	안보관계 장관회의
4. 8.	국정과제위원 26명 위촉
4. 16.	국정과제 추진기구 워크숍

2. 이명박 정부

날짜	내용
2008. 2. 25.	中企 전담 청와대 비서관 신설(초대 비서관에 송종호 중기청 창업벤처본부장)
2. 25.	식품안전 기능 식약청으로 통합 추진
2. 26.	李 정부 정부청사도 재배치(중앙 11→8 · 과천 11→7개 부처 입주)
2. 27.	이명박 정부 '3개월 플랜' 추진(규제개혁 로드맵, 다양화고교 300개 선정 계획 발표 등)
2. 27.	새정부 첫 국무회의 '헌 장관들'이 진행 (한승수 총리 인준 동의안 표결 연기 등으로 인해 노무현 정부의 인사들이 국무회의를 진행)
2. 27.	청와대, 특별감찰반 신설(공직기강을 바로잡기 위해 대통령민정수석비서관실 산하에 특별감찰반을 신설하기로 함)
2. 28.	새 정부 공무원 3427명 감축 (장차관급 16명 포함)
2. 28.	정부조직 3부 2처 1실 5위원회 폐지
2. 29.	이명박 정부 첫 군 인사
2. 29.	국무총리, 11개 부처 장관 및 15개 부처 차관 임명 (여성 · 통일 · 환경 · 복지부는 차관대행체제)
3. 3.	첫 국무회의 (물가 · 서민경제)
3. 7.	청와대, NSC 대체 '외교안보조정회의' 신설
3. 8.	외청장 · 차관급 11명 인사
3. 10.	새 정부 첫 검찰 인사 단행
3. 10.	감사원 31개 공기업 대대적 감사
3. 17.	군 수뇌부 대대적 인사
4. 11.	금융공기업 기관장 인사 시장
4. 12.	정부 개편 따라 국회 상임위 재구성
4. 18.	당 · 정 · 청 첫 만남(추가경정예산 편성과 한미 FTA 등 주요 사안 논의)
4. 19.	韓 · 美 정상회담
4. 23.	2차 조직 개편(지자체 과장급 30% 축소)
4. 23.	이명박 정부 첫 재외공관장회의 개막

3. 박근혜 정부

날짜	내용
2013. 2. 26.	정부개편안 처리 3차 무산
2. 27.	첫 수석회의 주재 (식품값, 공공요금 인상 최소화)
2. 28.	첫 물가대책회의 차관급만 참석(정부조직 개편 지연)
3. 3.	안전행정부의 직제 개편 (창조정부전략실 만듦)
3. 4.	정부조직 개편 지연 관련 대국민 담화
3. 11.	첫 국무회의
3. 12.	첫 정책행보(방송, ICT융합 기업 방문)
3. 13.	13개 정부부처 차관과 국무조정실 차장 2명 등 20명의 차관 인사 단행
3. 16.	첫 장관차관회의(국정철학 공유 및 추진전략 논의)
3. 18.	18개 장, 차관급 외 청장 인사 마무리
3. 22.	정부조직법, 52일 만에 국회통과 (17부 3처 17청)
3. 27.	공공기관장 100명 경영평가 착수
3. 28.	관계부처 합동, 「박근혜정부 2013년 경제정책 방향」 발표 (4~6월까지 부동산 대책, 중소기업 지원 등에 대한 대책 계획)
3. 29.	국민행복기금(박근혜 대통령 핵심 공약) 공식 출범
3. 30.	정부가 2017년까지 238만 개 일자리 창출 밝힘
4. 1.	박근혜 정부, 첫 부동산 대책 발표
4. 11.	범정부 차원 '국정과제 상황실' 본격 가동
4. 16.	박근혜 정부, 19조 원대 추경 편성
4. 23.	신임 국무위원 전원(18명)이 참석한 첫 국무회의 주재

찾아보기

ㄴ

ㄷ

ㅁ

ㅂ

ㅊ

ㅌ

ㅍ

ㅎ

기타

지은이 소개

김동욱(Kim Dongwook) 교수는 서울대학교 경제학과 학사와 행정학과 석사를 거쳐 미국 오하이오주립대학교에서 정책학 박사학위를 받았다. 1994년 서울대학교 행정대학원 교수로 부임한 이래로 정책분석평가, 전자정부, 정보통신정책을 가르치고 있다. 2011~2013년 정보통신정책연구원 원장, 2014~2016년 서울대학교 행정대학원 원장을 역임하였다. 주요 저서로 『새 정부조직 설계』(2008, 법문사), 『정부 기능과 조직』(2012, 법문사), 『정보미디어 정책평가와 과제』(2015, 대영문화사), 『스마트 지능정보시대 혁신을 위한 정책』(공저, 2017, 서울경제경영)이 있다.

정부조직 설계

초판 인쇄 2018년 4월 2일
초판 발행 2018년 4월 10일

지은이 김동욱
펴낸이 김영훈
편집인 전영완
펴낸곳 도서출판 문우사
주소 경기도 고양시 일산동구 정발산로 24, T2-814호(장항동, 웨스턴돔타워)
전화 031) 901-6542, 070) 4200-6542 팩스 031) 906-6542
홈페이지 www.munu.co.kr 대표메일 moonwoosa@hanmail.net
출판신고번호 제396-2013-000113호

ISBN 979-11-85994-50-5 93350

값 25,000원

이 책은 2017년도 서울대학교 행정대학원 한국행정연구소 연구총서로 발간되었으며, 2017년도 정부(교육부)의 재원으로 한국연구재단의 지원을 받아 수행된 연구임 (NRF-2017S1A3A2066084)